독살로 읽는 세계사

엘리너 허먼 지음
솝희 옮김

독살로
읽는 세계사

현대
지성

일러두기

1. 인명과 지명은 외래어 표기법을 따랐다.
2. 군주를 비롯해 국내에 잘 알려진 인명은 원어를 병기하지 않았다.
3. 서양 인명에 접두어나 관사류가 붙을 경우 국립국어원의 『표준국어대사전 편찬 지침』에
   따라 뒤의 이름에 붙여 썼다.
   예) 데메디치(de Medici), 드라베르뉴(de La Vergne), 드퐁탕주(de Fontanges)

러시아의 언론인이자 시민운동가
블라디미르 카라 무르자(Vladimir Kara-Murza)에게 이 책을 바칩니다.
러시아 정부가 두 차례나 독살을 시도했지만 꿋꿋이 살아남았고,
바로크 시대와 함께 막을 내린 줄 알았던 정치적 독살이
디지털 시대에도 건재하다는 사실을 보여준 당신은
암울한 역사의 산증인입니다.

차례

1부

호화로운 궁전에
넘쳐나는 독

2부

소문과 과학의 만남,
유럽 왕실 독살 사건

3부

은밀하고 신속하게,
현대의 독살 사건

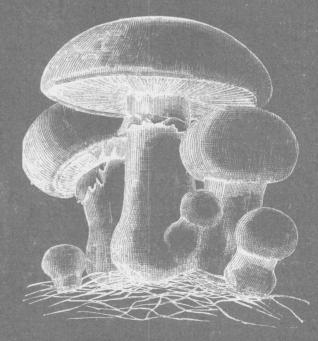

감사의 말

나는 1995년부터 매년 열리는 메릴랜드 대학교 '역사 임상병리학 콘퍼런스'의 연례 보고서를 꼼꼼히 읽어왔다. 유명인의 의문사를 의학적으로 규명한 내용이었다. 참석한 의사들은 탐정이 되어 기원전 4세기 헤롯왕의 은밀한 부위에 괴저가 생긴 원인이 무엇인지, 1791년에 모차르트가 돼지고기 요리를 먹고 죽은 것이 사실인지, 1865년에 암살된 에이브러햄 링컨이 만약 시간을 뛰어넘어 현대 병원으로 이송되었다면 목숨을 건질 수 있었을지 등을 알아내려고 애썼다.

콘퍼런스는 전염병 전문가 필립 맥코비액(Philip A. Mackowiak) 박사의 제안으로 시작되었다. 메릴랜드 의대 교수인 그는 『검시: 역사 속 의학 난제를 풀다』(*Post Mortem: Solving History's Great Medical Mysteries, and Diagnosing*)와 『거인들: 세상을 바꾼 환자 13인의 미스터리』(*Giants: Solving the Medical Mysteries of Thirteen Patients Who Changed the World*)라는 흥미로운 책을 썼다. 맥코비액 박사는 마치 셜록 홈스처럼 역사 속 사건

의 진상을 추리하며 누가 범인인지, 만약 자연사라면 왜 그런 죽음을 맞이했는지 밝혀나간다.

맥코비액 박사는 이 책을 집필하는 동안 내게 큰 도움을 주었다. 오래전에 죽은 사람들의 사인(死因)을 알아내려면 전문가의 조언이 필요했는데 맥코비액 박사 외에는 적임자가 떠오르지 않았다. 감사하게도 그는 내 질문에 성심껏 답했고, 원고에서 의료과실 부분을 전반적으로 검토해주었으며, 심지어 문법까지 교정해주었다.

토스카나의 대공 프란체스코(Francesco) 1세와 그의 아내 비앙카 카펠로(Bianca Cappello)의 독살에 대한 질문에 선뜻 답해주고 유용한 자료까지 제공해준 피렌체 대학교 도나텔라 리피(Donatella Lippi) 교수에게 감사드린다.

유명한 천문학자 튀코 브라헤(Tycho Brahe)의 유해를 발굴하고 연구한 덴마크 오르후스 대학교의 옌스 벨레우(Jens Vellev)에게도 감사를 전한다. 그가 수준 높은 연구 결과물을 보내준 덕분에 브라헤의 죽음을 다루는 과정에서 생겨난 의문이 해소되었다.

버지니아 대학교의 클로드 무어 건강학 도서관 직원도 빼놓을 수 없다. 그는 저명인사의 무덤 발굴과 현대에 실시된 부검 결과를 다룬 의학 논문들을 찾도록 도와주었다.

롱우드 대학교에서 중세 문학을 가르치는 내 친구 라리사 트레이시(Larissa Tracy)에게 깊은 감사를 전한다. 그녀가 편집한 『중세와 근대 초기의 살인』(*Medieval and Early Modern Murder*)을 읽고 앞선 시기의 시각을 알 수 있었다. 특히 듀크 대학교와 노스캐롤라이나 대학교 채플힐 캠퍼스에서 강의하는 매슈 러빈(Matthew Lubin)의 글, "근대 초 베네치아의 암살 도구인 독"에서 큰 도움을 얻었다.

마지막으로 원고를 쓰는 동안 온갖 어려움을 묵묵히 견뎌준 남편에게 고맙다는 말을 하고 싶다. 남편은 저녁 식사 내내 질병에 대한 구체적 묘사를 비롯해서 삐거덕삐거덕 소리를 내며 열리는 곰팡이투성이 관, 검시와 연구를 하기 위해 발굴한 유해와 미라 등 끔찍한 이야기를 고스란히 들었다. 당신, 나랑 결혼할 때만 해도 이렇게 되리라고는 상상조차 못 했겠지?

화려함에 가려진 추악한 이야기

"누군가 독을 탔어!"

스물여섯 살의 아름다운 헨리에타(Henrietta) 공주는 치커리 차를 마시다가 갑자기 옆구리를 부여잡으면서 소리쳤다. 1670년 프랑스의 생클루궁에서 벌어진 일이었다. 시녀들이 재빨리 토사물로 범벅이 된 옷을 벗기고 침대에 눕혔지만 그녀는 극심한 고통으로 몸부림쳤다. 뻘겋게 달궈진 수천 개의 칼이 몸속을 헤집는 것 같았다. 공주는 땀으로 흠뻑 젖은 침대보와 한 덩어리가 되어 신에게 애원했다.

"제발 이 끔찍한 아픔에서 벗어나게 해주세요!"

하지만 신은 그녀의 간절한 기도를 외면했다. 한참 동안 흐느끼며 신음하던 그녀는 끝내 숨을 거두고 말았다.

공주가 고통을 느끼기 시작하면서부터 차라리 자비의 손길이라고 할 만한 죽음을 맞이하기까지는 아홉 시간이 걸렸다. 겉으로 나타난 증상을 보면 중독이 분명했다. 살해 용의자는 누구였을까? 놀랍게도 루이 14세의 동생이자 오를레앙 공작이면서 그녀의 남편이기도 한 필리프(Philippe)였다. 동성애자인 그는 왕에게 고자질해서 자신의 애인을 쫓아내도록 부추긴 아내에게 분노하고 있었다.

왕족의 사랑 이야기를 쓰려고 자료를 검토하다가 흥미로운 사실을 발견했다. 젊고 아름다우며 재능과 권력까지 가진 이들 중 상당수가 인생의 꽃을 피우지도 못하고 시들어버린 것이다. 수 세기 동안 젊은 왕족이 죽은 뒤에는 독살이라는 소문이 돌았다. 과연 독 때문이었을까? 자연의 섭리에 따른 죽음은 아니었을까?

법의학과 역사가 정교하게 어우러진 이 주제는 내게 무척 매력적으로 다가왔다. 나는 놀랍고 끔찍하면서도 더할 나위 없이 흥미진진한 이야기 속으로 빠져들었다. 겁쟁이들은 오줌을 찔끔 지릴 만큼 잔혹한 16세기 해부법과 방부 처리법을 배웠으며 수은, 비소, 납, 오줌, 인간의 지방을 사용한 르네상스 미용법을 읽고 눈이 휘둥그레졌다. 왕족의 시신을 검시했을 때 미심쩍은 독성물질이 발견되었다는 내용의 논문을 탐독했고, 우스꽝스럽게 보이는 왕실의 중독 방지법을 찾아내기도 했다. 이처럼 이 분야에 깊이 빠져들면서 수백 년 전 유럽의 궁전은 온갖 종류의 독으로 넘쳐났다는 사실(물론 모든 독이 치사량에 이를 정도로 쓰인 것은 아니지만)을 알아냈다.

과거 왕족의 초상화를 보면 하나같이 멋진 옷을 입고 있다. 하지만 다이아몬드 장식이 빛나는 옷으로 무엇을 가리고 있는지는 알 수 없다. 오랫동안 씻지 않아 악취가 나고, 두피와 겨드랑이와 사타구니에는 이가 들끓고, 오염된 물과 비위생적으로 조리한 음식을 섭취해서 치명적인 세균에 감염되었으며, 몸속에 암이 퍼져 있다는 사실을 어떻게 알겠는가? 요강이 넘쳐 오물이 흐르는 바닥, 신하들이 오줌을 누던 계단에서 올라오는 역한 냄새를 역사 기록에서 맡을 수는 없다. 질병보다 위험한 치료법을 경험할 수도 없고 종종 목숨까지 앗아갔던 화장품을 볼 수도 없다. 그러다 보니 실체에 다가가기 어렵다.

이제부터 독자들을 숭고한 아름다움과 지저분한 오물이 공존하는 세계로 안내하려 한다. 먼저 왕실의 중독 방지법 및 해독법을 살펴보고 치명적인 화장품과 생명을 위협하는 의사들, 끔찍할 만큼 비위생적이었던 환경을 다룰 것이다. 그런 다음 유럽의 왕족들, 나폴레옹이나 모차르트 같은 유명인들부터 14세기 이탈리아의 군사 지도자, 당대에는 유명했으나 오늘날에는 이름조차 생소한 16세기 나바라왕국의 여왕에 이르기까지 독살 소문이 나돌았던 17가지 사례를 샅샅이 검토할 것이다.

과거의 궁정 의사들은 질병과 죽음의 원인을 밝히느라 진땀을 흘렸지만 현대 과학은 미심쩍은 죽음을 맞이한 왕실 인사들이 실제 어떤 일을 겪었는지 밝힐 수 있다. 이 책에서는 그들의 삶과 죽음 그리고 당대에 했던 검시 기록과 오늘날의 진단 결과를 살펴볼 것이다. 객관적인 자료가 부족한 경우에는 그들의 증상으로 미루어 짐작할 수 있는 사인을 제시할 것이다.

당시 사람들은 독을 두려워했지만 어이없게도 평소에 복용하는 약이나 자주 사용하는 화장품 그리고 생활환경으로 말미암아 자기도 모르게 중독되었다. 또한 유럽의 눈부신 궁전과 보석으로 장식된 문 뒤에는 질병과 무지, 추잡함뿐만 아니라 살인까지 들끓었다.

정적을 독살하는 행위가 역사에서 사라진 것은 아니다. 마지막 장에서는 르네상스 궁전에서 일어난 일 못지않게 사악한 정치적 독살이 오늘날에도 건재하다는 사실을 보여줄 것이다.

1부

호화로운 궁전에
넘쳐나는 독

1장

식탁부터 속옷까지
안전지대는 없다

떡 벌어지게 차린 수라상이 왕 앞에 놓였다. 알맞게 구운 고기와 감칠맛 나는 소스, 벌꿀을 발라 윤기가 자르르한 케이크에 고급 포도주까지! 보기만 했는데도 입에 침이 고이고 배에서 꼬르륵꼬르륵 소리가 났다. 하지만 왕은 이 먹음직스러운 음식을 입에 넣는 순간 얼굴을 일그러뜨리며 쓰러지는 자신의 모습을 머릿속에 떠올렸다. 곧바로 입맛이 뚝 떨어져버렸다.

지나친 망상일까? 젊은 나이에 급사한 왕족들은 그저 우연히 의사가 손쓸 수 없는 질병으로 쓰러진 것일까? 그럴 리 없다. 독살에 대한 소문이 전부 사실은 아니겠지만 남겨진 기록을 보면 독에 대한 두려움을 단지 왕족의 편집증이라고 치부할 수는 없다.

이탈리아는 독약 거래의 심장부였다. 메디치 가문이 다스리던 토스카나와 베네치아공화국에는 독약과 해독제를 만드는 제조소가 있었다. 동물과 사형수를 대상으로 독성 실험을 하기도 했다. 식물에서 추출한 독으로 제국의 권력 계승자나 못마땅한 계모를 살해했던 고대 로마인들과 달리 르네상스 시대 사람들은 인체에 치명적인 4대 중금속, 즉 비소, 안티몬, 수은, 납을 사용했다.

피렌체 메디치 아카이브에 소장된 400만 종의 문서 중에는 독을 언급한 것이 많다. 1548년 코시모 1세는 메디치가의 통치를 반대했던 군대 수장 피에로 스트로치(Piero Strozzi)를 독살하기로 했다. 그는 같은 해 2월 익명의 조력자에게 암호가 담긴 편지를 받았다. "피에로 스토로치가 여행 중 잠시 멈춰 목을 축일 것입니다. 그때를 노려야 합니다. 그가 마실 물이나 포도주에 무슨 독을 어떤 비율로 섞어야 할지 알려주십시오."

1590년 코시모 대공(유럽에서 소국의 군주를 이르는 말)의 아들 페르디난도는 3년 전 자기 형 프란체스코를 독살하고 왕위에 올랐다는 혐의를 받았다. 그는 밀라노의 대리인에게 이런 내용을 전했다. "독약을 조금 보냈다. 사용법은 전달한 사람에게 들어라. 이 일을 잘 해내면 은화 3천 스쿠디(교황 직할지의 화폐 단위), 아니 4천 스쿠디까지 기꺼이 내줄 생각이다. 독약은 포도주 한 병과 섞기에 충분한 양이며 냄새도 없고 아무런 맛도 나지 않아 효과가 크다. 포도주 한 잔에 적어도 15그램 이상 넣고 잘 섞어야 한다."

1310년부터 1797년까지 베네치아공화국에서 활동하던 비밀 정치조직인 '10인 위원회'는 독약을 언급하면서 "조심스러우면서도 능수능란한 방식으로 비밀리에" 암살할 것을 지시했다. 듀크 대학교와 노스캐롤라이나 대학교 채플힐 캠퍼스에서 역사를 강의하는 매슈 러빈은 1431년에서 1767년 사이에 베네치아공화국이 배후에서 조종했던 정치적 독살 사례 34건을 찾아냈다. 그중 9건은 성공하고 11건은 실패했다. 2건은 대상이 독을 삼키기 전에 자연사했으며 나머지 12건은 결과를 알 수 없다. 이런저런 가능성을 따져보면 베네치아에서는 정적을 독살하려는 시도가 기록된 수보다 훨씬 많았다고 추정된다.

10인 위원회는 식물학자를 고용하고 파도바 대학교 근처에서 독약을 제조했다. 1540년과 1544년의 위원회 연보에는 두 가지 조제법이 자세하게 기록되어 있다. 독약의 재료는 승홍(수은의 염화물로 독성을 띠는 물질), 비소 혹은 붉은 비소, 석황(노란색 삼황화비소 결정), 염화암모늄(암모늄과 염화수소를 반응시켜 만든 흰 고체), 암염, 녹청(부식된 구리에서 나온 것으로 푸르거나 초록빛을 띠는 가루), 12월에 베네치아에서 피는 시클라멘꽃의 증류액이었다.

독약은 17세기까지 활발하게 거래되었다. 줄리아 토파나(Giulia Toffana)라는 여성은 나폴리와 로마에서 50년 동안 독약을 팔다가 1659년에 처형되었다. 그녀는 무려 600명의 목숨을 빼앗을 만한 분량을 거래했는데 주요 고객은 미망인이 되고 싶어 하는 여성들이었다. 그녀가 제조한 독약은 비소, 납, 벨라도나(가짓과의 여러해살이풀)의 혼합물로 빛깔과 냄새가 없고 포도주와 잘 섞였다. '아쿠아 토파나'(Aqua Toffana)라는 이름의 이 독약은 그녀가 죽은 뒤에도 오랫동안 인기를 끌었다. 그녀는 당국의 감시를 피하려고 성인(聖人)이 그려진 유리병에 독약을 담아 성수(聖水)로 위장하거나 화장품 용기에 넣어 팔았다.

1676년에는 브랭빌리에 후작 부인이었던 44세의 마리 마들렌 마르그리트 도브레(Marie Madeleine Marguerite d'Aubray)가 땅을 상속받기 위해 아버지와 두 형제를 독살한 죄로 파리에서 처형당했다. 이때 쓰인 독이 아쿠아 토파나였다. 그녀는 신문 과정에서 이렇게 말했다. "상류층 절반은 이런 일에 연루되어 있어요. 내가 입을 열면 여럿 다칩니다." 3년 뒤 그녀의 말처럼 관료들을 포함해 319명이 파리와 인근에서 체포되었고 그중 3명은 사형을 선고받았다.

죽이려는 자 vs. 막으려는 자

헨리 8세가 통치하던 시절 영국의 햄프턴궁에는 식사를 담당하는 사람만 200여 명이 있었다. 요리사뿐 아니라 설거지를 맡은 하녀, 식기 관리자, 고기 써는 사람, 음식 나르는 사람, 제빵사, 도살업자, 집사, 채소 재배인, 식료품 저장 관리인 등을 포함한 수였다. 왕궁의 주방에서는 동물의 털을 뽑는 일부터 재료를 다듬고, 끓이고, 굽고, 옮기고, 고명을 얹고, 접시에 담는 일까지 다양한 작업이 이루어졌으며, 수많은 하인이 그곳을 들락거리면서 하루에도 수백 명분의 식사를 차려냈다. 이들 중 단 한 명만 자기편으로 만들면 왕의 음식에 무언가를 살짝 넣는 것쯤은 일도 아니었다.

그처럼 불안할 정도로 많은 손을 거친 음식이 앞에 놓였을 때 왕은 어떤 조치를 취했을까? 독살을 피하는 방법을 가장 먼저 조언한 사람은 저명한 유대인 의사이자 철학자였던 마이모니데스(Maimonides)였다. 그가 1198년에 쓴 논문을 보면, 자신의 주군이자 이집트와 시리아의 술탄이었던 살라딘에게 수프나 스튜처럼 식감이 고르지 않은 음식 그리고 향신료를 피하라고 했다. "음식을 먹을 때는 주의를 기울여야 합니다. 특히 시큼하거나 톡 쏘거나 풍미가 강한 것들을 조심할 필요가 있습니다. 고약한 냄새가 나거나 양파와 마늘이 들어가는 요리도 매한가지입니다. 이런 음식은 독이 들어 있는지를 쉽게 알 수 없으니 가장 믿을 수 있는 사람에게 맡기십시오."

마이모니데스에 따르면 포도주에 탄 독은 유독 감지하기 어렵고 위험하다. "독은 포도주와 섞였을 때 효과가 크다. 포도주는 독의 색깔과 맛, 냄새를 가린 채로 심장까지 금세 도달하기 때문이다. 따라서 누군가가 자신의 목숨을 노린다는 의심이 들 때 포도주를 마시는 것처럼 정신 나간 짓도 없다."

16세기 후반 스페인의 강력한 수상이었던 올리바레스의 가스파르 데구스만(Gaspa de Guzmán) 공작은 독을 탄 포도주의 위험성을 정확하게 알고 있었다. 피렌체 메디치 아카이브에는 그가 발렌시아에서 식사할 때 일어났던 일을 기록한 문서가 있다. "첫 잔을 받아 마시는데 포도주에서 이상한 맛이 났다. 공포에 질린 수상은 황급히 식탁을 벗어나면서 해독제를 찾았다. 그 말을 들은 포도주 담당 하인은 병을 식초와 소금으로 닦은 뒤 제대로 헹구지 않아 그런 것이라면서 그를 안심시켰다. 하지만 수상은 하인이 같은 포도주를 마시고 나서야 비로소 안정을 찾았다."

지롤라모 루셀리(Girolamo Ruscelli)도 마이모니데스와 같은 의견이었다. 그가 쓴 『피에몬테의 마이스터 알렉시스의 비법』(The Secrets of the Reverend Maister Alexis of Piemont)은 1555년에 출간된 후 수많은 번역본과 편집본이 나와 전 유럽을 휩쓸었다. 이 책의 "중독을 피하는 법"이라는 장에서 그는 이렇게 말했다. "향이 진하거나 지나치게 단 음식을 조심해야 한다. 강한 단맛과 신맛, 짠맛 등이 독의 악취와 쓴맛을 가릴 수 있기 때문이다."

프랑스 왕을 네 명이나 섬겼던 의사 앙브루아즈 파레(Ambroise Paré)는 1585년 독에 대한 논문에서 이렇게 밝혔다. "독을 피하기란 무척 어렵다. 달콤하고 향긋한 식재료와 섞으면 제아무리 경험 많은 사람이라도 알아차릴 수 없기 때문이다. 그러므로 단맛, 짠맛, 신맛을 비롯해서 다양한 맛이 나도록 요리한 고기를 먹을 때는 주의해야 한다. 허기가 지더라도 허겁지겁 먹지 말고 신중하게 맛을 음미해야 한다."

수천 년 동안 왕들은 독 감별사를 두어 음식을 먼저 맛보게 했다. 하지만 무언가를 삼키자마자 목을 붙잡고 바닥에 쓰러지는 것은 영화 또는 드라마에서나 볼 수 있는 장면이다. 엄청난 양의 비소를 섭취한다고 해서 곧바로 몸에 이상이 생기지는 않기 때문이다. 신체 조건이나 유전적 특질, 건강 상태 그리고 위장 속 음식물의 양에 따라 독의 흡수 속도가 달라져 복통, 구토, 설사 등이 다양하게 나타나며 대체로 첫 번째 증상을 보이기까지는 얼마간 시간이 걸린다.

아주 드물게 곧바로 증상이 나타나기도 했다. 1867년 일리노이의 한 호텔에서 투숙객 20명이 비소로 만든 비스킷을 먹었다. 요리사가 비소를 밀가루로 착각해서 벌어진 일이었다. 한 명이 자리에서 일어나자마자 쓰러졌고 나머지는 몇 시간 동안 고통을 겪었다. 피해자모두 구토와 설사를 했는데, 위장이 타는 듯한 통증과 식도 수축, 위경련 및 발작 같은 증상은 사람마다 다르게 나타났다. 일부는 몇 주 동안설사를 하고 배뇨곤란증을 겪기도 했지만 죽은 사람은 없었다.

왕과 궁에서 일하는 의사들은 음식에 독이 있다면 감별사가 먹는 즉시 구역질을 할 것이라고 여겼다. 또한 특이한 맛이나 의심스러운 식감을 알아채리라고 기대했다. 그래서 감별사가 맛을 본 뒤 경과를 지켜보느라 한두 시간씩 기다렸다가 음식을 먹지는 않았다.

마이모니데스는 왕이나 감별사에게 불순한 의도를 품었다고 의심 가는 사람이 있다면 그에게 음식을 잔뜩 떠먹게 하라고 말했다. "그자가 먼저 충분한 양을 먹기 전까지는 음식에 입을 대지 말라. 그저 한입 떠먹는 것으로는 부족하다. 나는 요리사들이 왕 앞에서 그렇게 하는 모습을 보아왔다." 헨리 8세는 어렵게 얻은 아들 에드워드 6세를 보호하기 위해서 왕자가 우유, 빵, 고기, 달걀, 버터 등을 먹기 전에 감별사가 충분한 양을 먹어보도록 했다.

중세까지 왕의 식사를 검식(檢食)하는 일은 복잡한 의전, 의례, 보호책으로 발전해왔다. 독을 감별하는 작업은 왕실의 주방에서 시작되었다. 조지 네빌(George Neville)이 요크 대주교로 임명된 것을 축하하는 1465년 만찬 보고서의 내용이다. "조리장은 시약으로 모든 요리를 검사한 다음 뭉근하게 끓인 스튜, 굽고 데치고 삶은 생선, 과자나 파이, 젤리처럼 조리한 고기, 머스터드를 비롯한 소스를 조금씩 덜어서 요리사와 보조들에게 먹인다."

미트파이처럼 껍질이 있는 요리는 감별사들이 겉을 부수고 안쪽 깊숙한 부분까지 떠냈다. 그러다 보니 왕이 음식 한 접시를 받았을 때쯤이면 해기스(순대와 비슷한 내장 요리)는 미지근해질 뿐만 아니라 개밥에 가까운 모양새가 되었다. 하인들은 검사가 끝난 요리들을 식당으로 들고 와 '크레덴자'(credenza)라고 부르는 보관함에 두었는데, 이 명칭은 그곳에서 이루어진 '신용'(credence) 검사에서 유래했다. 하인들은 자신이 나른 요리를 맛보았으며 수상한 사람이 접근하지 못하도록 무장한 보초가 음식을 지켰다.

물이든 포도주든 맥주든 왕이 마시는 음료도 당연히 검식 대상이었다. 감별사는 '시약 용기'에 음료를 몇 방울 떨어뜨리고 그것을 마셨다. 왕이 손을 씻는 물도 마찬가지였다. 하인 한 명이 식사 전후에 직접 손을 담가서 따끔하거나 가렵거나 화끈거리는지 확인했다.

음식물만 검사한 것이 아니었다. 하인들은 왕의 식탁보와 의자에 입을 맞추기도 했는데 그때 입술이 부어오르거나 가렵지 않으면 독이 묻어 있지 않다고 여겼다.

소금도 예외는 아니었다. 관리자는 크고 화려한 접시에 담긴 소금을 약간 떠서 그것을 가져온 하인의 입에 넣었다. 보관함에서 냅킨을 가져온 하인은 목에 그것을 둘러서 독이 묻어 있지 않다는 것을 증명했다. 1465년 보고서에는 이렇게 기록되어 있다. "고기를 써는 하인은 어깨에 두른 냅킨에 입을 맞춘 뒤 그것을 왕에게 전달했다. 그다음 숟가락을 들어 물기를 닦고 입을 맞췄다." 이처럼 왕이 사용하는 모든 식기에 여러 사람이 입을 대다 보니 왕은 독이 아니라 세균 때문에 병들 지경이었다.

프랑스의 『연례 행정 보고서』(*État de la France*) 1712년판에 따르면 루이 14세가 말년일 때 베르사유궁에는 음식 시중을 드는 자가 324명이나 있었다. 왕은 보통 오후 1시에 사저에서 혼자 먹는 것을 좋아했지만 그런 일은 벌어지지 않았다. 하인들과 신하들을 비롯해 사절들까지 그를 지켜보며 서 있었기 때문이다. 때로는 복잡한 격식을 따라야 했으며 궁전이나 왕족들의 연회에서는 평민들이 지나다니면서 군주가 음식 씹는 모습을 빤히 쳐다보기도 했다.

하인들은 루이 14세가 쓸 식탁보, 냅킨, 컵, 접시, 포크와 숟가락, 이쑤시개 등에 입을 맞추고 그것들을 피부에 문질렀다. 때로는 빵을 식기에 문지른 다음 입에 넣었다. 심지어 하인 한 명은 왕이 사용하는 고급 리넨 소재의 냅킨을 물에 적셔 손에 문지른 뒤 접어서 왕의 자리에 올려두었다. 그래서 왕은 늘 더럽고 축축한 냅킨을 써야 했다.

그러는 동안 주방 하인들은 음식을 일일이 검식했다. 음식에 이상이 없으면 은제(銀製) 지휘봉을 든 책임자들과 무장한 보초들 옆에 의기양양한 태도로 줄을 맞춰 섰다. 이들의 행렬은 주방에서 왕의 식탁까지 길게 이어졌다. 주방을 나선 그들은 길을 건너 궁전의 남관으로 들어선 뒤 긴 계단을 오르고 복도 여러 곳을 통과한 다음 왕의 경호병이 머무는 공간을 지나 왕의 사저에 붙어 있는 대기실에 이르렀다. 그쯤 되면 음식은 이미 식어 있었다. 미지근하기라도 하면 다행이었다. 이어서 식탁에서는 하인들이 식사 시간 내내 왕이 먹을 음식을 조금씩 잘라내어 먹었다.

튜더 왕가 사람들은 궁 안의 사저에서 좀 더 간소화된 절차로 편안하게 식사를 즐겼다. 이들은 개인 주방을 따로 두었다. 추운 궁전 뜰을 지나지 않아 따뜻한 음식을 먹을 수 있었으며, 믿을 만한 하인이 음식을 장만했기 때문에 독살의 위험도 비교적 적었다.

포도주와 물은 마실 때마다 새로 따랐다. 왕이 마시고 싶다는 내색을 하면 담당자는 즉시 감별을 했다. 왕이 사냥을 나갈 때도 하인들이 음식과 음료를 검사했다. 약이나 가톨릭의 성체성사 의식에서 쓰는 제병(누룩 없이 만든 둥근 빵)을 제외하고는 모든 음식이 독을 감별한 후에야 왕의 입에 들어갔다.

만약 왕에게 탈이라도 생기면 하인들은 시뻘겋게 달궈진 쇠붙이로 몸을 지지는 등의 끔찍한 고문을 받았다. 고통에 못 이겨 거짓 자백이라도 했을 때는 사지를 자르거나 목을 매달아 죽였다. 따라서 하인들에게는 왕을 안심시켜야 할 이유가 충분했다.

감별사들 때문에 음식에 독을 넣기가 어려워지자 몇몇은 더 창의적인 방법을 고안했다. 1604년 5월 26일 프랑스의 앙리 4세는 신부가 주는 제병을 먹으려고 입을 벌렸다. 그때 왕의 개가 그의 옷자락을 물고 뒤로 당겼다. 왕이 몸을 앞으로 기울여 제병을 받으려고 하자 개는 다시 그를 뒤로 잡아끌었다. 이상한 낌새를 느낀 왕은 신부에게 제병을 먹으라고 명했다. 주저하던 신부는 어쩔 수 없이 그것을 입에 넣었다. 당시의 상황을 묘사한 편지에는 이런 표현이 등장한다. "신부는 제병을 먹자마자 몸이 퉁퉁 부어오르더니 결국 뻥 터져서 두 동강이 났다." 아직까지 사람 몸을 둘로 나눌 수 있는 독은 없다. 따라서 편지를 쓴 사람이 설사와 구토의 끔찍함을 과장했다고 볼 수 있다. 아마도 당하는 사람은 몸이 둘로 찢기는 것처럼 고통스러웠을 것이다. 편지에는 사건의 결과도 기록되어 있다. "그리하여 사태의 전말이 밝혀졌다. 음모에 가담한 몇몇 귀족들은 바스티유 감옥에 투옥되었다."

◆ 덴마크 왕 크리스티안 1세를 기리는 연회에서 요리사가 음식을 맛보는 모습

먹일 수 없다면 묻혀라

군주들이 먹을 때만 주의하면 그만인 게 아니었다. 피부로 독이 흡수될 수 있기 때문에 무언가를 만질 때도 두려워했다. 16세기 프랑스 왕실 외과의였던 앙브루아즈 파레는 "이제 먹이는 것뿐만 아니라 바르거나 묻히는 방법으로도 독살이 가능하다"라고 썼다.

헨리 8세의 침소를 돌보던 하인들은 독이 묻어 있는지 확인하기 위해서 왕의 몸에 닿는 침대보, 베개, 이불에 입을 맞췄다. 왕은 정적들이 아들의 옷에 독을 묻힐까 봐 두려워했다. 그래서 옷을 지으면 왕자에게 곧바로 입히지 않고 먼저 세탁을 한 뒤 잘 말렸다. 또한 왕자가 옷을 입기 전에 하인들이 옷의 겉감은 물론 속까지 뒤집어 피부에 문지르도록 지시했다. 그 옷을 왕자와 체구가 비슷한 소년에게 입혀서 피부가 타들어가는지, 비명을 지르는지 관찰하기도 했다.

왕은 누구도 허락 없이 왕자를 만질 수 없다는 명을 내리기까지 했다. 자격을 얻은 사람이라도 왕자의 손에 입맞춤하려면 검사를 거쳐야 했다. 사람들 앞에서 먼저 하인의 손에 입을 맞추는 것이다. 그런

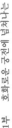

다음 하인의 손이 붉어지거나 물집이 잡히는지를 관찰했다. 입술에 해독제를 바르고 그 위에 독을 덧바른 것은 아닌지 확인하는 절차였다. 정확한 방법은 알 수 없지만 왕자가 쓰는 요강의 쿠션까지 검사했다. 아마 하인 중 한 명이 맨엉덩이로 그 위에 앉아보았을 것이다.

1560년 엘리자베스 1세의 국무장관 윌리엄 세실(William Cecil)은 가톨릭 세력이 새로운 개신교 여왕을 독살하기 위해 음모를 꾸밀지도 모른다고 생각했다. 그래서 여왕의 음식뿐만 아니라 의상에도 각별한 주의를 기울였다. 그는 향수를 뿌린 장갑과 옷소매처럼(당시 상의는 소매가 따로 분리되어 있었으며 옷을 착용한 후에 소매를 결합했다―옮긴이) 전통적으로 여왕에게 바치는 선물도 돌려보냈다. 허락을 받은 사람 외에는 그녀의 옷장에 접근할 수 없었다. "여왕 폐하의 맨살 어디에라도 닿을 수 있는 옷은 전부" 엄격하게 관리되었다. 속옷은 여왕이 입기 전에 시녀들이 손으로 문지르기만 했는지 아니면 직접 입어보고 주요 부위의 변화를 확인했는지는 상상에 맡길 수밖에 없다. 선물로 들어온 향수와 화장품도 시녀들이 먼저 사용했다.

엘리자베스 여왕이 통치하던 기간 동안 실제로 이런저런 독살 음모가 있었다. 1587년 주영 프랑스 대사였던 샤토뇌프 쉬르 체르(Châteauneuf-sur-Cher) 남작은 여왕의 가운에 독을 묻히려고 했다. 하지만 성공했더라도 속옷 때문에 아무런 효과가 없었을 것이다.

1597년 스페인 예수회는 비밀리에 엘리자베스 여왕과 그녀가 총애했던 에식스 백작 로버트 데버루(Robert Devereux)를 죽이려고 일을 꾸몄다. 그들은 마구간에서 일하는 에드워드 스콰이어(Edward Squire)를 매수해서 말안장에 독을 묻혔다. 하지만 뜻을 이루지는 못했다. 여왕이 늘 가죽 장갑을 끼고 있었기 때문이다. 이번에는 백작을 따라 배에 탄 후 의자에 독을 발랐지만 그것마저 수포로 돌아가고 말았다. 후대 스페인 사람들은 스콰이어가 서툴렀던 것이 아니라 그는 이중 첩자로서 영국에도 음모를 알려주었기 때문이라고 생각한다.

1857년 영국의 한 여성이 비소를 베이비파우더로 착각하고 여섯 달 된 아기의 몸에 잔뜩 뿌렸다. 아기는 살갗이 화끈거린다는 말을 할 수 없었으므로 부모는 아기가 왜 우는지 몰랐다. 독성물질이 피부의 물집과 생식기를 통해 혈관으로 침투했고, 연약한 몸은 치사량의 독을 감당하지 못해서 결국 숨을 거두었다. 하지만 이는 드문 사례다. 피부로 흡수된 독 때문에 사람이 죽는 일은 거의 없다. 만약 독이 묻은 종이, 옷, 나무 등을 성인이 만진다면 평소와 다른 감각을 느끼고 즉시 그 부위를 닦아낼 게 뻔하다. 따라서 피부발진 이상의 고통은 없을 것이다. 그러나 아무도 이런 사실을 몰랐던 시절에는 과학적 무지가 공포의 열기를 부채질했다.

몇몇 군주들은 자신이 들이마시는 공기에도 독이 들어 있을까 봐 두려워했다. 1529년 프랑스와 스페인 사이에 있던 작은 왕국 나바라의 왕비 마르그리트(Marguerite)는 가톨릭 주교가 개신교도와 우호관계인 자신을 특이한 방법으로 독살하려 한다는 이야기를 들었다. "보고에 따르면 예배 시간에 수도승이 향을 피워 적을 독살하는 새로운 방법이 개발되었다고 한다."

1499년 교황 알렉산데르 6세인 로드리고 보르자(Rodrigo Borgia)가 재위할 때 있었던 일이다. 그의 아들인 체사레 보르자(Cesare Borgia)가 이탈리아 전역에서 강간과 약탈을 일삼자 몇몇 귀족들은 교황을 독살하고 체사레의 군대를 해산하기로 모의했다. 이에 따라 음악가 한 명과 궁의 관리인이 독을 잔뜩 묻힌 탄원서를 교황에게 전달하기로 했는데, 그들의 음모는 실행되기 전에 들통나고 말았다. 이와 비슷하게 1679년에는 한 무리의 페르시아인들이 독이 묻은 탄원서로 루이 14세를 독살하려고 했으나 왕의 근처에 가지도 못했다.

　　암살자들이 어떤 독을 사용했는지 짐작할 수 있는 단서는 남아 있지 않다. 하지만 종이에 묻어 있다가 기체로 바뀌어 사람에게 치명상을 입히는 독을 만들지는 못했을 것이다. 그런 것이 있다면 만든 사람들이 먼저 중독되지 않았을까? 그리고 당시 사용된 어떤 독도 종이에 발랐을 때 독성이 유지되거나 십수 센티미터 떨어진 곳에서 숨 쉬는 사람을 죽일 만큼 강하지는 않았다. 물론 기체 형태의 독을 고스란히 흡입한다면 치명적인 손상을 입을 수 있다. 앙브루아즈 파레는 "코로 들이마신 독은 빠르고 효과적으로 신체 각 부분에 전달되기 때문에 가장 위험하다"라고 썼다. 르네상스 시대의 독 중에서 위장에 이른 것들은 대부분 구토나 설사로 배출되기에 희생자가 살아날 가능성이 있지만 무색무취한 수은 기체 등은 곧바로 뇌에 전달된다. 그렇다고 해서 종이 위에 바른 독, 그것도 바짝 마른 독에서 뿌연 연기가 나와 사람을 해칠 수 있다고 보기는 어렵다. 만약 사악한 수도승이 유독한 향을 피워 누군가를 독살하는 데 성공했다면, 본인은 물론 같은 공간에 있던 모두가 중독되어 죽었을 것이다.

　　파레는 금속 구슬의 구멍에 허브나 달콤한 향기가 나는 것들을 녹인 밀랍을 담아 허리띠에 매달고 다니는 향낭(香囊)을 사용해서 목표한 자만 정확하게 죽이는 방법을 이야기했다. "다리나 치마로 향낭을 건드릴 때마다 달콤한 향기가 올라온다. 악취가 심한 곳에서는 남자든 여자든 향낭을 콧구멍 근처에 갖다 댈 것이다. 누군가의 향낭에 몰래 독을 넣으면 어떻게 될까? 향을 맡은 사람은 얼마 지나지 않아 얼굴 전체가 부어오르고 현기증이 나면서 어지러워할 것이다. 그때 후추처럼 재채기를 유발하는 물질로 응급조치를 하지 않는다면 곧바로 목숨을 잃을지도 모른다."

군주들은 자기 주치의도 믿을 수 없었다. 1517년 시에나의 알폰소 페트루치(Alfonso Petrucci) 추기경은 교황 레오 10세의 궁둥이에 독이 든 연고를 바르도록 의사에게 지시했다. 결국 그는 음모가 발각되어 처형당했다. 1613년 토머스 오버베리(Thomas Overbury) 경은 고통 속에서 세상을 떠났다. 정적이 누군가를 매수해서 관장(灌腸) 도구에 황산을 넣었고, 의사가 이를 알아채지 못했기 때문이다.

왕이 살해를 당했는지 자연사했는지 알 길이 없었던 시절에는 왕궁에 사는 이들 모두가 독을 두려워했다. 오늘날의 기준으로 보면 당시의 의학 지식은 보잘것없었다. 누군가 배를 움켜쥐고 가까이에 있는 요강으로 뛰어갈 때마다 주변에 있던 사람들은 공포에 질려서 서로를 의심의 눈으로 쳐다보았을 것이다.

비소, 디기탈리스, 독버섯 등에 중독되면 복부 통증, 설사, 메스꺼움, 구토, 두통, 혼미, 탈수, 혼수 등의 증상을 보이다가 결국 죽음에 이른다는 공통점이 있다. 하지만 살모넬라균, 대변, 오염된 물, 살균하지 않은 우유, 고기 속의 대장균 그리고 설익은 돼지고기에 남아 있는 선모충 같은 것이 식중독을 일으켰을 때도 같은 증상을 보인다. 고기를 충분히 익혀 먹지 않고 오염된 우물물을 마시며, 냉장이나 살균 혹은 식품위생에 대한 개념이 희박한 시대를 살던 사람들은 소화기계통 질환을 흔하게 겪었을 것이다. 왕궁에서는 말이나 소, 양, 돼지를 길렀는데 가축과 가까이 지낼수록 대장균에 감염될 위험이 크다. 요리사들이 손을 잘 씻지 않았던 것도 식중독의 주요 원인 중 하나였다. 치명적인 탈수증상을 빠르게 완화시키는 정맥주사가 나오기 전까지 식중독은 비소만큼 인체에 치명적인 손상을 입혔다.

궁에서 일하는 의사들은 비소 혹은 다른 독에 중독되어도 열이 나지 않는다는 사실을 몰랐다. 열은 주로 식중독이나 말라리아에 걸렸을 때 나타나는 증상이다. 물론 비소에 중독되면 아예 열이 나지 않는다거나 희생자들이 열을 동반한 질병으로 죽지 않았다고 단정할 수는 없다. 다만 이런 사실은 죽음의 원인을 밝혀줄 중요한 단서가 된다. 오래전부터 이탈리아에는 말라리아가 만연했다. 로마 황제들은 모기의 온상인 습지대를 없앴지만 제국이 혼란에 빠진 5세기 말에는 원상태가 되었다. 추기경, 왕자, 장군뿐 아니라 교황조차도 말라리아에 걸려 죽곤 했다. 그러나 사람들은 그들이 독살을 당했다고 생각했다.

　　말라리아 증세와 중독 증세를 헷갈린 사례가 교황 알렉산데르 6세와 그의 사악한 아들 체사레의 경우다. 1503년 8월 초에 두 사람은 아드리아노 코르네트(Adriano Cornet) 추기경과 함께 로마 근교의 포도원에서 식사했다. 8월 12일에는 셋 다 몸져눕고 말았는데, 아마도 말라리아모기에게 물렸을 것이다. 교황은 그달 18일에 숨졌지만 체사레와 추기경은 살아났다. 당시 교황과 체사레가 추기경을 독살하려다가 자기들도 독을 탄 포도주를 마셨다는 소문이 퍼졌다. 하지만 비소에 중독되면 증상이 나타나기까지 일주일이나 걸리지 않는다는 사실을 감안할 때 세 사람이 말라리아에 걸린 것은 분명해 보인다.

　　북부 유럽의 신하들은 피렌체와 베네치아의 독극물 제조소를 국가가 지원한다는 사실과 이탈리아의 궁에서 벌어진 의문의 죽음에 대해 알고 있었다. 그래서 왕족 중 한 명이 갑작스럽게 죽으면 가깝게 지내는 이탈리아인에게 의심의 눈길을 보냈다. 16세기 영국에서는 "이탈리아인에게 당했다"라는 새로운 관용어가 생겼다. 독살 가능성이 높은 상황을 가리키는 말이었다. 1604년 『악마의 연회』(The Devil's Banque)라는 설교집에서 영국인 성직자 토머스 아담스(Thomas Adams)는 이렇게 주장했다. "마치 몸이 뼈대에 따라 나뉘는 것처럼 각 국가는 고유하고 특정한 범죄로 구분할 수 있을 듯하다. 각각의 죄를 살펴보면 독살의 중심에는 이탈리아가 있음을 알게 될 것이다." 토머스 내시 (Thomas Nashe)가 1594년에 출간한 소설 『불운한 여행자』(*The Unfortunate Traveler*)에 등장하는 영국인 백작은 이탈리아인을 "계집질과 남색(男色) 그리고 독에 빠진 사람들"로 묘사했다. 이는 당시 이탈리아인에 대한 선입관을 보여준다.

　　토스카나와 베네치아에는 통치자들의 독살 시도가 엄청나게 많았다는 사실을 증명해줄 만한 기록이 남아 있다. 하지만 남색과 계집질은 차치하더라도 이탈리아인이 정적의 포도주에 비소를 타려는 의지가 유달리 강하다고 보기는 어렵다. 다른 나라 군주들도 기록만 없을 뿐 똑같은 짓을 했을지 모른다. 분명한 사실은 유럽의 궁에서 이탈리아인들이 단지 국적 때문에 독살 용의자로 의심받았다는 것이다.

　　1536년 이탈리아 출신의 세바스티아노 몬테쿠콜리(Sebastiano Montecuccoli) 백작이 프랑스 왕위 계승자인 열여덟 살 프랑수아의 독살범으로 지목되었다. 그가 왕자의 물 주전자에 손을 대고 얼마 지나지 않아 왕자가 몹시 아팠기 때문이다. 부검 결과 프랑수아의 폐가 기형이라는 사실이 밝혀졌지만 왕은 이탈리아인이 아들을 살해했다고 확신했다. 그래서 죄인의 팔다리를 각각 말에 묶고 서로 다른 방향으로 달리게 하는 거열형에 처했다. 왕세자의 사인은 밝혀지지 않았지만 그가 독 때문에 고열에 시달리지 않은 것만큼은 분명하다.

부검을 통해 드러난 진실

15세기에는 사망 원인을 밝히고 독살에 대한 소문을 잠재우고자 왕족이 죽었을 때 시신을 대부분 부검했다. 주치의들은 독으로 손상된 장기가 어떤 모습인지 알고 있었지만 한편으로는 질병에 따른 자연사의 증거도 찾으려고 애썼다. 무엇을 찾든지 그들은 대체로 자연사라고 진단했는데 이는 궁에서 권력 다툼이 벌어지거나 범인이 외국인으로 밝혀지면 전쟁이 일어날까 봐 걱정했기 때문이었다.

부검을 하는 동안 주치의는 부상이나 질병의 징후를 찾기 위해 신체 외부와 장기 그리고 뇌를 살펴보았다. 오늘날 중독으로 사망한 시체를 부검할 때는 성분을 파악하기 위해 독극물 검사를 한다. 그런 검사법이 발달하지 않았던 19세기까지는 입에 고인 거품이나 혈액, 시체에서 풍기는 악취, 검게 변한 손톱, 피부의 검푸른 반점, 식도와 위의 부식 상태, 창자의 검은 반점, 심장이나 위에 엉긴 혈액 등을 판단 근거로 삼았다. 의사들은 신체 기관의 특이한 변화를 능숙하게 발견했다. 만약 부검 과정에서 독으로 보이는 물질을 발견하면 개에게 먹이고 반응을 관찰했다.

의학적으로 납득하기 어려운 사건이 일어나기도 했다. 1571년 개신교로 전향하고 정부(情婦)와 결혼한 뒤 영국으로 도망쳤던 오데 드 콜리니(Odet de Coligny) 추기경이 캔터베리의 한 오두막에서 복통에 시달리다 죽은 것이다. 변절한 성직자는 위그노(16세기에서 17세기 프랑스의 칼뱅파 신교도) 군대에 합류하기 위해 프랑스로 돌아가는 길이었다. 당시 가톨릭교도인 프랑스의 왕대비 카트린 드메디시스(Catherine de Médicis)가 하인을 매수해서 포도주에 무언가를 넣었다는 소문이 돌았다. 부검 결과 "간과 폐에 손상"을 입었고 이는 질병으로 사망했음을 암시했다. 위벽에는 구멍이 나 있었는데 이를 이상하게 여긴 의사가 조직을 절개해서 살펴보았다. 의사는 추기경의 어머니에게 어떤 물질이 위를 부식시켜서 나타난 증상이라고 말했다. 훗날 부검 보고서를 살펴본 20세기 의사들은 콜리니가 위궤양을 앓고 있었으며 그것 때문에 위가 파열되고 내용물이 복부에 가득 차서 사망했다고 결론지었다.

　프랑스 국립 보존 기록관에는 앙브루아즈 파레가 작성한 것을 포함해서 공식적인 부검 보고서가 꽤 많아 남아 있다. 다음은 어떤 사건에 대해 파레가 기록한 내용이다.

　　　왕의 내과의사 엠 드카스텔랑(M. de Castellan)과 왕의 외과의사 마스터 장 당부아즈(Master Jean d'Amboise) 그리고 나는 독살당한 것으로 짐작되는 사람의 시신을 부검하러 왔다. 사람들의 말에 따르면, 멀쩡하던 사람이 식사 직후 극심한 위통을 호소하며 비명을 질렀다고 한다. 피부는 누렇게 변하고 몸 전체가 점점 부어올랐으며, 숨을 제대로 쉬지 못해 마치 먼 길을 달린 개처럼 헐떡거렸다는 것이다. 호흡할 때 중요한 역할을 맡은 횡격막이 자연스럽게 움직이지 않아 복부 근육을 사용했기 때문이라고 짐작된다. 그는 현기증과 경련 증세를 나타냈고 결국 심부전으로 숨을 거두었다. 우리가 봤을 때는 몸 전체가 완전히 부풀어 있었다. 당부아즈가 절개를 시작했고, 고약한 냄새가 날 것이 뻔해서 나는 뒤로 물러나 있었다. 창자를 비롯해 내부의 장기가 푹 꺼질 때마다 풍겨나는 악취 때문에 그 자리에 있던 모두가 애를 먹었다. 우리는 빠져나온 혈액의 상당량이 내장과 흉강(胸腔)에 흘러든 것을 확인하고 그가 독살당했다는 결론을 내렸다.

　1682년 9월 8일 프랑스 리옹의 내과의사 니콜라 드블레니(Nicolas de Blegny)는 독살로 의심되는 시신을 검시했다. "우리는 수잔 페네(Suzanne Pernet)의 시신을 살펴보기 위해 랑드 거리의 성 마거릿 표시가 있는 건물로 갔다. 겉모습은 이상이 없음을 확인한 다음 시신의 복부와 위를 절개해보니 아랫부분이 완전히 타들어가 있었으며. 달걀 크기의 검고 걸쭉한 액체가 남아 있었다."

　　녹아내린 위에 남아 있던 검고 걸쭉한 액체와 타들어간 흔적만으로도 충분히 독살을 의심할 만했다. 그리고 다음 단계에서 발견한 현상이 확신을 더해주었다. "장기들을 금속 용기에 담자 용기에 자국이 생겼다. 산이나 부식성 액체를 담았을 때 생겨나는 것과 비슷했다. 그런 다음 조금 잘라서 개에게 먹였는데 개가 고통스러워하며 짖어댔다. 이는 동물에게 끔찍한 작용을 일으키는 무언가가 장기 속에 있다는 증거였다. 모든 것을 종합해보면 수잔 페네는 비소나 승홍 또는 부식성 물질로 독살되었다는 결론을 내릴 수 있다. 다른 장기들은 멀쩡했다는 점도 결론을 뒷받침한다. 흉부나 머리도 복부만큼 자세히 살펴보았지만 독살 외의 사인은 찾을 수 없었다."

2장

신비한 힘을 가진
유니콘의 뿔과 수탉의 똥

"유니콘의 뿔만 있으면 어떤 독도 두렵지 않다."

수 세기 전 유럽의 상류층들은 이 황당한 이야기를 굳게 믿었다. 오랫동안 궁에서는 독을 감별하거나 해독하는 방법을 찾아내고 발전시켜왔다. 하지만 터무니없다고 할 만큼 황당한 내용이 많았다. 대표적인 것이 유니콘의 뿔이다. 군주들은 이것의 효과를 맹신하고 무척 소중히 여겼다. 여행자들을 통해 적은 양만 유통되었던 터라 손에 넣기가 어렵다는 점도 소장 욕구를 자극했다.

만약 자신의 보물이 가짜였다는 것을 알면 군주들이 얼마나 낙담했을까? 그들이 유니콘의 뿔이라고 믿었던 것은 사실 18세기까지 알려지지 않았던 희귀 동물인 북극 일각돌고래의 엄니였다. 당시 선원들은 차가운 북극해의 해변까지 일부러 찾아와 죽는 '유니콘'이 많다는 사실에 무척 놀랐다.

왕이 수저를 들기 전에 감별사들은 음식을 검사하고 냅킨과 식기에 입을 맞추었을 뿐 아니라 식탁에서 유니콘의 뿔을 천천히 흔들었다. 때로는 음식에 찔러 넣기도 했다. 사람들은 이것을 독 가까이에 가져가면 표면에 물방울이 맺히고 색이 변하면서 떨린다고 믿었다. 하지만 오히려 뿔을 흔드는 하인들이 땀을 흘리고 하얗게 질리며 부들부들 떨 가능성이 높았다. 만에 하나 왕을 독살하려 했다는 혐의라도 받게 되면 끔찍한 고문을 당했기 때문이다.

◆ 유니콘의 뿔
(암스테르담 국립 미술관)

유니콘의 뿔이 음식에 든 독을 없애준다고 믿는 사람도 많았다. 베네치아 총독의 의사들은 물이 오염되지 않도록 궁 안의 우물에 유니콘의 뿔을 던져 넣었다. 1490년 스페인의 종교재판소장인 토마스 데토르케마다(Tomás de Torquemada)는 여행을 갈 때마다 유니콘의 뿔을 반드시 챙겼다. 그가 뿌리를 뽑으려고 했던 이단자들이 포도주에 무언가를 살짝 넣을지도 모른다고 걱정했기 때문이다.

수백 년 동안 유니콘의 뿔은 같은 무게의 금보다 11배나 높은 값으로 거래되었다. 프랑스의 샤를 9세는 10만 크라운을 줄 테니 뿔을 팔라는 제안을 단호히 거절했다. 러시아의 폭군 이반 4세는 시베리아 북극 해안에서 발견한 유니콘의 뿔을 가지고 있었는데, 값으로 치면 7만 루블에 달했다. 엘리자베스 여왕이 가진 소라 껍데기 모양의 뿔 가격은 대략 1만 파운드였다. 당시 그 금액이면 웬만한 성 하나를 살 수 있었다. 그녀가 고용한 민간 항해사 마틴 프로비셔(Martin Frobisher)가 1577년 7월 22일 오늘날 캐나다 북부에 해당하는 지역을 항해하던 중 해안에서 발견한 것이었다. 그는 뜻밖의 수확에 기뻐하면서 이것을 여왕에게 바쳤다. 여왕은 독이 닿으면 부서진다고 알려진 유니콘의 뿔에 음료를 따라 마셨다(하지만 실제로 부서진 적은 없었다).

희소성과 가치, 독을 예방하는(그렇다고 믿는) 효과 덕분에 유니콘의 뿔은 왕이나 권력자들에게 인기 있는 선물로 통했다. 1540년 폴란드의 지그문트 1세는 신성로마제국의 페르디난트 1세에게 유니콘의 뿔을 선물했다. 1533년 교황 클레멘스 7세는 프랑스의 프랑수아 1세에게 이것을 선물하려고 1만 7천 두카트(유럽에서 사용하던 금화)라는 입이 떡 벌어질 만큼 엄청난 금화를 지불했으며 순금 장식을 덧붙이는 데 수천 두카트를 더 썼다. 그 일을 맡은 보석 세공사 벤베누토 첼리니(Benvenuto Cellini)는 자신의 작품에 만족해서 이렇게 자랑했다. "내가 만든 금장식은 유니콘의 머리 크기와 비슷하다. 나는 상상력을 발휘해서 최고의 작품을 만들었다. 말과 수사슴의 형상을 반씩 본떠 만든 얼굴에 멋진 갈기를 달았고 여러 장식을 덧붙였다."

초자연적인 힘이 있다고 여겨진 유니콘의 뿔은 왕의 홀, 왕관, 칼자루, 칼집 등의 재료로 사용되었다. 코펜하겐의 로센보르궁전에 가면 유니콘의 뿔로 만든 왕좌를 볼 수 있다. 1671년 덴마크의 크리스티안 5세가 주문한 것이다. 왕은 거기에 앉아서 독에 대한 두려움 없이 원하는 음식을 마음껏 먹을 수 있었다. 그가 왕좌 전체를 진귀한 재료로 만들 수 있었던 이유는 무역상들과 해군이 스칸디나비아지방의 해변에서 엄청나게 많은 유니콘(사실은 일각돌고래였지만)의 뿔을 발견했기 때문이다.

◆ 유니콘의 뿔로 만든 왕좌에 앉아 있는 덴마크 왕 크리스티안 8세(왼쪽)

1570년대 프랑스 왕실 의사였던 앙

브루아즈 파레는 유니콘의 뿔로 독을 감별하는 의식이 아무런 효과가 없으며 한심한 짓이라고 판단했다. 그는 유니콘의 뿔이라고 알려진 것이 사실은 상아 같은 물질이라고 추측했다. 유니콘이 실제로 존재한다는 증거가 없었기 때문이다. 또한 유니콘의 뿔처럼 화합물과 쉽게 반응하지 않는 비활성 물질은 의학적인 효과를 낼 수 없다고 말했다. 인간의 몸속에서 한 가지 물질이 그토록 다양한 종류의 독을 중화하기란 불가능하다는 것이다. 언젠가 파레는 샤를 9세의 수석 의사였던 장 샤플랭(Jean Chapelain)과 이런 대화를 나누었다.

"이보시오, 샤플랭. 이제 더 이상 왕의 연회에서 유니콘의 뿔을 사용하지 않는 게 어떻겠소?"

"물론 나도 그처럼 쓸데없는 짓을 그만두고 싶습니다. 하지만 이미 오랫동안 사람들의 생각에 뿌리 깊이 박혀 있는 고정관념을 쉽사리 바꾸기는 어렵지요. 그리고 미신을 믿는다고 해서 딱히 문제가 될 것은 없잖습니까. 언제 닥칠지 모르는 위험에 무방비 상태로 있는 것보다야 낫겠지요."

한 세기가 지나서야 파레가 옳았다는 사실이 밝혀졌다. 1670년 영국의 왕립 협회는 유니콘의 뿔로 만든 잔을 조사한 뒤 해독 작용이 전혀 없다고 발표했다.

유니콘의 뿔이 인기를 끌던 시절에는 값이 너무 비싸서 왕이나 권력자들만이 그것을 가질 수 있었다. 그래서 귀족들은 독을 감지하거나 없애기 위해 보석을 주로 사용했다. 그들은 에메랄드, 산호, 남옥, 자수정 등이 박힌 반지를 음식 위에서 흔들면 독성이 중화된다고 믿었다. 전갈이 새겨진 돌도 마찬가지였는데, 물을 상징하는 전갈자리의 차가운 성질이 독을 마셨을 때 위장이 타들어가지 않도록 보호해준다고 믿었다. 보석을 빻아서 포도주와 음식에 넣기도 했다. 유니콘의 뿔처럼 보석에 해독 기능이 있다고 여겼기 때문이다.

몇몇 왕족들은 잔에 보석을 넣었다. 마이모니데스는 1199년에 발표한 논문에서 이렇게 말했다. "가장 손쉽게 쓸 수 있는 치료제는 에메랄드다. 에메랄드는 어떤 독이든 해독할 수 있으며 독충에 물렸을 때도 치료 효과가 탁월하다. 게다가 에메랄드를 입에 물고 있으면 심장이 튼튼해진다." 왕이 음식을 먹을 때 에메랄드를 삼키지 않으려고 혀로 이리저리 굴리는 모습을 상상하면 웃음이 나온다.

다이아몬드 역시 해독제로 알려져 있다. 14세기 여행가 겸 작가였던 존 맨더빌(John Mandeville) 경은 "독이 근처에 있으면 다이아몬드의 표면에 물방울이 맺힐 것이다"라고 썼다. 왕의 연회에서 새 음식과 포도주가 나올 때마다 손님들이 자신의 다이아몬드 반지를 확인하는 모습이 떠오를 것이다.

이탈리아 의사 카밀루스 레오나르두스(Camillus Leonardus)는 1502년 「보석의 거울」(The Mirror of Precious Stones)이라는 논문에서 다이아몬드의 효능을 이렇게 설명했다. "다이아몬드는 치명적인 독에도 손상되지 않는다. 또한 주술을 막아주는 방패 역할을 한다. 헛된 공포심을 없애주고, 논쟁과 다툼을 그치게 하며, 정신병에 걸리거나 악마에게 빙의된 사람을 정상으로 되돌리는 효과도 있다. 왼쪽 팔에 착용하면 적과 싸워 이길 수 있고 야생동물을 길들일 수 있다. 유령이나 악몽에 시달리지 않도록 지켜줄 뿐만 아니라 누군가와 거래할 때도 자신감을 불어넣는다."

왕족들은 담석, 무기질 덩어리, 헤어 볼(동물이 삼킨 털이 위에서 뭉쳐 생긴 덩어리) 같은 결석(結石)에도 해독 기능이 있다고 여겼다. 그들은 결석을 갈아서 먹거나 반지로 만들어 음식 위에서 흔들었다. 술잔에 결석 반지를 떨어뜨린 뒤 포도주가 끓어오르는지 지켜보기도 했다. 결석을 해독제처럼 사용한 군주로 영국의 엘리자베스 1세, 스페인의 카를 5세와 펠리페 2세, 프랑스의 프랑수아 1세가 있다.

　　준보석(準寶石)이라고 할 수 있는 두꺼비 돌(toadstone)이나 혀 돌(tongue stone) 역시 값비싼 해독제였다. 당시에는 이것들이 두꺼비의 배에서 나오거나 용 또는 뱀의 혀가 굳어져 생긴 것이라고 믿었지만 사실은 상어 이빨 화석이었다. 사람들은 이것들로 반지를 만들어 음식 위에서 흔들었다. 때로는 독성을 없애고자 가루를 내어 포도주와 섞었다. 이 방법은 실제로 독을 제거해줄 가능성이 높았다. 화석의 성분인 탄산칼슘이 비소와 섞이면 킬레이트화반응이 일어나는데 그 과정에서 독성이 중화된다. 현대의 의사들도 이런 방식으로 수은과 비소를 포함한 거의 모든 중금속을 중화시킨다.

　　몇몇 군주들은 독을 꾸준히 섭취함으로써 내성을 키웠다. 기원전 1세기 로마의 최대 적국인 폰토스의 왕 미트리다테스 6세는 날마다 소량의 비소, '늑대의 골칫거리'(wolf's bane)라고 불리는 투구꽃, 주목 열매의 즙, 독버섯, '치명적 밤의 그림자'(deadly nightshade)라고 불리는 벨라도나에 전갈과 살무사의 독까지 섞은 혼합물을 마셨다. 그러다 보면 자기도 모르게 치사량의 독을 마시고도 목숨을 건질 가능성이 높았을 것이다.

　　미트리다테스는 자신이 실천했던 예방법의 효과를 몸소 증명했다. 훗날 그는 위기에 처했을 때 적의 손에 죽느니 스스로 목숨을 끊겠다면서 독약을 마셨다. 하지만 72세의 노구였던 그는 아무리 독을 많이 마셔도 멀쩡했고 트림조차 하지 않았다. 결국 칼로 자결할 수밖에 없었다.

　　수 세기가 지나 유럽의 왕족들은 일상적으로 테리아카(theriaca) 혹은 미트리다트(mithridate)라고 알려진 항독제를 섭취했다. 대황, 용담초, 라벤더, 레몬그라스, 월계수, 파슬리, 당근, 흑후추, 정향, 포도주, 아편, 사해 역청 등을 꿀과 반죽해서 아몬드만 한 크기의 알약으로 만든 것이다. 하지만 중독을 예방하는 효과가 있다고 보기에는 의심스러운 구석이 많았다.

해독 기능은 장담할 수 없지만 건강에는 도움이 될 만한 테리아카도 있었다. 황(黃), 마늘, 숯, 물레나물, 계피 등을 섞어 만든 것이다. 황과 마늘은 혈관 속 비소를 중화시킨다고 밝혀졌다. 숯은 다양한 독소를 흡수하고 거른다. 물레나물은 수많은 유해 화학물질로부터 간을 보호한다. 또한 마늘, 계피, 물레나물은 항균 효과가 있다. 몰약은 방부제와 진통제로 쓰이고 그중에 어떤 것은 특정 암세포를 죽인다고 밝혀졌다. 몰약의 고무질 성분은 천식, 소화불량, 위궤양, 감기, 기침, 관절염 증상을 완화한다.

르네상스 시대의 테리아카 중에서 살무사를 넣은 것은 뱀독을 중화하는 효과가 있다고 밝혀졌다. 1564년 앙브루아즈 파레는 항독제 제조 과정을 지켜보기 위해 몽펠리에의 약재상을 방문했다. 그런데 독사가 가득 들어 있는 상자 근처에서 검지 손톱 밑을 물리고 말았다. 파레는 손가락 주변을 단단히 묶은 다음 항독제를 솜에 묻혀 상처에 발랐다. 덕분에 그는 목숨을 건질 수 있었다.

당시 테리아카는 항독 기능뿐 아니라 건강을 유지하게 해준다고 알려졌다. 그래서 오늘날로 치면 멀티비타민 같은 대접을 받았다. 15세기의 한 소책자에는 테리아카의 효능이 기록되어 있는데, 부기를 빼고 발진과 쓰라림을 가라앉히고 소화가 잘되게 하고 숙면을 취하게 하며 실어증도 고쳐준다고 했다. 그뿐만 아니라 팔다리를 튼튼하게 만들며 열, 수종, 간질, 마비, 심장질환을 낫게 한다고 나와 있다.

피에몬테의 마이스터 알렉시스는 식사 전에 먹을 수 있는 해독제의 간단한 제조법을 알려주었다. "호두 한두 알과 말린 무화과 두 개, 루타잎 몇 장 그리고 소금을 조금 넣으면 된다. 이것을 먹으면 독뿐만 아니라 전염병과 광견병도 막아준다." 알렉시스의 두 번째 제조법을 따라 하려면 꿀과 노간주나무 열매, 테라 시질라타(그리스의 렘노스섬이나 사모스섬에서 구할 수 있는 점토)가 필요하다. 그는 "그것을 먹은 다음 독이 든 고기를 먹으면 고기가 위장에 닿자마자 구토가 나서 독을 몸 밖으로 배출할 수 있다. 그러나 고기에 독이 없다면 미리 먹은 해독제는 어떤 고통도 주지 않을 것이다"라고 했다.

그는 적어도 한 가지만큼은 알고 있었다. 테라 시질라타 같은 점토의 규산염 입자는 비소, 수은, 납 등에서 금속 성분을 끌어당겨 몸 밖으로 배출한다. 따라서 독이 혈관에 흡수되지 않도록 막아준다.

독을 빼내는 기상천외한 방법

파레는 궁에서 의사 두 명과 함께 왕이 식사를 할 때마다 뒤에 서 있었다. 중독 징후를 즉시 발견하고 대처하기 위해서였다. 파레는 이 일에 대해 다음과 같이 기록했다.

> 우리는 중독 증세를 알아볼 수 있다. 중독된 사람은 불쾌하고 몸이 처지는 듯한 기분이 든다. 또한 위에서 끔찍한 맛이 올라오는 것을 느끼는데 평소 먹던 고기와는 전혀 다른 맛이다. 얼굴색은 창백해지거나 누렇게 뜨는 것처럼 이상한 빛으로 변한다. 메스껍고 구역질이 난다. 견딜 수 없을 만큼 목이 마르고 마치 온몸이 뒤집히는 것처럼 고통스러워진다. 혀가 붓

고 심장이 약하게 뛰며 소변이 잘 나오지 않는다. 호흡을 거의 할 수 없어 숨이 막힌다. 즉각 조치하지 않는다면 끔찍한 고통 속에서 죽게 될 것이다. 응급조치가 늦어져 증상이 점점 심해지면 마치 인두로 지지는 것처럼 온몸이 고통스럽고 위장이 뒤틀리며 귀, 코, 입, 요로와 항문으로 피가 흘러나온다. 그렇게 되면 더는 손쓸 수 없는 상태라고 보면 된다.

그러나 의사들은 귀, 코, 입 그리고 다른 부위에서 피가 나기 훨씬 전에 무언가 조치를 취할 것이다. 마이스터 알렉시스는 누군가 중독되었을 때 가장 먼저 해야 할 일을 알려주었다. "미지근한 올리브기름을 미온수와 섞거나 그대로 마시게 하고, 만약 기름이 없다면 버터를 뜨거운 물 또는 쐐기풀씨와 함께 먹여 토하게 만든다. 몇 차례 토하면 독을 배출할 수 있다. 또한 관장을 해서 속을 비운다. 그런 다음 꿀물과 포도주를 충분히 먹여야 한다." 그는 노간주나무 열매, 정향, 육두구, 잣, 미라의 살점, 장뇌, 용담의 뿌리, 무화과, 대추, 계피, 아몬드, 회향, 테라 시질라타, 에메랄드 조각이 재료로 들어가는 해독제 조제법과 죽은 파리를 말려서 가루로 빻은 뒤 포도주와 섞어 마시는 방법도 써두었다.

1562년 앙브루아즈 파레는 종교 문제로 자신을 죽일 듯이 혐오하는 사람들과 식사했다(그는 위그노 교도일 가능성이 있다). 파레는 양배추를 조금 먹은 후 통증을 느꼈다. 음식에 수은이나 비소가 들어 있다는 것을 알아챈 그는 먼저 구토를 했다. 그런 다음 기름과 우유를 많이 마셔서 소화기관의 표면을 보호하고 날달걀을 먹었다. 이런 조치 덕분에 회복할 수 있었다. 마찬가지로 마이모니데스는 미심쩍은 음식을 먹었다면 즉시 토하라고 충고하면서 구토를 유발하는 데 가장 효과적인 물질을 알려주었다. "수탉의 똥에는 구토를 일으켜 모든 독을 제거하는 특별한 효능이 있다."

파레는 의사들에게 중독으로 의심되는 사람의 토사물을 검사하라고 조언하면서 "맛이나 냄새, 색을 살펴보면 독성이 있는지 확인할 수 있다. 따라서 적절한 해독제로 대처할 수 있다"라고 했다. 그는 장으로 내려간 독을 배출시킬 때 양의 기름이나 버터 또는 우유로 만든 관장제를 쓰면 좋다고 추천했다.

파레는 충격적인 방법도 소개했다. "만약 중독된 것처럼 보이는 환자가 부유한 사람이라면 그를 갓 죽은 소나 말, 나귀 같은 동물의 배 속에 집어넣었다가 동물의 체온이 식자마자 즉시 빼내어 다른 동물의 배 속에 집어넣는 방법을 추천한다. 갓 죽은 짐승이 머금은 부드럽고 따뜻한 증기를 통해 독이 배출될 것이다."

우리는 의식이 불분명한 환자를 냄새나고 축 처진 동물의 사체에서 꺼내어 다시 피가 흥건한 다른 사체의 배 속에 처박는 모습을 상상하지 않을 수 없다. 만약 그가 그런 치료를 받고 살아난다면 앞으로 어떤 위험한 상황에 처하더라도 살아남을 것이다. 어쨌든 왕은 구토를 한 후 유니콘의 뿔이나 보석을 갈아 만든 해독제 또는 실험실에서 만든 항독 기름을 마셨을 것이다.

16세기 후반 스페인의 펠리페 2세는 마드리드 근교의 에스코리알궁에다 큰 실험실을 두었다. 하지만 관련 기록은 거의 없다. 아마도 독약과 해독제의 제조법에 대해서는 피렌체의 메디치 가문 사람들이 가장 앞선 기술을 가지고 있었을 것이다. 1540년 코시모 1세 공작은 피렌체의 베키오궁에 제조소 또는 실험실이라 할 만한 장소를 두고 마실 수 있는 금, 불로장생의 묘약, 증류 기름, 향수, 의약품을 만들었으며 약리학과 야금학, 화학 분야의 실험을 할 수 있도록 했다. 1576년

7월 페라라 대사인 에르콜레 코르틸레(Ercole Cortile)는 프란체스코 대공이 "특히 기름을 사용한 전염병 치료제를 만드는 데 대부분의 시간을 보내고 있다"라고 썼다.

유럽 전역의 통치자들은 메디치 가문의 항독 기름을 손에 넣고 싶어 했으며 메디치의 대공들은 그것을 8칸이나 10칸 혹은 24칸으로 나눈 상자에 넣어 다른 나라에 선물했다. 상자 안에는 기름과 함께 사용 설명서가 들어 있었다. 이런 선물에 대해 기록한 외교 문서가 아주 많다. 예를 들면 코시모 대공은 1561년 12월 9일 구아스탈라 지방의 체사레 곤자가(Cesare I Gonzaga) 공작에게 해독제를 보냈다. 1601년 5월 페르디난도(Ferdinando) 대공은 항독 기름이 담긴 상자를 스코틀랜드의 제임스 6세에게 보냈다. 1619년 4월 7일 스페인 토스카나 대사관의 서기관은 코시모 2세에게 당시 궁에서 펠리페 3세가 사용하는 해독제와 더불어 새로운 테리아카를 급히 요청했다.

메디치 가문이 사용한 항독 기름의 주요 성분은 전갈이었다. 에르콜레 코르틸레가 1576년에 한 말이다. "프란체스코 대공은 작은 방으로 나를 데려갔는데, 그곳에는 살아 있는 전갈을 담아둔 병이 가득했다. 그는 방 안에 특정 약초를 먹이면서 기르는 전갈이 7만 마리나 있다고 했다." 프란체스코는 겁도 없이 독을 지닌 그 생물을 집어서 백년 된 기름이 든 병에 넣었다. 그런 다음 병을 직사광선이 비치는 곳에 50일 정도 놓아둘 것이라고 말했다. 1580년 7월 대공의 화학자 니콜로 시스티(Niccolo Sisti)는 해독제를 만드는 데 쓰일 전갈이 2만 1천 마리나 든 꾸러미를 받았다. 1590년 새로운 대공 페르디난도는 항독 기름을 만들기 위해서 가브리엘로 단토니오(Gabriello d'Antonio)에게 전갈을 11킬로그램이나 구매했다.

피렌체 약재상 스테파노 로셀리(Stefano Rosselli)는 『비밀의 잡동

사니』(*Hodgepodge of Various Secrets*)에 대공의 항독제 제조법 한 가지를 적어두었다. 전갈을 올리브기름이 든 유리병에 담아 40일 동안 햇볕에 둔 뒤 10시간 끓여서 기름을 추출한다. 이것을 몰약, 대황, 사프란 및 다른 식물과 섞고 햇볕에 2주간 놓아두면 "입으로 삼키거나 벌레에게 물려서 몸에 들어온 온갖 독"을 없애주는 연고가 된다. 그는 중독되었을 경우 머리나 가슴의 동맥, 팔다리의 맥박이 뛰는 곳에 6시간마다 혹은 독에 따라 더 자주 이 연고를 바르라고 조언했다.

로셀리는 죄수에게 독을 먹인 다음 이 조제법에 따라 만든 해독제를 주었더니 죽지 않았다고 말했다. 해독제를 시험하는 유일한 방법은 사람이나 동물에게 먼저 독을 먹인 후 해독제를 주고 살아남는지 지켜보는 것이다.

교수대의 실험쥐

1450년 베네치아 10인 위원회의 회원들은 밀라노의 프란체스코 스포르차(Francesco Sforza) 공작을 새로 만든 독으로 죽이려고 했다. 이런 기록이 남아 있다. "물건은 정확하게 준비되었다. 작고 동그란 공 모양이며 불에 넣었을 때 고급스럽고 기분 좋은 향이 난다. 누구든 그 냄새를 맡으면 죽는다. 우리 감옥에는 사형을 앞둔 강도가 한 명 있는데 그에게 써보고 성능을 확인할 생각이다."

다른 유력한 가문들도 사형수에게 독과 해독제를 시험했다. 이 '교수대의 실험쥐'들은 대부분 스스로 실험 대상이 되겠다고 자원했다. 해독제가 효과를 발휘해 살아남을지도 모른다는 실낱같은 희망을 붙잡았기 때문이다. 1547년 12월 19일 코시모 공작은 밀라노의 대사에게 두 가지 해독제를 보내고 이것을 가문의 일원인 페란테 곤자가(Ferrante Gonzaga)에게 전해주도록 했다. "항독 기름은 반드시 설명서와 함께 보내시오. 실험을 통해 효과가 검증된 것은 조그만 병에 담아 보내야 하오. 남은 하나는 사용하기 전 사형수에게 써봐야 한다는 내용도 꼭 전하도록 하시오."

교황조차 이처럼 잔인한 실험을 반대하지 않았다. 시에나의 의사 피에트로 안드레아 마티올리(Pietro Andrea Mattioli)는 1524년 그의 스승 그레고리오 카라비타(Gregorio Caravita)에게 보낸 편지에 이렇게 썼다. "교황 클레멘스 7세가 사용하게 될 새로운 해독제를 암살 혐의로 사형을 선고받은 코르시카인 잔프란체스코(Gianfrancesco)와 암부로조(Ambrogio)에게 실험했습니다." 두 명 모두 투구꽃을 먹었는데 잔프란체스코에게만 해독제를 주었다. 둘 다 사흘 동안 극심한 고통에 시달렸지만 잔프란체스코는 완전히 회복되었고 암부로조는 사망했다.

1581년 독일 바덴에서는 교수형을 선고받은 한 죄수가 판사에게 이례적인 제안을 했다.

"나리, 제가 독성 실험에 자원하겠습니다. 그 대신 부탁 두 가지만 들어주십시오."

"무슨 부탁인지 말해보아라."

"독을 마신 후 점토를 먹게 해주십시오. 그리고 만약 제가 살아난다면 석방해주십시오."

판사는 그의 제안을 받아들였다. 죄수는 승홍을 6그램 정도 먹었는데, 이는 치사량의 두 배가 넘는 양이었다. 5분 뒤 그는 같은 양의 테라 시질라타를 포도주에 섞어 마셨다. 몇 시간 동안 그를 관찰한 의사들은 이렇게 기록했다. "그는 독약을 먹고 나서 몹시 고통스러워했지만 결국은 해독제가 효과를 발휘했다. 그 불쌍한 인간은 건강을 회복하고 부모에게 돌아갔다."

의사들은 실험 결과에 무척 만족했다. 이유는 정확히 몰랐지만 어쨌든 특정 점토에 해독 효과가 있다는 가설이 눈앞에서 증명되었기 때문이다.

반면에 위석은 명성과 달리 효과가 전혀 없었다. 1570년 프랑스의 샤를 9세는 주치의 앙브루아즈 파레에게 자신이 가진 위석으로 모든 독의 기운을 누그러뜨릴 수 있다고 말했다. 앞서 말했듯이 유니콘의 뿔을 사용하는 것에 대해 냉소적이었던 파레는 위석의 효능에도 의구심을 가졌다. 그래서 사형수에게 실험을 해보자고 제안했다. 그는 실험 과정과 결과를 이렇게 기록했다.

> 왕의 주임 신부가 왕에게 말했다.
> "제 요리사가 은 접시 두 개를 훔치다가 잡혔습니다. 내일 아침 그를 교수형에 처할 생각입니다."
> 그러자 왕은 그에게 '모든 독에 효험이 있다는 돌'을 실험해보고 싶어졌다. 그래서 죄수에게 그럴 생각이 있는지 물어보도록 했다. 죄수는 그 제안을 기꺼이 받아들였다.
> "여부가 있겠습니까? 사람들 앞에서 교수형을 당하느니 독을 먹고 죽는 편이 훨씬 낫습니다."
> 약제사는 죄수에게 독약과 위석을 함께 주었다. 그는 두 가지를 삼킨 뒤 구토와 설사를 했다. 그러면서 위가 타들어가는 것 같으니 물을 달라고 했지만 거절당했다.
> 그 좋다는 약을 먹은 지 한 시간이 지났다. 그자는 혀를 빼물고 짐승처럼 바닥을 기면서 울부짖었다. 얼굴은 벌겋게 달아오르고 눈과 코와 입에서 피가 흘렀다. 나는 그를 살려보고자

기름을 반 섹스티[약 270밀리리터] 정도 먹였지만 너무 늦어 소용이 없었다. 그는 차라리 교수형을 당하는 게 나았다고 소리치며 일곱 시간 동안 고통에 시달리다 죽었다.

파레가 부검한 결과 죄수는 승홍 중독에 따른 위장염으로 죽었다. 그러자 왕은 위석을 태워버리라고 명령했다.

3장

미모의 대가는 크다!
치명적인 화장법

영국의 엘리자베스 여왕에게는 이상한 습관이 있었다. 물론 당시 사람들의 눈에 그렇게 보였다는 말이다. 첫째, 춤과 승마를 즐겼고 젊은 시녀들이 따라잡기 힘들 만큼 빠르게 걷는 등 운동을 꾸준히 했다. 둘째, 당시 기준으로 '소식'을 해서 죽을 때까지 날씬한 몸매를 유지했다. 이것이 그녀가 70세까지 '장수'한 비결인 듯하다.

엘리자베스는 고도비만이었던 아버지 헨리 8세처럼 몸이 불어날까 봐 두려워한 나머지 식사 자리에서 몇 입 먹다 말고 벌떡 일어나곤 했다. 여왕이 식사를 마치면 자리를 파하는 게 관례인지라 함께 있던 이들도 본의 아니게 수저를 놓았다. 우리는 배고픈 귀족들이 벨벳 주머니에 닭고기를 쑤셔 넣거나 여왕 앞에서 물러난 뒤 몰래 부엌으로 들어가는 모습을 상상할 수 있다. 다행히 여왕은 평소 연회를 즐기지 않고 자기 방에서 혼자 먹었다.

'처녀 여왕'으로 알려진 엘리자베스는 임신이나 출산으로 인한 합병증을 걱정할 필요가 없었다. 그녀가 심하게 앓았던 유일한 병은 천연두였다. 그녀는 1562년 스물아홉 살 때 천연두에 걸려서 거의 죽을 뻔했다. 병이 나은 뒤에는 피부에 움푹 팬 자국이 생겼는데, 아마도 흉터를 가리려는 노력이 여왕의 수명을 몇 년 정도 깎아냈을 것이다. 당시에는 잡티 하나 없는 얼굴이 아름다움 이상의 의미를 가졌다. 얼굴에 생긴 흠은 신에게 노여움을 산 증거이거나 내면의 음란한 성적 욕구가 성기에서 올라와 겉으로 드러난 것이라고 여겼기 때문이다. 어떤 여성들은 흉터에 송진이나 밀랍 또는 인간의 지방을 발라 매끄럽게 만들었다. 인간의 지방은 가까운 약재상에서 살 수 있었다. 혹은 중간 상인을 건너뛰고 사형집행인에게 직접 죽은 지 얼마 안 된 사람의 시체에서 떼어낸 지방을 얻을 수도 있었다.

엘리자베스 여왕도 흉터에 인간의 지방을 발랐는지는 알 수 없다. 하지만 그녀가 얼굴과 목, 가슴에 하얀빛이 도는 백연석, 식초, 수산화물, 탄산염 그리고 때로는 비소가 섞인 분을 파운데이션처럼 바른 것만은 분명하다. 천연두 흉터를 달걀흰자와 백연석으로 메우면 빛을 받을 때마다 피부가 은빛이 감도는 흰색을 띠었다. 이런 화장법은 이탈리아에서 시작되었는데, 그것을 영국으로 들여와 유행시킨 장본인이 바로 여왕이었다. 1528년에 인기를 끌었던 작품인 『궁정론』(*The Book of the Courtier*)에서 만토바 출신의 바람둥이 발다사레(Baldassare) 백작은 "얼굴에 가면을 얹고 그것이 갈라질까 봐 두려워 감히 웃을 수 없는 여성"에 대해 언급하기도 했다.

백연석에 들어 있는 납 성분은 피부에 흡수되었으며 탈모, 근육마비, 기분장애를 일으키고 정신을 몽롱하게 만든다. 무엇보다 피부에 반점과 흉터를 남긴다. 따라서 손상 부위가 점점 넓어져 갈수록 더 많은 양을 덧바르는 악순환이 이어졌다. 또한 백연석 가루를 사용하면 피부가 건조해져 주름이 늘어났다. 당시 누군가는 "그것을 얼굴에 바르는 여성은 생기를 잃고 머리가 하얗게 셌다. 피부 속 수분이 엄청나게 빨리 말라버렸기 때문이다"라고 주장했다.

때로는 화장이 인체에 치명적인 해를 끼쳤다. 18세기 영국 최고의 미인으로 손꼽혔던 마리아(Maria)라는 여인은 화장 때문에 목숨을 잃었다. 화장품의 부작용으로 그녀의 눈은 퉁퉁 붓고 잇몸은 내려앉아 치아가 흔들렸으며 머리카락도 빠졌다. 그뿐만 아니라 머리가 깨질 듯한 두통에 시달렸고 몸을 덜덜 떨기까지 했다. 하지만 남편조차 그녀의 숨 막힐 듯 하얀 피부와 새빨간 볼연지에 감춰진 민낯을 볼 수 없었다. 평소 그녀의 두꺼운 분칠을 싫어했던 남편은 1752년 유력인사들이 모인 성대한 파티에서 그녀의 화장을 지우려고 실랑이를 벌였지만 결국 단념하고 말았다.

수은 성분이 들어간 파운데이션도 인기를 끌었다. 이것을 사용하면 주름과 피부발진, 주근깨는 물론 내면에 자리 잡은 혼란, 성적 환상, 신에게 노여움을 샀다는 표식까지 가릴 수 있었다. 또한 이 제품은 피부를 환하고 투명하게 만들어주었다. 하지만 몸에는 해로웠다. 수은은 피부로 흡수되어 태아 기형을 유발한다. 수은을 많이 섭취하면 타액이 과도하게 분비되고 치아가 거무스름하게 변하며 혀에서 쇠 맛이 느껴진다. 신장과 간에 이상이 생기고 피로와 떨림 증상 같은 육체적인 문제뿐 아니라 우울증과 편집증 같은 정신적인 문제도 나타난다. 이런 제품을 계속 사용할 경우 목숨을 잃을 수도 있다.

많은 여성이 수은 파운데이션 위에 비소 파우더를 덧발라 창백한 피부를 만들었다. 당시에는 그런 얼굴이 부러움을 샀다. 하지만 비소중독으로 손바닥과 발바닥의 피부가 비늘처럼 벗겨져 따끔거렸으며 피부, 대장, 방광, 폐, 신장, 간 등에 암이 발생할 위험도 높았다.

납과 비소로 만든 '하얀 가면' 위에 약간의 색감을 더하고자 엘리자베스 여왕은 수은 성분이 포함된 주홍색의 진사(辰沙) 가루를 발랐다. 안타깝게도 영국과 유럽의 상류층이나 궁에서 머무는 여성들 사이에 여왕의 화장법이 유행처럼 번졌다. 여왕의 시녀 중에서 생기를 잃고 시름시름 앓다가 죽은 여인들이 있었는데, 어쩌면 화장품 때문에 그랬을 수도 있다.

그토록 두꺼운 화장법은 피부가 햇볕을 쬐지 못하게 만들어 비타민 D 결핍으로 인한 구루병을 유발하기도 했다. 2013년 이탈리아 연구진은 피렌체 메디치 가문의 지하 묘지에 묻힌 16세기 신생아들이 심한 구루병을 앓았다고 보고했다. 분명 산모가 임신 중 햇볕을 거의 쬐지 못했을 것이다.

엘리자베스 여왕은 말년에 식욕이 거의 없었으며 정신적으로도 쇠약해졌다. 그녀는 곁에 있던 시녀들에게 발작하듯 화를 냈고 때로는 화장품 같은 물건을 던지기까지 했다. 여왕의 대자(代子)인 존 해링턴(John Harington) 경은 그녀의 변화를 알아채고 이렇게 말했다. "차분하던 옛 성품을 찾아볼 수 없다. 시녀들에게 별것 아닌 일로 화를 냈다." 여왕은 다른 군주처럼 본인의 안전에 집착했는데 1590년에는 편집증의 조짐을 보이기 시작했다. 가톨릭 예수회가 자신을 암살하려 한다는 망상에 빠진 것이다. 존 해링턴 경의 말이다. "그녀는 자기 방에서 계속 서성대며 나쁜 소문이라도 들으면 발을 탕탕 굴렀다. 가끔은 불같이 화를 내면서 칼로 벽에 걸린 장식품을 찔러댔다."

오랜 친구들이 세상을 떠나자 여왕은 점점 더 외로워하고 우울해졌다. 여왕에게 가장 큰 시련은 1601년 그녀의 추종자였던 로버트 데버루가 반란으로 처형됐을 때 찾아왔다. 바티칸 대사였던 조반니 스카라멜리(Giovanni Scaramelli)는 "평소 쾌활하던 여왕은 최근 몇 년 동안 급격하게 의기소침해졌다. 전에는 활기가 넘쳤지만 지금은 자포자기한 채 슬픔에 빠져 있다"라고 기록했다.

　　그녀는 인생의 마지막 2년을 어둠 속에서 흐느끼며 보냈다. 수완이 뛰어나고 에너지가 넘치던 정치가 엘리자베스 튜더(Tudor, 본명)는 우유부단하고 성마른 성격으로 변했으며 기력을 잃어가는 듯 보였다. 물론 노화에 따라 신체 기능이 저하되고 정신력도 약해졌을 것이다. 당시의 60대는 오늘날로 따지면 80대나 다름없기에 여왕이 인생의 끝자락에 이른 것만큼은 분명했다. 그러나 최근 들어 몇몇 전문가들은 그녀의 성격 변화가 화장품과 의약품에 들어 있는 독성 때문일 수도 있다고 주장한다.

　　안타깝게도 여왕의 시신은 부검을 할 수 없었다. 자신의 몸과 관련된 문제라면 결벽증이라 할 만큼 깐깐했던 엘리자베스는 의사들에게 사후 부검을 하지 않겠다는 맹세를 받았을 뿐만 아니라 시신의 방부 처리도 금했다. 그녀는 자신의 몸을 씻기고 향료를 바른 뒤 옷을 입혀서 향긋한 허브를 가득 채운 관에 넣어 묻으라고 유언했다.

　　여왕이 방부 처리에 진저리를 내는 이유가 있었다. 정맥 주사를 사용해서 피를 제거하고 방부액을 주입하는 방법을 쓰기 전의 방부 처리법은 끔찍한 도살 장면을 연상시켰다. 만약 오늘날 그런 짓을 했다가는 시신 훼손 혐의로 체포될 것이다. 앙브루아즈 파레는 자신이 쓴 의학서의 방부 처리 부분에서 이렇게 설명했다.

　　　부패를 막고자 방부 처리를 하려면 먼저 장기를 모두 꺼내야 한다. 톱으로 두개골을 자른 뒤 뇌를 꺼낸다. 그런 다음 정맥과 동맥이 지나가는 팔과 허벅지, 다리, 등, 허리, 궁둥이 부위를 깊게 절개해서 피를 빼낸다. 그렇게 하지 않으면 그 부위가 상해서 몸 전체가 부패할 수 있기 때문이다. 이 과정에서 향이 나는 파우더를 넣을 만한 공간이 생긴다. 다음 단계는 알코올과 식초를 묻힌 스펀지로 몸 전체를 닦아낸 뒤 절개한 부분과 구멍에 향료를 채우는 것이다.

　　복부에는 캐모마일, 라벤더, 발삼, 로즈메리, 백리향, 계피, 세이지 등을 넣었다. 아마도 닭고기 요리를 할 때 닭의 몸속에 향신료를 채우는 것이나 다름없었을 것이다.
　　파레는 이렇게 덧붙였다.

내용물이 빠져나오지 않도록 절개한 부분과 구멍을 꿰맨 후 곧바로 몸 전체에 송진을 바른다. 마지막으로 틈을 완벽하게 막은 납 소재의 관에 넣고 그 안을 향이 좋은 허브로 채운다.

　　그러나 엘리자베스의 바람은 이루어지지 않았다. 스코틀랜드에서 출발한 여왕의 후계자 제임스 1세가 런던에 도착해 장례를 주관하기까지 한 달이나 기다려야 했기 때문이다. 어쩌면 여왕의 유언을 조금이나마 존중한다는 뜻으로 방부 처리 과정을 간소하게 했을지도 모른다. 시녀 여섯 명이 한 달 동안 24시간 내내 교대로 여왕의 관을 지켰는데, 그들은 어느 날 밤 끔찍한 냄새의 가스가 관의 틈새로 배출되면서 귀가 먹먹할 정도로 큰 폭발음이 나는 바람에 소리를 지르며 방에서 뛰쳐나왔다. 가슴을 쓸어내린 시녀들은 만약 여왕의 시신에서 가스가 새어 나가지 않았더라면 이보다 더 끔찍한 냄새가 났을 것이라며 긍정적으로 생각했다.
　　엘리자베스 여왕과 당대 귀족 여성들은 얼굴뿐만 아니라 손도 하얗게 만들고 싶어 했다. 원하는 것을 얻기 위해서 손에 독을 바를 필요는 없었지만 대신 신선한 피에 담가야 했다. 귀족 여성들은 장갑을 벗고 죽어가는 동물에게 달려들어 벌어진 상처와 내장에 손을 넣은 뒤 문질렀다. 마이스터 알렉시스의 조제법에는 "갓 잡은 돼지의 따뜻한 피를 무사마귀에 바른 다음 말렸다가 씻어내면 무사마귀가 떨어질 것이다"라고 나와 있다. 15세기에 의학서를 저술한 브라운슈바이크의 제롬(Jerome)은 머리숱이 풍성해지기를 바라는 사람들에게 "어떤 병도 걸리지 않았고 몸가짐이 바르며 선량한 서른 살 청년의 피"를 구해서 가능하면 5월 중순에 마시거나 두피에 문지르라고 조언했다.

눈썹과 속눈썹이 짙어지기를 바라는 여성들은 휘안석 같은 광물에서 추출한 납 또는 안티몬 성분이 담긴 유성(油性) 먹을 발랐다. 납으로 만든 빗에 식초를 떨어뜨리고 침출된 물질을 빗에 묻혀서 눈썹과 속눈썹을 빗기도 했다.

반짝반짝 빛나고 커다란 눈을 갖고 싶은 여성들은 고대 로마인들이 즐겨 썼던 벨라도나 추출물을 눈동자에 몇 방울 떨어뜨렸다. 하지만 그것은 독성을 지니고 있기 때문에 계속 사용할 경우 시야가 흐려지고 심장박동이 빨라질 뿐만 아니라 중독 증상이 나타났다. 마이스터 알렉시스는 치아를 하얗게 만들려면 곡물과 경석(輕石), 알로에, 식초, 꿀, 계피, 진주, 상아 부스러기, 마르멜루(장미과에 속한 나무) 열매 등을 으깨어 반죽으로 만든 뒤 은박 또는 금박과 함께 구운 '귀하고 훌륭한 파우더'를 손가락이나 리넨 천에 묻혀서 치아에 문지르라고 했다. 그는 이보다 좋은 방법은 없으니 여왕과 공주를 충분히 만족시킬 수 있다고 자랑스럽게 말했지만, 은박과 금박에는 독성이 있으며 연마용 파우더는 치아의 얼룩뿐 아니라 법랑질까지 제거해버렸다.

소변은 세정 효과가 있다고 알려졌다. 1675년에 출판된 『여인

의 즐거움: 보존제, 약제, 화장품 만드는 법과 요리법』(*The Accomplisht Ladys Delight in Preserving, Physick, Beautifying and Cookery*)에는 "소변으로 세수하면 얼굴이 맑아진다"라는 설명이 있다. 16세기 영국 의사 윌리엄 블레인(William Bullein)은 "피부가 깨끗하지 않은(여드름이 난) 사람들은 꿀과 강한 식초, 우유, 사내아이의 소변을 섞은 증류수로 세수를 해야 한다"라고 했다. 마이스터 알렉시스는 무사마귀를 없애는 흥미로운 방법을 하나 더 알려주었다. "개의 오줌과 흙을 반죽해서 얹으면 무사마귀가 말라서 떨어진다."

역겹게 들릴 수 있겠지만 오줌 성분인 '요소'는 오늘날 미용 크림을 만들 때도 많이 사용된다.

오줌을 바르는 것이 수은을 바르는 것보다 꺼림칙할 수 있다. 하지만 위험하기로는 수은을 따라가지 못한다. 『여인의 즐거움』의 저자는 얼굴에 염증이 나서 고민하는 여성들에게 수은과 월계수 기름, 단식한 사람이 뱉은 침을 섞어서 얼굴에 문지르라고 조언한다. 주근깨를 흐릿하게 만들기 위해 포도주가 발효할 때 생기는 침전물과 아몬드 또는 황산납 크림을 섞어서 문지르는 여성들도 있었다.

오늘날 많은 여성이 피부를 생기 있고 빛나게 만들고자 잠재적 발암 물질을 사용한 화학적 박피술을 받고 있다. 수 세기 전 귀족 여성들은 수은이 들어간 약품을 8일간 얼굴에 얹어 피부를 벗겨냈다. 마이스터 알렉시스는 달걀, 식초, 테레빈유를 납 접시에서 섞고(납 성분이 혼합물에 침출될 수 있었을 것이다) 거기에 양파, 수은, 레몬을 첨가해서 수은 마스크 만드는 법을 알려주었다. "너무 일찍 손대지 말고 반응이 일어나도록 두었다가 8일째 되는 날 벗겨내라." 마스크를 벗길 때는 밀기울, 아욱, 제비꽃의 잎, 콩깍지, 빵가루를 꿀에 섞어 끓인 용액을 얼굴에 부어 촉촉하게 만든 뒤 빵 부스러기로 문지르라고 했다.

독성이 있는 마스크를 8일 내내 썼다고 생각하면 피부 상태를 걱정하지 않을 수 없다. 하지만 마이스터는 이렇게 확신했다. "당신은 거칠고 칙칙했던 피부가 매끈하고 맑게 변한 것을 보게 될 것이다. 하지만 8일 뒤 외부 공기를 접하거나 불 근처에 가지 않도록 주의하라. 새로 돋아난 연약하고 섬세한 피부가 벌겋게 달아오르거나 상처를 입을 수 있다."

마이스터 알렉시스는 '아쿠아 아젠타타'(*aqua argentata*) 또는 '은빛의 물'이라고 불리는 로션이 "깨끗하고 생기 있으며 빛나는 피부"를 만들어준다고 장담했다. 그것을 만들기 위해 수은을 강한 식초와 반죽하고 8일간 숙성시킨 후 12개에서 15개 정도의 진주 조각과 금 또는 은, 장뇌나 위석, 활석 등을 넣어 갈았다. 그러고 나서 이 혼합물을 40일간 햇볕에 두었다가 달걀, 송진, 레몬 껍질과 섞으면 완성된다. 그는 이렇게 만든 화장품이 "여왕께 진상할 수 있을 만큼 훌륭한 효과를 낸다"라고 자랑스럽게 말했다.

마이스터는 친절하게도 뾰루지 치료약까지 알려주었다. 그가 강력히 추천하는 것은 황소의 똥이다. "5월 중 들이나 목초지에서 황소들이 싼 적당히 촉촉한 상태의 똥을 채취하고 이것을 증류하여 악취를 제거한 뒤 아침저녁으로 세수할 때 얼굴에 문지르면 온갖 잡티가 사라질 것이다."

코피 터뜨리는 가발과 독성 헤어용품

엘리자베스 1세가 통치할 때 영국 여성 대부분은 여왕을 따라 했기 때문에, 당시에는 빨간 머리가 인기를 끌었다. 왕실의 여인들은 황과 홍화 꽃잎으로 만든 파우더로 가발을 물들였다. 하지만 황은 몹시 유독한 물질이라 피부에 닿으면 두통과 구토를 일으켰고 때로는 코피가 나게 했다.

코피 쏟게 만드는 가발을 벗어버리고 싶은 이들을 위해서 머리카락을 붉은 금색으로 염색하는 방법도 있었다. 마이스터 알렉시스는 "뇌를 편안하게 해주고 기억력에 도움이 된다"라고 하면서 유독한 부식성 재료가 포함된 염색약의 제조법을 알려주었다. 그는 이 방법대로 만든 염색약을 쓰면 "머리카락이 건강하고 황금처럼 빛난다"라고 장담했다. 그러면서도 "이 연고를 만들 때는 제조법을 철저하게 지켜야 한다. 그래야 머리카락이 녹아서 빠지지 않는다"라는 불길한 경고를 덧붙였다. 분명 안티몬, 잿물, 철단(鐵丹), 명반석(明礬石), 질산칼륨처럼 독성이 있는 재료로 만들었을 것이다. 그가 말한 염색약으로 머리를 물들인 여성들은 온갖 독성물질 때문에 병들어 죽는 것뿐만 아니라 깊은 상실감에 빠졌을 것으로 예상된다. 빛나는 머릿결을 얻는 대신 대머리가 되었을 테니 말이다.

어느 시대에나 여성들은 탐스럽고 풍성한 머리카락을 갖고 싶어 한다. 『여인의 즐거움』에서는 염소의 똥을 재로 만들고 그것을 기름과 섞어서 머리에 바르라고 추천한다. 탈모와 씨름하던 남성들은 쥐똥을 꿀, 양파즙과 섞어서 두피에 바르고 문질렀다. 1561년 한 여성 연금술사가 쓴 이탈리아의 베스트셀러 『이사벨라 코르테즈 부인의 비법』(*The Secrets of Signora Isabella Cortese*)에는 흰머리가 날 때 대처하는 법이 적혀 있다. "생석회 가루 다섯 숟가락, 3그램 정도의 산화납과 금 그리고 은을 전부 섞어서 물에 갠 다음 거기에 양배추를 조금 넣고 될 수 있는 한 오래 끓인 뒤 미지근해질 때까지 식힌다. 그 물에 머리를 감으면 흰머리가 없어진다."

빈대 잡으려고 초가삼간 태운다

수 세기 동안 더러운 가축우리뿐만 아니라 화려한 왕궁에서도 머릿니
는 지긋지긋한 골칫거리였다. 영국 의사 로버트 페멜(Robert Pemell)은
『소아 질병에 대한 논문』(*A Treatise on the Diseases of Children*)에서 비소, 액
체 형태의 수은, 치명적 독성을 지닌 흰색 크리스마스로즈 꽃잎의 혼
합물을 두피에 바르거나 수은과 비소로 머리를 빗으라고 조언했다.

　　프랑스 의사 앙브루아즈 파레는 수은과 버터의 혼합물을 바르
면 머릿니를 없애는 데 효과가 있다고 장담했다. 그러면서 몸에 기생
하는 이, 벼룩, 빈대를 없애려면 수은 먹인 끈을 매고 돼지기름을 허리
에 바르라고 조언했다. 비록 거기에서 나는 악취가 당사자의 매력을
떨어뜨렸을 테지만 수은은 곤충을 죽이고 기름은 곤충의 접근을 막는
효과가 있었을 것이다.

　　비소는 털에 붙어 있던 해충뿐만 아니라 털까지 제거했다. 동굴
안에서 매머드 고기를 구워 먹던 때부터 남자의 콧수염과 턱수염은 성
관계를 하는 동안 여성을 성가시게 했을 것이다. 그리고 수 세기 동안
여성의 팔다리는 대부분 두꺼운 의상으로 가려져 있었지만 사람들은
매끄러운 다리와 겨드랑이를 좋아했다.

　　마이스터 알렉시스는 몇 가지 제모법을 소개했다. 그는 달걀노
른자 8개, 황화비소 30그램, 달걀흰자, 잿물의 혼합물로 "신체 어느 부
위의 털이든 제거할 수 있는 연고"를 만들었다. 그리고 "털을 제거하
고 싶은 부위에 이 연고를 바르라. 15분 뒤에 미온수로 씻어내면 모든
털이 제거될 것이다"라고 했는데, 아마도 털과 함께 피부까지 벗겨졌
을 것이라고 짐작된다.

왕의 정부를 독살한 묘약

프랑스 왕 앙리 2세의 연인이었던 붉은 금발의 디안 드푸아티에(Diane de Poitiers)는 왕보다 열아홉 살이나 많았다. 그래서 젊음을 유지하려고 노력했는데 특히 음식을 적게 먹고 승마와 수영을 즐겼다.

　　그녀는 무엇보다 피부를 매끄럽고 하얗게 만들고 싶어 했다. 그래서 각질 제거제로 알려진 당나귀의 젖으로 목욕했으며 밖으로 나갈 때는 늘 검은 벨벳으로 얼굴을 가렸다. 역사가 피에르 드브랑톰(Pierre de Brantôme)은 그녀를 두고 실제 나이에 몇 살을 더 얹어 과장하듯이 말했다. "나는 일흔 살 먹은 그녀를 보았는데, 마치 서른 살인 듯 아름답고 생기 있어 보였다. 그녀는 매일 아침 금을 마시고 이름난 의사들과 솜씨 좋은 약제사들이 준 정체 모를 약을 먹었다." 1566년 온갖 권세를 누리던 왕의 정부가 66세로 세상을 떠났을 때 아무도 그녀의 사인에 대해서 의구심을 품지 않았다. 7년 전 앙리 2세가 말에서 떨어져 죽었을 때 복수심에 불타던 왕비가 남편의 정부를 노르망디 시골 벽지에 있는 아네성으로 쫓아낸 데다가 당시 그녀는 고령에 따른 노환을 앓았기 때문이었다.

　　2008년 프랑스의 연구자들은 디안의 유품을 찾는 일에 착수했다. 그러나 프랑스 귀족의 시신을 살펴볼 수 있으리라고 기대한 이들은 난관에 봉착했다.

　　파리 근처에 있는 생드니 수도원은 7세기부터 귀족들의 묘지로 사용되었으며 귀족의 시신은 화려하게 치장된 무덤에 안치되었다. 그러나 1793년 8월 쇠스랑을 흔드는 모습으로 대표되는 프랑스 혁명가들은 이곳의 무덤을 열고 시신에 달려 있던 장신구를 잡아 뜯은 다음, 유골은 바깥 구덩이에 던지고 그 위를 석회로 덮어버렸다.

1793년과 1795년 사이 혁명가들은 프랑스 전역에 있는 부자와 귀족들의 무덤을 약탈했다. 1795년 6월 18일 그들은 납으로 만든 관 속에서 화려한 예복을 입은 채 완벽하게 보존된 디안의 시신을 발견했다. 미라처럼 변한 손주 두 명이 함께 안치되어 있었다. 도굴꾼들은 관을 교회 밖으로 끌어내고 시신의 옷을 벗긴 다음 장신구를 떼어냈다. 뜨거운 태양 아래에서 시신의 색이 급속도로 변하자 지켜보던 이들은 머리카락이 쭈뼛 섰다. 교회 근처 구덩이에 시신을 던지기 전, 한 남자가 그 순간을 기념하기 위해 두피째 벗겨진 디안의 머리카락을 조금 잘랐다. 산 자의 것이든 죽은 자의 것이든 당시에는 머리카락을 잘라 지갑이나 반지에 넣어서 보관하는 풍습이 있었다. 이렇게 디안의 머리카락 일부가 아네성 근처에 남겨졌다.

프랑스의 고고학자, 고생물학자, 병리학자 몇몇은 디안의 시신이 버려졌다고 알려진 지역을 발굴했다. 그들은 먼저 디안의 손주로 추정되는 두 아이의 유골을 발견했다. 또한 근처에서 색이 바랜 뼈 무더기를 발견했는데, 성인 뼈의 40퍼센트에 해당하는 양이었다. 뼈를 분석한 결과 오른쪽 정강이의 경골과 비골이 부러졌다가 나중에는 잘 붙었다는 사실이 밝혀졌다. 디안은 생전에 말을 타다가 두 번이나 사고를 당해서 다리가 부러졌는데, 한 번은 그녀가 죽기 1년 전이었으며 다른 한 번은 그로부터 20년 전이었다. 그러니 학자들이 확인한 골절은 20년 전에 당한 사고의 흔적이 분명했다. 훗날에 앙브루아즈 파레가 치료했던 골절은 사라진 왼쪽 종아리에 발생한 것이었다.

학자들은 그 뼈에서 DNA를 추출할 수 없었다. 하지만 광대뼈와 턱뼈 같은 두개골 앞쪽의 큰 조각들을 이용해 컴퓨터로 합성한 모습이 디안의 말년을 그린 초상화와 정확히 일치했기 때문에 그것이 디안의 유골이라고 확신할 수 있었다. 다음으로 그들은 성에 남아 있는 그녀의 머리카락을 검사했다. 기념으로 머리카락을 보관하는 과거의 풍습은 오늘날의 연구에 큰 도움이 되었다. 심하게 부패하지만 않았다면 머리카락에서 DNA를 추출할 수 있다. 게다가 수은, 납, 비소를 포함한 다른 중금속들도 머리카락의 단백질에 축적되기 때문에 망자의 만성 중독 여부까지 알아낼 수 있다.

모든 인간의 몸에는 측정 가능한 소량의 금이 있는데 16세기 상류층의 경우 금 그릇으로 식사하고 금으로 장식한 옷을 입었기 때문에 현대인들보다 훨씬 더 많은 양이 몸속에 있었을 것이다. 검사 결과 디안의 머리카락에는 금이 예상치의 250배나 들어 있었다. 만성 금 중독 증상 중 하나는 머리카락이 가늘어지는 것이다. 누군가의 지갑에 들어 있던 머리카락 굵기는 평균에 훨씬 못 미쳤으며 심지어 나이 많은 여성보다도 가늘었다. 또 다른 증상은 뼈가 약해지는 것이다. 그래서 다리가 골절된 듯하다. 그렇게 높은 수치의 독성이 신장을 망가뜨리고 신경학적 질환뿐만 아니라 대장과 소장에 염증을 일으켰을 것이다. 따라서 그녀는 금 중독으로 죽었다고 추측할 수 있다.

연구자들은 디안의 유해가 발견된 주변 땅도 조사했다. 시신이 썩으면서 빠져나간 어마어마한 양의 금 때문에 토양이 심각하게 오염된 상태였다.

마이스터 알렉시스는 디안이 먹었던 치명적인 물약을 만드는데 사용되었을 법한 제조법 하나를 가르쳐주었다. 금을 액체 형태로 만들려면 무척 복잡한 단계를 거쳐야 하며 레몬즙과 함께 증류한 24캐럿 금박을 포함해서 여러 가지 재료가 필요하다. 재료들을 토기에 담아 섞고 화덕이나 유리 제조용 가마에 이삼일 동안 두었다가 증류기로 옮긴 다음 열흘에서 열하루 동안 증류한다. "유리병 바닥에는 세상 그 무엇보다 귀한 액체가 고여 있을 것이다. 이것을 잔에 담아 밀봉해서 보관해야 한다. 이렇게 하면 한 달에 한두 번 마실 수 있는 약, 곧 젊음과 건강을 유지해주는 천연의 금을 얻을 수 있다."

　　그러나 그녀의 **뼈**를 살펴본 의사들은 그녀가 젊음을 유지하기 위해 한 달에 한두 번이 아니라 매일 마셨을 것이라고 진단했다. 마이스터 알렉시스의 조언대로 그녀가 매일 마신 치명적인 묘약은 결국 그토록 바라던 창백한 피부를 그녀에게 선사했다. 적혈구 생산량이 줄어들면서 심한 빈혈을 앓았기 때문이다.

사람 잡는 의사,
수은 관장과 쥐똥 묘약

르네상스 시대로 가서 귀족들을 만난다면 해주고픈 말이 있다. "의사에게 진료를 받은 후 그가 준 약에 어떤 성분이 들어 있는지 꼼꼼하게 살펴보세요. 평소 독약 처방을 남발하는 의사라면 멀리하는 게 좋습니다." 당시 의사들이 처방하는 약에는 납, 수은, 비소, 안티몬, 금 등이 포함되어 있었기 때문이다. 그러니 몸이 아플수록 중금속을 더 많이 섭취하게 되어 병이 점점 깊어졌다. 왕족들이 원인 모를 병과 알쏭달쏭한 증상에 시달린 것도 그들이 먹은 약과 무관하지 않다. 무지의 결과로 여기며 웃어넘길 수는 없다. 의사들의 잘못된 신념으로 수백만 명이 목숨을 잃었기 때문이다.

　　르네상스 시대의 학식 있는 의사들은 기원전 5세기 그리스 의사 히포크라테스와 그의 이론을 발전시킨 2세기 초 로마 황제 주치의 갈레노스(Galenos), 11세기 페르시아 과학자 아비센나(Avicenna) 같은 이들의 뒤를 이었다. 그들은 인간에게 혈액, 점액, 흑담즙, 황담즙의 네

가지 체액이 있으며 그것이 뇌로 올라와 건강, 기질, 도덕성에 영향을 준다고 믿었다. 또한 체액 간의 불균형이 질병을 일으킨다고 이해했다. 그래서 병에 걸리면 식이요법과 약물 투여, 사혈(瀉血)을 비롯해 구토와 설사를 유도하고 땀을 흠뻑 흘리게 하거나 피부에 물집이 잡히게 함으로서 몸속의 과도한 체액을 빼냈다.

사람은 저마다 한 가지 체액이 월등히 우세한 기질로 태어난다고 믿었던 의사들은 환자가 찾아오면 르네상스식 성격 검사를 먼저 했다. 다혈질인 사람은 혈액의 기운 때문에 활기차고 외향적이다. 소심한 사람은 점액이 지나치게 많다. 우울하고 게으른 사람은 흑담즙이 넘친다. 몸속에 황담즙이 가득하면 화를 잘 내고 쉽게 분노한다. 각각의 체액은 뜨겁거나 차갑고, 건조하거나 습하고, 네 가지 원소(땅, 물, 불, 공기)와 연결되어 있으며 세 가지 별자리의 영향을 받는다.

음식은 뜨겁거나 차갑고, 건조하거나 습하다. 태생적으로 몸이 차갑고 축축한 점액질은 생강, 후추, 양파, 마늘처럼 따뜻하고 건조한 음식을 먹어서 체액의 균형을 맞춰야 한다. 다혈질은 고기, 양파, 무화과를 멀리해야 한다. 흑담즙이 넘치는 우울질은 소나 염소의 젖, 껍질을 벗긴 아몬드, 날달걀의 노른자 그리고 소량의 금이나 은을 녹여서 포도주 혹은 맥주에 넣어 마셔야 한다. 1539년 영국의 토머스 엘리엇(Thomas Elyot) 경이 쓴 의학서 『건강의 성』(The Castle of Health)에 따르면 성마른 성격의 담즙질은 공복이 되지 않도록 주의해야 한다. "속이 비면 불쾌감과 분노가 위험한 수준까지 끓어오를 것이다."

그들은 체액과 음식이 성욕과 생식능력을 조절한다고 믿었다. 붉은색 육류, 설탕, 포도주는 성욕을 높여주는 음식이었다. 콩처럼 배에 가스가 차게 하는 음식은 방귀 때문에 실례를 범할 위험이 있지만 중요한 순간에 발기가 잘되도록 해준다고 생각했다.

또한 차고 수분이 많은 점액질 여성들은 성적으로 남성들의 뜨거운 정액을 갈구한다고 믿었다. 그러나 섹스는 여성의 체액을 증가시키므로 너무 많이 할 경우 자궁을 차갑고 습하고 미끄러운 상태로 만들며, 그렇게 되면 정자가 자리를 잡지 못해 불임이 될 수 있다고 여겼다. 어떤 체액이 우세하든 모든 여성은 정기적으로 섹스를 하지 않으면 뇌로 올라온 '음탕한 증기' 때문에 여드름이나 정신병 등으로 고통을 받는다고 생각했다. 의사들은 만약 식이요법만으로 성욕을 억제하기 어렵다면 '음탕한 증기'가 빠져나갈 수 있도록 잠잘 때 쓰는 모자에 구멍을 뚫으라고 조언했다.

색깔에도 기질이 있었다. 붉은색은 몸이 찬 사람들의 체온을 높이고 파란색은 몸이 뜨거운 사람들의 열기를 식혀준다고 생각했다. 의사들은 개인의 타고난 체질과 증상에 맞는 색의 담요로 몸을 감싸서 체액이 균형을 이루게 하는 방식으로 치료했다. 뜨겁고 건조한 체액을 가진 사람들에게는 차고 흐르는 성질을 가진 액체 상태의 은이나 수은이 포함된 약을 처방했다. 흑담즙의 축축한 기운을 줄이기 위해서 약에다가 뜨겁고 건조한 독성 미네랄 물질인 황이나 액체 상태의 금을 넣었다. 보석도 체액의 균형을 맞추는 데 도움이 된다고 생각해서 약을 지을 때 진주, 에메랄드, 산호, 다이아몬드, 사파이어, 루비, 터키석, 자수정 등의 가루를 넣기도 했다.

사혈은 체질을 가리지 않고 자주 쓰던 치료법이었다. 1628년에 윌리엄 하비(William Harvey)의 획기적인 저서 『심장과 혈액의 움직임에 대하여』(On the Motion of the Heart and Blood)가 출간되기 전까지 의사들은 혈액이 몸속에서 계속 순환한다는 사실을 몰랐다. 그들은 혈액이 움직임을 멈출 수 있으며 그 상태로 24시간이 지나면 나쁜 기운이 몸속에서 곪을 수 있다고 생각했다. 사혈은 나쁜 기운을 없애고 더러운 체액을 빼내는 방법으로 여겨졌다.

질병 자체를 나쁜 체액을 제거할 절호의 기회로 여기기도 했다. 엘리자베스 통치 말엽의 역사가 존 헤이워드(John Hayward) 경이 쓴 『에드워드 6세의 생애와 치세』(The Life and Raigne of King Edward VI)에 따르면, 의사들은 14세의 군주가 홍역이 나은 직후 천연두에 걸리자 반색하면서 '천연두는 몸에서 빠져나올 때 고맙게도 긴 병이나 죽음을 부를 수 있는 건강하지 못한 체액을 제거해서 몸을 깨끗하게 해준다'고 여겼다. 비슷한 예로 스페인 왕 펠리페 4세의 오른쪽 귀밑에 난 종기에서 3주 동안 진물이 흐르자 의사들은 이렇게 말했다. "나쁜 기운을 치유해줄 좋은 고름입니다."

머릿니가 들끓어도 좋은 점이 있다고 생각했다. 1650년에 영국 의사 로버트 페멜이 한 말이다. "이가 머리에만 있으면 오히려 건강에 좋다. 몸이 배설한 체액을 머릿니가 먹어 치우기 때문이다."

의학은 점성술과 떼려야 뗄 수 없는 관계였다. 도미니크회 수도승 토머스 몰턴(Thomas Moulton)은 1475년에 쓴 논문에서 "행성과 별에 대한 지식 없이 질병을 치료할 수 있는 의사는 없다"라고 충고했다. 실제로 어떤 병은 별의 사악한 기운에 영향을 받은 결과라고 믿는 사람이 많았다. 예를 들어 몰턴은 페스트가 천체의 기운에 끌려 땅속에서 올라온 사악한 기체와 인간의 체액이 만나 발생한다고 주장했다.

당시의 의학은 마치 신학의 경계에 있는 철학과 같았다. 만약 이런 이론에 회의를 품으면 이단으로 간주되었다. 중세 초 페르시아의 과학자 아비센나는 "의학 법칙은 영구불변의 진리다. 만약 모순되는 면이 발견된다면 그것은 세상이 불완전한 탓이다"라고 했다.

의사들은 이론에 빠져서 환자보다 먼지 쌓인 책과 보내는 시간이 많았다. 그들은 직접 수술을 하지 않았는데, 자신들은 사람을 해치지 않겠다는 히포크라테스선서를 했으며 살을 칼로 째는 일은 명백하게 해를 끼치는 행위라고 생각했기 때문이었다. 그들은 피 튀기는 수술을 훨씬 낮은 계급인 외과의에게 맡겼고, 외과의들은 점성술사의 자문을 받아 수술하기 좋은 날을 정했다.

체액 불균형의 증거를 살피기 위해 소변을 받아다가 색, 투명하고 탁한 정도, 냄새, 침전물 등을 연구하는 일은 의사들이 직접 했다. 당시 의학계는 소변이 혈액에서 유래한 액체이므로 혈액과 성질이 같다고 생각했다. 그래서 긴 소매를 늘어뜨린 가운과 검은 벨벳 모자를 착용한 의사 네 명이 매일 아침 헨리 8세를 알현할 때 방광을 닮은 유리병에 왕의 소변을 채우고 빛을 비춰 살펴보았다.

우리에게는 파라셀수스(Paracelsus)로 알려진 필립푸스 아우레올루스 테오파라투스 봄바스투스 폰호엔하임(Philippus Aureolus Theophrastus Bombastus von Hohenheim)은 동료 의사들을 신랄하게 비판했던 16세기 괴짜 의사다. 그는 "그들이 하는 짓은 오줌이나 쳐다보는 게 전부다. 이론은 임상을 통해 연구되어야 한다"라는 말로 혐오감을 드러냈다. 그뿐만 아니라 다른 의사들을 "방석쟁이", "오줌 예언가", "높으신 양반들"로 지칭하며 "자신들의 기다란 목과 높은 판단력이 하늘까지 닿는다고 생각하는 모양"이라고 냉소했다. 파라셀수스는 상처와 질병을 고치는 새로운 치료법을 시험하면서 전 세계를 여행했다. 그는 수십 년간 연구와 임상시험을 거듭한 끝에 "사람이 아니라 자연이 의사"라는 사실을 깨달았다. 그는 의사에게 상처를 깨끗이 닦고 건강한 식단을 처방해서 의사의 위험한 개입 없이도 환자가 자연스럽게 쾌차하도록 하라고 조언했다.

당시의 약사라고 할 수 있는 약제사도 의사 못지않게 많은 환자를 죽였다. 약물 조제와 관련된 법도 없었고 순도나 성분 검사도 없었으며 유통기한 역시 정해두지 않았던 시절이었다. 독일 의사이자 작가였던 코넬리우스 아그리파(Cornelius Agrippa)는 1520년에 "전문성 없는 약제사들이 부패하고 곰팡이가 핀 약을 제조했으며, 위생적인 약 대신 인체에 치명적인 음료를 환자에게 주었다"라고 썼다. 놀랍게도 의사와 약제사들은 종종 작당하고 의사가 비싼 약을 처방하면 약제사가 그것들을 팔아 이익을 나누었다. 파라셀수스는 "의사들은 그들 사이에서 마치 추기경과 같은 지위를 차지하고 있었다"라고 하면서 분노했다. 17세기 영국 의사 니콜라스 컬페퍼(Nicholas Culpeper)는 약제사들을 "무식하고 탐욕스러운 약품 판매업자"라고 불렀다.

　　부자들이 혼합 약물로 중독되는 동안 가난한 사람들은 부엌에서 쓰던 식재료에 의지했는데 그것들 중 몇몇은 실제로 치료 효과가 있었다. 꿀은 살균 효과가 뛰어나고 베이거나 덴 상처를 빨리 아물게 한다. 버드나무 종류는 오늘날 아스피린의 원료로 사용된다. 박하는 복통을 가라앉히며 석류는 해충을 쫓는다. 마늘은 면역력을 높이고 혈압과 콜레스테롤 수치를 낮춰주며 중금속의 독성을 줄여준다. 비타민과 미네랄이 풍부한 레몬은 간을 해독하고 장내 기생충을 죽인다. 레몬은 오늘날 결장(結腸)을 세척할 때도 쓰인다. 식초는 항균 성질을 가진 항산화제이며 백포도주는 상처를 소독해준다.

　　기도, 단식, 고해성사, 구제와 같은 종교적 행위를 빼놓고는 완벽한 치료법을 이야기할 수 없다. 중세 사람들은 신이 선한 눈으로 환자들을 바라보며 자비를 베푼다고 믿었다. 칭송받는 성인의 유해를 간직하고 있던 스페인 왕족은 미신을 지나치게 신봉했다. 수 세기 동안 왕족 중 하나가 중병에 걸리면 의사들은 교회와 수도원에서 성스러운 신체 부위와 시신을 가져와 환자의 침대에 두었다. 우리는 어리고 귀여운 공주가 혼수상태에서 깨어나 고개를 돌렸을 때 씩 웃고 있는 해골과 눈이 마주치는 장면을 상상하지 않을 수 없다. 그것 말고는 공주가 죽은 이유를 찾기란 어려울 것이다.

19세기 후반이 될 때까지 수천 년간 의사들은 피부질환을 치료하기 위해 독성이 있는 중금속을 사용했다. 1585년 프랑스의 왕실 의사 앙브루아즈 파레는 피부 궤양을 앓는 환자에게 수은으로 문지른 뒤 하얗게 만든 납을 바르라고 처방했다. 하나도 아닌 두 가지 독을 처방한 것이다. 성병으로 멍울이 생기면 근육을 절개하고 뼈에 수은을 묻혔다. 곰팡이 감염으로 생기는 백선(白癬)에는 납 연고와 수은 연고를 섞어서 발랐다. 마이스터 알렉시스는 수은 광석과 몰약, 장미 기름의 혼합물로 치질을 치료했으며 코에 난 염증에는 납 가루와 배롱나무 기름이 효과적이라고 생각했다.

지금이라면 사람 혹은 동물의 똥을 벌어진 상처에 바르거나 먹는 일을 상상하기 어렵다. 하지만 르네상스 시대 의사들은 그런 처방을 내렸다. 마이스터 알렉시스는 "가슴뼈가 부러져 피를 토하는 환자에게는 쥐똥 가루를 동전만큼 떠서 질경이즙과 섞고 거기에 설탕을 넣어 만든 약을 아침 식사 전과 자기 전에" 먹이라고 조언했다. 신장결석이나 방광염에 걸리면 황소의 똥을 무, 백포도주, 딸기 주스, 레몬 주스, 설탕, 꿀과 섞어서 마시라고 처방했다. 코피를 흘리는 사람들은 아직 따끈한 돼지의 똥을 코에 밀어 넣었다. 눈병에 걸리면 인분(人糞)을 말려서 빻은 가루를 눈에 넣었다.

1660년 영국에서 가장 부유했던 의사 토머스 윌리스(Thomas Willis)는 폐질환을 치료할 때 말, 수탉, 황소 혹은 비둘기 똥으로 만든 음료를 처방하라고 조언했다. 당대에 손꼽히는 의사였던 그는 개똥과 아몬드 기름으로 만든 연고를 가슴에 바르는 것도 효과가 있다고 믿었다. 황달에 걸린 사람에게는 양과 거위의 똥으로 만든 혼합물을 주었고, 살아 있는 이를 아홉 마리나 삼키라고 건네기도 했다. 그는 "단지 따끈한 말똥을 처방하는 것만으로도 많은 환자가 차도를 보였다"라고 했지만 어떻게 그런 결론을 내렸는지는 의문이다. 그는 쥐똥이 변비에 특효라고 조언했는데, 아마도 독성물질이 몸에 들어왔을 때 그것을 빠르게 배출하려고 몸이 반응했기 때문이었을 것이다.

　　왕실 의사들은 죽은 새의 효능을 극찬했다. 머리나 다리에서 피가 날 때 나쁜 체액을 빼낼 목적으로 비둘기나 수탉의 몸을 반으로 갈라 상처에 얹었다. 영국 의사들은 이 방법으로 1612년에 헨리 왕세자를, 1685년에는 찰스 2세를 치료했지만 결국 둘 다 죽었다. 병상에 누워 있는 환자의 눈에 의사가 울부짖는 새를 난도질하는 모습이 썩 유쾌하게 보일 리 없었다. 만약 새의 사체를 제때 떼어내지 않아서 부패하기라도 하면 악취를 풍길 뿐만 아니라 환부에 감염까지 일으켰을 것이다. 1689년 9월 22일 영국 의사 코튼(Cotton)은 극심한 경련으로 고통받던 패티(Patty) 부인의 머리에 죽은 비둘기를 얹어두었다. 새의 사체는 닷새 동안 베개 위에서 썩어갔다.

　　16세기 중반 프랑스 왕비 카트린 드메디시스의 주치의였던 장 페르넬(Jean Fernel)은 "아직 뛰고 있는 제비의 심장을 먹으면 기억력이 향상되고 지능도 발달한다"라고 주장했으며 심지어 이것을 매일 먹으면 판단력이 무뎌지지 않는다고 했다.

　　어느 시대든지 변이 딱딱하게 굳었을 때는 강제로 배출하는 방법을 쓴다. 가장 효과가 강력한 변비약은 수은이었다. 보통 액체 형태의 수은을 입으로 섭취했을 때는 해가 별로 없다. 대략 10분의 1 정도가 혈관에 흡수되고 나머지는 대변으로 배출된다. 앙브루아즈 파레는 1585년에 "수은은 꼬이거나 막힌 장을 풀어주고 몸속에 쌓인 대변을 강하게 밀어 낸다"라고 설명하면서, 변비 치료제로 강아지에게 수은을

450그램 정도 먹인 뒤 강아지가 싼 똥을 모아서 식초에 넣어 끓인 액체를 추천했다.

　　그로부터 200년이 넘게 흐른 1804년, 루이스(Lewis)와 클라크(Clark)가 미국 서부를 탐험했을 당시 그들의 주요 식량은 쇠고기 육포였다. 그러니 33명의 사내가 지독한 변비에 시달린 것은 당연했다. 선견지명이 있던 그들은 수은이 60퍼센트 함유된 변비약을 챙겨 왔는데 이 약이 제대로 효과를 발휘했다. 수은은 흙에서 분해되지 않기 때문에 현대의 역사가들은 새로운 의미의 '독성 폐기물'이 묻힌 구덩이를 발견했으며 이를 통해 탐험가들이 야영했던 곳을 알아낼 수 있었다.

　　18세기 초에는 '영구적 알약'으로 불리는 새로운 형태의 변비약이 인기를 얻었다. 주요 성분은 비소와 비슷한 성질의 안티몬이며 알약 속에 설탕과 수은 알갱이가 가득 들어 있었다. 이 알약은 빠른 시간 안에 위장을 자극해서 변을 시원하게 볼 수 있도록 해주었다. 사람들은 이것을 실내용 변기에서 건져내어 씻고 수은을 다시 채운 뒤 재사용했다. 이런 알약 중 일부는 대대로 물려주었다.

비너스와 하룻밤을, 수은과 평생을●

1493년 2월 신대륙에서 돌아온 크리스토퍼 콜럼버스와 선원들이 스페인의 페르난도왕과 이사벨 여왕에게 항해 결과를 보고하려고 바르셀

● "A night with Venus, a lifetime with Mercury." 창녀(Venus)와 하룻밤을 보내면 성병에 걸려 평생 고생한다는 뜻으로 여기서 수은(Mercury)은 매독 치료제에 수은 성분이 들어 있음을 가리킨다.

로나에 당도했을 때 루이 디아즈 데이슬라(Ruy Diaz de Isla)라는 의사가 그들을 검진했다. 그는 몇몇 선원들이 풍토병에 시달린다고 말했다. 병에 걸린 핀타호의 선장 마르틴 알론소 핀손(Martin Alonso Pinzón)은 귀환하자마자 사망했다. 신대륙 토착민들에게는 익숙하지만 유럽인들에게는 낯선 그 병은 곧 바르셀로나에 퍼지기 시작했다.

1494년 8월 프랑스의 샤를 8세는 나폴리를 함락하기 위해 군사 5만 명을 이끌고 이탈리아로 쳐들어갔다. 당시 나폴리를 지키던 군사들은 대부분 스페인 용병이었으며 그들 중에는 지난해에 콜럼버스와 함께 돌아온 선원 일부가 섞여 있었다. 프랑스 군대는 1495년 초 나폴리를 점령한 뒤 승리를 축하하며 여자들과 즐겼는데, 짐작했겠지만 그 여자들은 스페인 군사들과도 가깝게 지냈다. 머지않아 프랑스 군사들은 생소한 병에 시달렸으며 그들 중 다수는 병세가 심각한 나머지 싸울 수 없는 처지가 되었다.

스페인과 이탈리아 사람들은 새로운 병을 "프랑스병"이라고 불렀지만 프랑스 사람들은 "나폴리병"이라고 불렀으며, 러시아 사람들은 "폴란드병", 터키 사람들은 "기독교인의 병"이라고 불렀다. 1530년 이탈리아 의사 지롤라모 프라카스토로(Girolamo Fracastoro)는 신을 모독한 죄로 고통받는 양치기 때문에 이 병이 생겨났다고 기술함으로써 병의 기원을 만들어냈다. 그 양치기의 이름은 바로 시필리스(Syphilis) 즉, '매독'이었다.

매독이 신대륙에서 유럽으로 전파되었다는 주장은 논란의 여지가 있다. 20세기 과학자들은 신대륙 발견 이전에 사망한 인간의 뼈에서 매독으로 인한 병변 흔적을 발견했다. 만약 매독균이 수백 년, 어쩌면 천 년간 유럽에 잠복해 있다가 우연히 콜럼버스의 귀환에 맞춰 창궐했던 것은 아닐까? 콜럼버스의 부하들이 다른 질병에 걸렸을 가능성도 있지 않을까? 비록 한센병을 비롯한 몇몇 질병이 뼈에 매독과 비슷한 흔적을 남길 수는 있지만 인류는 아직 이 문제의 정확한 답을 찾지 못했다.

매독은 처음 나폴리에 모습을 드러낸 후부터 수십 년간 엄청나게 높은 감염률과 치사율을 보였다. 아마도 당시 사람들에게 면역력이 없었기 때문일 것이다. 매독에 걸리면 먼저 성기에 병변이 생기고 이어서 열과 함께 피부발진, 관절통, 근육통이 나타난다. 몇 주에서 몇 달 뒤에는 발진이 온몸으로 퍼지며 환부에서 고약한 냄새가 난다. 이때쯤 되면 환자는 끔찍한 고통에 시달리는데, 특히 밤에는 근육과 뼈가 욱신거려서 몇 시간 동안 비명을 지르며 괴로워한다. 궤양으로 발전한 피부 병변은 뼈가 허옇게 드러날 때까지 살과 근육을 파고들며 코와 입술은 형체를 알 수 없을 정도로 주저앉기도 한다. 병변은 종종 입과 목구멍까지 퍼진다. 매독은 눈을 멀게 하고 정신이상을 일으키며 결국 환자의 목숨을 앗아갔다.

독일의 종교개혁자 울리히 폰후텐(Ulrich von Hutten)은 1510년경 매독에 걸렸다. 그는 「프랑스병에 대하여」(*On the French Disease*)라는 논문에서 매독 환자들에 대해 언급했다. "매독에 걸리면 도토리처럼 생긴 종기가 난다. 색은 진한 초록이며 거기에서 특유의 고약한 냄새가 나는데 이것이 매독에 걸렸다는 징조. 불길 속에 누워 있는 것 같은 환자의 모습은 매독이 주는 고통 못지않게 충격적이다." 후텐은 매독이 "더러운 공기 때문에 생기며, 호수, 분수, 바닷물을 오염시키고 넓게는 지구를 오염시킨다. 점성가들은 토성과 화성이 회합(행성이 태양과 같은 방향에 오는 일)하면서 발생했다고 말한다"라고 하면서 이렇게 덧붙였다. "이 병은 여자들의 비밀스러운 곳, 사악한 독으로 가득 찬 작고 예쁜 상처에 숨어 있기 때문에 모르고 건드릴 위험이 매우 높다." 종교개혁자였던 그는 자신의 무절제한 행동 때문에 비싼 값을 치르면서 서른다섯의 나이로 죽었다.

16세기 후반의 문헌에서 앙브루아즈 파레는 감염의 원인에 대해 조금 더 나은 견해를 보여준다. "어쩌면 신이 지나치게 난잡하고 음탕한 색욕을 품지 않도록 인류를 채찍질하고 벌주는 것일지도 모른다. 여성은 남성이 주는 질병을 자신의 뜨겁고 축축한 자궁에 받아들인다." 어떤 약제사는 "그 병은 하지 말아야 할 잠자리를 했기 때문에 생긴다"라고 했다.

당시의 외과의는 뜨거운 인두를 환자의 몸에 대어 독성이 있는 체액을 지지려고 했는데, 이런 시도는 환자에게 고통을 주었을 뿐만 아니라 다른 감염의 원인이 되었다. 1514년 이탈리아 의사 조반니 데 비고(Giovanni de Vigo)는 『갈리아 전염병』(*De Morbo Gallicus*)에서 매독 환자의 성기에 생긴 상처를 치료하고자 수은과 라놀린(양털에서 추출한 기름), 올리브기름을 섞은 고약을 만들었다고 적었다. 그 약은 효능이 높아서 400년 가까이 사용되었다.

수은 연고를 바르면 근육통이 사라지고 상처에 흐르던 고름이 말랐다. 앙브루아즈 파레는 수은 연고의 효과를 확인한 뒤 이렇게 기록했다. "상처에 열다섯 번에서 열일곱 번 정도 연고를 바르면 하루나 이틀 사이에 깨끗이 낫는 모습을 직접 관찰했다." 수은 연고는 매독을 일으키는 병원체인 트레포네마팔리덤(*treponema pallidum*)을 죽여서 궤양을 낫게 했다. 하지만 이 사실은 1905년에야 밝혀졌기 때문에 당시 의사들은 그런 치료법이 증상을 완화한다는 것만 알고 있었다. 문제는 상처에 발라 혈관에 흡수된 수은이 일정 시간 뒤에 환자를 죽일 수도 있다는 점이었다.

후텐은 하루에 몇 차례씩 30일 동안 황동과 놋쇠에서 나온 녹,

송진, 돼지의 지방, 실지렁이 가루와 함께 액체 형태의 수은, 버밀리언 (수은 성분의 적색 안료), 주사(辰沙, 수은으로 이루어진 붉은색의 황화 광물) 등 다양한 종류의 수은을 발랐다. 파레의 제조법은 조금 달랐는데 그는 수은을 납과 섞어 식초에 넣고 세이지, 로즈메리, 백리향, 캐모마일, 돼지기름, 송진, 육두구, 정향, 라벤더, 마저럼, 달걀을 비롯한 여러 재료들과 함께 끓였다. 그렇게 해서 만든 약은 고약한 냄새가 나는 진흙 덩어리 같았다. 파레는 그것을 "증상이 나타난 곳[성기 부위]에 신경 써서 바르고 꼼꼼하게 문질러야 한다"라고 적었다.

파레는 환자가 침과 체액을 과도하게 분비하면 치료의 효과가 나타나는 것이라고 여겼다. 우리가 수은중독 증상으로 알고 있는 것을 그는 나쁜 체액이 배출되는 증거라고 믿었기 때문이다.

좀 더 극단적인 치료법도 있었다. 환자를 뜨거운 천막 안에 두고 송진과 알로에를 섞은 4대 중금속(수은, 비소, 안티몬, 납)을 들이마시게 하는 것이다. 하지만 기화된 수은이 뇌에 직접 도달하면서 뇌손상을 일으켰다. 후텐은 이렇게 기록했다. "환자들은 이가 빠지고 목구멍과 폐, 입천장이 전부 벗겨졌다. 또한 턱이 붓고 치아가 흔들리며 구취가 났다. 입술뿐만 아니라 볼 안쪽에서도 끔찍한 통증을 느꼈으며 그들의 몸에서는 이전에 맡아보지 못했던 냄새가 났다. 너무나 고통스러운 나머지 차라리 죽기를 바라는 자가 많았다."

후텐은 이런 치료를 열한 차례나 받았다. "이 병과 9년 동안 싸우면서 크나큰 위험을 감수하고 숱하게 위기를 겪으며 허브 목욕이나 부식제 사용을 포함 온갖 치료법을 죄다 시도했다." 비소를 마시라는 처방을 받기도 했는데 격한 통증 때문에 마치 살기 위해서가 아니라 죽기 위해서 치료를 받는 것 같은 기분이 들었다. 그가 '치료'를 받는 동안 환자 몇 명은 목구멍이 부어서 호흡곤란으로 숨졌다. 후텐의 눈

앞에서 벌어진 일이었다. 어느 날에는 의사가 천막에서 돌처럼 딱딱하게 굳은 시체 세 구를 끌어내는 장면도 목격했다. 수은 치료는 이를테면 16세기식 화학요법이라고 할 수 있다. 만약 죽지 않고 그 끔찍한 치료를 버틴다면 병세가 호전될 수도 있었다.

파레도 수은 흡입 치료가 매독 자체보다 몸에 해로울 수 있다는 사실을 알았다. "나는 그 치료법을 잘 쓰지 않는다. 잡다한 증상이 나타나기 때문이다. 독성 때문에 뇌와 폐가 손상되면 숨을 뱉어낼 때마다 악취가 난다. 치료를 받은 환자 중 상당수가 머리와 손발을 떨었고 청력을 잃었으며 중풍에 걸려서 비참한 죽음을 맞이했다." 치료 과정의 문제점에 대해서도 이야기했다. "치료를 하는 동안 많은 이들이 회복 불가능한 상태가 되었다. 입에 궤양이 있던 환자 중에는 혀의 상당 부분을 잃거나 치명적인 암이 발병한 사람도 있었다." 그는 치료 후의 과도한 체액 분비도 언급했다. "그들의 입에서는 걸쭉하고 더러운 침이 끊임없이 흘러나왔다. 어떤 이들은 턱 주변의 근육을 쓰지 못했고 경련에 시달렸으며 거의 입을 벌릴 수 없게 된 이도 있었다. 턱의 일부분을 잃은 사람들은 치아도 함께 잃었다."

환자들이 이런 고문을 견디며 살아남았다고 하더라도 그것으로 끝났다는 보장은 없었다. 매독은 일시적으로 호전될 수 있지만 1940년대에 항생제가 등장하기 전까지 몸에서 매독균을 없앨 수는 없었다. 파레는 "10년의 잠복기가 지난 뒤 숨어 있던 질병이 전보다 더 끔찍한 방식으로 재발하는 경우가 종종 있었다"라고 덧붙였다.

프랑수아 1세의 보석 세공사였던 벤베누토 첼리니는 1529년 스물아홉의 나이로 매독에 걸리자 수은 치료를 받지 않고 버텼다. 치료의 부작용이 워낙 끔찍했기 때문이다. 병세가 악화되면서 원래 성마른 성격이었던 그는 감정 기복이 더욱 심해졌으며 과대망상과 편집증에 빠졌다. 그의 태도에 화가 난 동업자 몇 명이 그를 죽이기로 마음먹었다. 그들은 저녁 연회에 그를 초대하고 강한 독성을 지닌 수은 소금을 소스에 섞어 그에게 먹였다. 르네상스 시대 사람들이 가장 선호했던 방식이었다. 첼리니는 극심한 복통에 시달리며 며칠 동안 사경을 헤매다가 자리에서 일어났다. 그가 마신 독이 치사량에 이르지 못했기 때문이다. 하지만 매독균을 죽이기에는 충분한 양이었다. 매독이 깨끗하게 나은 그는 이후 42년을 더 살았다.

1524년 54세의 나이로 숨진 이탈리아의 왕족 이사벨라 다라고나(Isabella d'Aragona)는 매독 치료를 받을 때 운이 따르지 않았다. 1984년 피사 대학교의 지노 포르나치아리(Gino Fornaciari) 박사는 나폴리에 있는 산도메니코마조레성당에서 그녀의 시신을 발굴했을 때 치아가 두꺼운 녹으로 덮여 있는 모습을 보고 깜짝 놀랐다. 몸에 있던 수은이 체액으로 빠져나와 치아를 검게 만든 것이다. 몇몇 미술사가는 이사벨라가 레오나르도 다빈치의 작품 〈모나리자〉의 모델이라고 믿고 있는데, 그게 사실이라면 그녀가 왜 입을 다물고 미소를 지었는지 충분히 납득할 만하다.

포르나치아리 박사는 1496년 스물일곱의 나이에 열병으로 죽은 이사벨라의 남자 형제 페르디난도 2세의 시신도 함께 발굴했다. 그의 유해를 분석한 결과 머리카락에서 머릿니가 발견되었으며 다량의 수은이 검출되었다. 나폴리 왕족들이 시신을 방부 처리할 때 수은을 사용하기는 했지만 유독 페르디난도의 머리카락에서만 수은 수치가 높게 측정된 것을 보면 그가 머릿니를 치료하기 위해 수은 연고를 발랐다는 사실을 알 수 있다. 또한 그의 뼈에서 엄청난 양의 납이 검출되었는데, 이는 당시 납을 치료제로 사용했으며 단맛을 내려고 포도주에 넣기도 했기 때문이다.

시신의 머리카락을 검사한 포르나치아리 박사는 이사벨라와 페르디난도가 죽기 전까지 수개월 동안 병을 앓았다고 발표했다. 중금속중독은 머리카락이 자라지 못하게 막고 신진대사에 문제를 일으킨다. 인간의 머리카락은 보통 1년에 16센티미터 정도 자란다. 페르디난도의 머리카락은 사망 전 1년 동안 12센티미터 자랐으며 이사벨라는 충격적이게도 2센티미터만 자랐다. 만성 수은중독 때문에 이사벨라의 신진대사 수준은 '티핑 포인트'(작은 변화가 쌓여 큰 영향을 초래할 수 있는 단계)까지 이르렀다. 하지만 페르디난도는 그 지점에 이르기 전 열병으로 사망했다.

낫고 싶다면 남의 살을 먹어라

무미아(*mumia*)라는 이름의 약이 있었다. 약제사들과 의사들은 이 약의 원료를 마을의 사형 집행인에게 구매했다. 시신의 일부였기 때문이다.

의사들은 생명의 힘이 사후에도 몸에 일부 남아 있으며 특히 사형을 당했거나 사고로 갑작스럽게 죽은 젊은이의 시신일수록 그런 힘이 강하다고 믿었다. 따라서 망자의 신체 일부를 섭취하면 그에게 예정되어 있던 수명을 얻을 수 있다고 생각했다.

파라셀수스는 "몸의 모든 부위를 약효가 뛰어난 무미아로 만들 수 있다. 비록 영혼은 떠났지만 여전히 몸에는 생명이 깃들어 있다"라고 했다. 하지만 자연사하거나 노인처럼 죽음을 앞둔 상태에서 사고로 죽은 사람의 시신으로 만든 무미아는 약으로 쓸 수 없다면서 "그런 몸은 그냥 벌레가 먹도록" 내버려두라고 했다.

기록을 살펴보면 영국의 찰스 2세와 윌리엄 2세, 프랑스의 프랑수아 1세, 덴마크의 크리스티안 4세를 비롯한 몇몇 군주가 병을 고치기 위해 식인도 마다하지 않았다는 사실을 알 수 있다. 엘리자베스 1세가 인간의 신체 부위를 먹었는지는 확인할 수 없지만 그녀가 총애했던 의사 두 명이 다른 환자들에게 식인을 추천했다는 기록은 남아 있다. 영국의 제임스 1세가 1616년부터 통증(아마도 관절염)에 시달릴 때 주치의 테오도르 드마예른(Théodore de Mayerne)은 "매장하지 않은 시체의 두개골에서 긁어낸 것과 약초, 백포도주, 보름날 채취한 유청(乳清, 젖 위에 고이는 노르스름한 물)을 섞은 분말"을 추천했다. 그리고 "왕이 이것을 꺼린다면 황소의 머리로 대체할 수 있다"라고도 했다.

의사들은 간질을 치료할 때 인간의 심장을 말린 뒤 여기에 다른 것을 섞어 만든 혼합물을 썼다. 포도주, 백합, 라벤더에 1킬로그램이 조금 넘는 성인의 뇌를 통째로 넣어 만든 물약도 간질 치료제로 쓰였다. 인간의 지방은 폐결핵, 류머티즘, 통풍을 치료하는 약이었다. 치질로 고통받는 사람들에게는 시신에서 잘라낸 손을 쓰도록 추천했는데, 생각만 해도 끔찍한 장면이 아닐 수 없다.

미라의 살은 이집트의 신비한 문화재로 높은 가치를 지녔으며 특히 멍든 부위나 뱀에 물린 상처, 관절통을 치료하는 약으로 쓰였다. 프랑수아 1세는 넘어져서 다칠 때를 대비해 항상 주머니에 미라의 살을 가지고 다녔다. 1703년 영국 의사 로버트 피트(Robert Pitt)는 이렇게 말했다. "미라는 유럽의 궁전에 사는 왕과 왕자처럼 비용을 감당할 수 있는 사람들의 심장 곁에 머무는 영광을 누렸다."

1609년 독일 의사 오스발트 크롤(Oswald Croll)은 전염병 치료제를 만드는 법에 대해 설명했다. "교수형을 당했거나 바퀴에 깔렸거나 칼에 찔려 죽은 뒤 화창한 날 하루 정도 바깥 공기에 노출되었던 24세의 빨간 머리 남자 시신 중에서 흠집 없고 온전한 것을 골라야 한다"(조건에 정확히 들어맞는 시신을 찾기도 어려울 텐데 날씨까지 좋아야 하다니, 상상이 되는가?). 시신의 살을 작은 조각으로 분리하고 몰약 가루와 알로에를 뿌린 뒤 주정(酒精)에 반복해서 담근다. 그것을 "건져내고 공기 중에 말려서" 훈연한 고기처럼 되면 준비가 끝난 것이다.

의사들은 교수형을 당하거나 목이 졸려 죽은 사람은 사망할 때 생명력이 두개골 꼭대기로 모인다고 생각했다. 17세기 초반 벨기에의 화학자 얀 밥티스타 판헬몬트(Jean Baptiste van Helmont)는 "사망 후 모든 뇌가 두개골에 녹아든다"라고 했는데 비유하자면 일종의 영양가 높은 스튜였던 셈이다. 찰스 2세는 인간의 두개골을 만병통치약으로 여기고 왕실 연구실에서 직접 증류했다. 하지만 두개골 진액 40방울도 그를 질병에서 구하지 못했다.

1560년 런던탑의 조폐국에서 일하던 독일인과 네덜란드인 일부가 기화된 구리에 노출된 것이 원인으로 추정되는 병에 걸렸다. 그들을 진찰한 의사는 인간의 두개골로 만든 컵을 사용하면 나을 수 있다고 믿었다. 하지만 그것을 쉽게 구할 수 없었기 때문에 타워브리지에 걸어두었던 반역자의 시신에서 머리를 떼어낸 뒤 이주 노동자들에게 주었다. 그들 중 일부는 건강을 회복했지만 대부분은 두개골 컵을 사용한 보람도 없이 사망했다.

인간의 피도 귀한 약으로 여겨졌다. 누군가의 피를 마시면 피에 깃든 생명력을 흡수할 수 있다고 생각했기 때문이다. 출혈이 심할 때는 가루로 만든 피를 상처에 뿌리거나 흡입했다. 당시 돌팔이 의사들은 병을 치료하기 위해 사혈한 피를 약으로 제조해서 다른 이들에게 판매하는 방식으로 두 배의 이윤을 얻었다. 의사들은 인간의 피를 해독제로 썼을 뿐만 아니라 천식, 간질, 고열, 늑막염, 폐병, 신경증, 경련, 두통, 중풍, 뇌졸중, 전염병이나 황달 치료에도 사용했다.

엉성한 의료 행위에 가장 취약한 계층이 이제 막 엄마가 된 산모들이었다. 위험한 출산 과정을 이겨내고 안도의 한숨을 내쉬었던 많은 여성이 며칠 뒤 산욕열로 사망했다. 아이를 낳을 때 자궁은 감염에 취약한 상태다. 여성의 몸 안에 더러운 손이나 의료 기구를 집어넣은 의사들은 자신도 모르는 사이 종종 치명적인 패혈증을 일으키는 인간 세균 배양소의 역할을 했다.

1503년 헨리 8세의 어머니인 요크의 엘리자베스(Elizabeth)는 딸을 사산하고 나서 며칠 뒤 산욕열로 죽었다. 헨리 8세의 두 아내도 같은 병으로 사망했다. 제인 시모어(Jane Seymour)는 1537년 에드워드 6세를 출산한 후에 사망했고 헨리 8세의 미망인이며 토머스 시모어를 네 번째 남편으로 맞이했던 캐서린 파(Catherine Parr) 역시 딸을 출산한 뒤 세상을 떠났다. 프랑스의 카트린 드메디시스는 1519년에 자신을 낳은 지 보름 만에 사망한 모친, 마들렌 드라투르 도베르뉴(Madeleine de la Tour d'Avergne)와 같은 병으로 숨졌다. 모두 산욕열 때문이었다.

1840년 헝가리 의사 이그나즈 제멜바이스(Ignaz Semmelweis)가 빈의 종합병원에서 산모들의 높은 사망률을 조사하기 전까지는 출산 후 고열이 나는 이유를 아는 사람이 없었다. 그는 의사들이 부검실에서 사용한 수술 도구를 닦지 않고 분만실로 가져가 산모의 몸에 댄다는 사실을 알게 되었다.

제멜바이스가 의사의 손과 치료 도구에 대해 엄격한 위생 규정을 적용하자 사망률은 즉시 18퍼센트에서 3퍼센트로 감소했다. 그러나 다른 의사들은 그의 말을 비웃었다. 그들은 제멜바이스가 시간을 낭비할 뿐만 아니라 손이 늘 청결한 신사들에게 모욕감을 주었다고 비난했다. 의료업에 종사하는 많은 사람이 제멜바이스를 조롱하고 웃음거리로 만들었다. 심지어 그가 많은 생명을 구해냈던 병원은 그를 해고했다. 부당한 처사에 충격을 받은 그는 1865년 마흔일곱의 나이로 정신병원에 입원했다. 그로부터 2주 뒤 그는 병원 감시원에게 심한 구타를 당하고 괴저에 걸려 사망했다.

1880년대 미생물학 분야를 개척한 로베르트 코흐(Robert Koch)는 시체의 분비물에 있던 무언가 때문에 여성들이 사망했다는 사실과 감염병을 일으키는 세균을 발견함으로써 제멜바이스의 이론을 증명했다. 제멜바이스는 오늘날 청결 정책의 아버지로 알려져 있다.

독성이 있는 약물은 종종 환자를 미치게 만들었다. 1788년 여름 당시 50세였던 대영제국의 왕 조지 3세는 심한 복통에 시달렸다. 그는 처음에 의사의 처방을 거부했다. 다행히도 병세는 빠르게 호전되는 것처럼 보였다. 하지만 10월이 되자 증상이 악화되어 결국 의사들에게 치료를 맡겼다. 의사들은 체액의 흐름이 부적절하다고 진단한 뒤 균형을 잡기 위해서 구토와 설사를 유발하는 약을 주었다. 그리고 두피에 물집이 잡히게 한 다음 뇌 속의 사악한 체액을 빨아내려고 이마에 거머리를 붙여놓았다. 또한 체액을 아래로 끌어 내리기 위해 다리에도 물집이 잡히게 했다.

첫 번째 치료를 한 지 하루 만에 왕은 열이 나고 갈색 소변을 보았다. 또한 발이 퉁퉁 붓고 눈알은 노랗게 변했으며 물집은 곪아서 고름이 흘렀다. 게다가 정신 상태까지 극도로 악화되었다. 그는 다리를 모직물 천으로 감싼 채 궁의 연회장으로 뛰어 들어가서는 미국 식민지를 잃어버린 것에 대해 횡설수설 지껄였다. 저녁 식사를 하다가 장남을 벽으로 거칠게 밀치기도 했다. 숨도 못 쉴 만큼 빠른 속도로 말했으며 입에 거품을 문 채 오래전 죽은 이들에게 명령을 내렸다. 복용한 약때문에 계속 토하고 땀을 잔뜩 흘렸으며, 미친 사람처럼 열변을 늘어놓고 개처럼 울부짖었다. 느린 음악에 맞춰 하인들과 춤을 추다가 그

4장 사람 잡는 의사, 수은 관장과 거품 목욕

들에게 자기를 죽여달라고 애원하기도 했다. 망상증이 심해져서 자신은 페르시아의 황제이며 베개는 죽은 아들이라고 생각했다. 왕은 약을 끔찍하게 싫어했지만 의사들은 그에게 구속복을 입혀서 의자에 묶어둔 채 강제로 먹이거나 빵과 차에 몰래 섞었다.

왕은 1789년 3월에야 겨우 회복했다. 그러나 1801년과 1805년에 짧은 기간 동안 병이 재발되어 다시 고통받았다. 신앙심이 깊은 군주답게 말을 탄 채로 교회에 들어가려고 한 적도 있었지만 때로는 궁궐의 여인들에게 상스러운 제안을 하기도 했다. 그러다가 1810년에 가장 예뻐하던 아멜리아(Amelia) 공주가 스물일곱의 나이로 죽자 다시 정신을 놓았으며 이후로는 회복하지 못했다. 눈이 거의 멀고 귀도 잘 들리지 않았던 왕은 말년을 윈저성에서 보냈는데, 종종 자기가 죽었다고 생각하며 스스로 애도하기 위해 상복을 입고는 도리어 기뻐하는 모습을 보였다. 81세를 일기로 세상을 떠나기 한 달 전에는 56시간 동안이나 쉬지 않고 떠들었다.

오늘날의 의사들은 그가 앓았던 병에 대해서 제각각 다른 의견을 내놓고 있다. 어떤 사람은 심리적인 원인 때문에 몸에도 증상이 나타났다고 생각한다. 그런가 하면 복통이 심하고, 소변 색깔이 어둡고, 사지가 약해지고, 목이 쉬며, 과도한 흥분 상태와 편집증이 나타난 것으로 보아 이 모든 증상을 동반하는 포르피린증에 걸렸다고 진단하기도 한다.

조지 3세보다 2세기 전의 인물인 제임스 1세도 붉은색 소변을 보았다. 주치의 테오도르 드마예른에 따르면 마치 '알리칸테 포도주' 같았다고 한다. 조지 3세의 손녀인 빅토리아 여왕의 자손 중에도 평생 간헐적으로 붉은 소변을 보는 사람이 많았다. 1997년 연구자들은 빅토리아의 손녀 샬럿 공주의 유해를 발굴하고 다리에서 골수를 추출했는데, 연구 결과 그녀가 포르피린증 유전자를 가졌을 가능성이 높다고 밝혀졌다. 엘리자베스 2세의 사촌 윌리엄 왕자는 1968년 포르피린증 진단을 받았다. 역사가들은 그 병이 16세기 스코틀랜드의 메리 여왕부터 20세기 초 러시아의 황후 알렉산드라까지 유럽 왕족들의 건강을 악화시키고 신경쇠약에 시달리게 한 것은 아닌지 궁금해한다.

2003년 런던 박물관의 지하실에서 발견된 봉투 안에는 조지 3세가 죽은 뒤 채집한 머리카락이 들어 있었다. 비록 거기에서 포르피린증 검사가 가능한 DNA를 추출하지 못했지만 중금속 검사는 가능했으며 측정 결과 비소 수치가 일반인의 300배 이상이었다.

포르피린증 유전자를 보유한 사람들의 90퍼센트는 평소 별다른 증상을 보이지 않으며 자신이 유전자를 가졌다는 사실조차 모른다. 하지만 술과 담배, 식습관, 햇빛, 스트레스 등 특정한 요인으로 발병할 수 있다. 무엇보다 이 병을 촉발하는 가장 큰 요인은 비소. 왕실 기록에 따르면 조지 3세는 평생 비소가 주성분인 크림을 피부에 바르고 파우더를 가발에 뿌렸다. 그에게 의사들이 처방한 약은 '제임스의 파우더'(James's Powder)라고 불렸던 비소가 섞인 안티몬 혼합물이었다. 또한 '파울러의 해법'(Fowler's Solution)이라는 이름의 강장제를 마시게 했는데 이것의 주원료도 비소였다. 포르피린증 증상이 50세 때 나타나는 일은 무척 드물다. 그의 가발과 피부 크림에 들어 있던 비소 성분이 몸속에 쌓이면서 어느 순간 발병했을 것이다. 그리고 그를 치료하기 위해 의사가 처방한 약이 의도치 않게 증상을 악화시키고 고통을 주었으며, 결국 정신을 완전히 놓게 만들었을 것이다.

오래전 알렉산드로스대왕은 자신의 제국에서 죽음을 맞이하는 순간 이렇게 말했다. "아, 나는 너무나 많은 의사들의 진료 때문에 죽어가고 있구나."

5장

화려한 궁전,
가득한 악취

수 세기 전 유럽의 궁전을 지배한 것은 다름 아닌 '똥'이었다. 겉면에 옻칠을 윤나게 한 상자 속에는 배설물 덩어리가 둥둥 떠다니는 요강이 들어 있었다. 요강의 내용물은 나무 덮개에 난 구멍이 전부라 할 수 있는 화장실에 버려졌고, 이것은 다시 왕궁의 지하나 성 주변의 연못으로 흘러 들어갔다. 하지만 연못을 정기적으로 관리하기는커녕 오물이 넘쳐흐르기 직전에야 겨우 치우다 보니 물 위로 똥이 떠다니는 모습을 종종 볼 수 있었다. 헨리 8세는 햄프턴궁에 2층으로 된 화장실(House of Easement)을 만들었는데 한 번에 28명이 사용할 수 있는 이곳의 아래층에는 사람 키만큼의 배설물이 쌓여 있었다.

악취 나는 오물은 지하수를 타고 가까이에 있는 우물에 도달하거나 벽과 땅으로 스며들었으며 종종 이웃의 공간을 침습하기도 했다. 영국 작가 새뮤얼 피프스(Samuel Pepys)가 1660년 10월 20일에 쓴 글을 보면 당시의 상황을 엿볼 수 있다. "지하 저장고로 내려가는 순간 나는 어마어마한 똥 더미에 발을 디디고 말았다. 이웃집 터너 씨가 볼일을 보는 공간이 가득 찼고 오물이 넘쳐서 우리 집 지하까지 밀려든 모양이다. 어찌 해야 할지 몰라 몹시 당혹스러웠다." 그런 상황에서 누구인들 당혹하지 않겠는가.

몰리에르(Molière)와 드라이든(Dryden)이 재치 있는 첫 작품을 선보였던 바로크 극장들 또한 눈부신 외관과 달리 실상은 인간의 배설물로 터져나갈 지경이었다. 호화로운 좌석마다 귀빈을 위한 요강이 마련되어 있었다. 공연을 즐기는 바로 옆에서 친구들과 낯선 이들이 유쾌하게 방광을 비운다고 상상해보라. 그저 그들이 장막 뒤에서 예의 바르게 용무를 처리하고 엄청난 소리가 나려 할 때는 잘 참았다가 팀파니와 심벌즈 소리에 맞춰 적절히 해결했기를 바랄 뿐이다.

뷔시 백작인 로제 드라뷔탱(Roger de Rabutin)은 어느 날 저녁 파리의 극장에서 벌어진 일을 들려주었다. 역사에 오명으로 길이 남을 두 귀족 여성의 이야기였다. 쏘(Saulx) 부인과 트레무이유(Trémouille) 부인은 큰 볼일을 보고 나서 냄새를 없앤답시고 요강에 든 것을 아래로 뿌렸다. 아래층에 있다가 날벼락을 맞은 사람들은 비명을 지르고 항의하면서 그들을 극장 밖까지 쫓아갔다. 그리 청결하지 않았던 17세기의 기준에서도 지나친 행동이었던 모양이다.

스페인의 대도시에서는 당국이 화장실로 사용되었던 장소에 십자가를 세우고 이렇게 적어두었다. "십자가가 세워진 자리에는 용변을 보지 말 것." 17세기 초에 활동했던 시인 프란시스코 데케베도(Francisco de Quevedo)는 그 위에다 "내가 용변 보는 자리에 십자가를 세우지 말 것"이라고 적었다.

몇몇 신하들은 궁 안의 공공장소에서 용변을 보았다. 1675년 파리 루브르궁에 대한 보고서에는 이런 내용이 있다. "큰 계단, 문 뒤 그리고 눈길이 닿는 곳이라면 어디든지 배설물 더미가 쌓여 있었고, 자연의 신호에 응답하기 위해 모든 이들이 매일 찾던 장소에서는 다른 곳과 비교할 수 없는 악취가 풍겼다."

원래 궁에는 화장실이 여러 군데 있었지만 남성 대신들 중 상당수가 마치 온 세상이 자신의 변기인 양 행동했다. 그들은 신호가 올 때마다 아무 데서나 볼일을 봤으며 뒷일은 하인들이 알아서 감당하리라 생각했다. 특히 계단통이 인기 있는 장소였다(절대 변하지 않는 관습일지도 모른다). 몇몇 남성은 왕의 주방까지 들어가 화덕에 소변을 보았다. 헨리 8세가 그런 행동을 막기 위해 칙령을 내릴지 고심할 정도였다. 정원의 우물가에서도 소변을 보다 보니 장미꽃의 달콤한 향기와 악취가 뒤섞였다. 헨리 8세가 우물에 크고 빨간 십자가를 그려 넣도록 지시했지만 오히려 십자가는 조준 목표가 되었을 뿐이었다.

1547년 헨리 8세가 세상을 떠나고 몇 달이 지난 뒤 어린 에드워드 6세는 궁 안에서 소변을 보거나 불결한 행위를 하지 못하도록 포고령을 내렸다. 궁이 지저분해지는 것과 왕실에 대한 편견이 생기는 것을 막기 위해서였다.

16세기 초 네덜란드의 인문학자 에라스뮈스는 "소변이나 대변을 누는 사람에게 인사하는 것은 예의 없는 행동이다"라고 썼다. 우리는 그가 공공장소를 언급하고 있으며 그런 일이 자주 일어났다고 짐작할 수 있다. 1570년에 출간된 예절을 다룬 독일 책에는 "부끄러움을 모르고 신중하지 못하게 숙녀들 앞 혹은 궁전의 창문이나 문 앞에서 소변을 보면 안 된다"라고 적혀 있다.

1518년 프랑수아 1세가 스물세 살의 매력적인 정부 프랑수아즈 드푸아(Françoise de Foix)를 찾아갔을 때 그녀의 비밀 연인이었던 보니베(Bonnivet) 제독은 침대에서 벌떡 일어나 커다란 벽난로 안으로 들어갔다. 그 안에는 향기로운 소나무 가지가 가득했기 때문에 보니베가 숨을 수 있었다. 하지만 벽난로 역시 남성들이 소변을 누는 곳이었기 때문에 아무것도 모르는 왕은 연인과 사랑을 나누기 전 벽난로에 볼일을 보았다. 보니베는 오줌에 흠뻑 젖은 채 밤새도록 고약한 냄새를 맡으며 두 사람의 거친 숨소리까지 들어야 했다.

포르투갈의 조신한 공주인 브라간사의 카타리나(Catarina)는 1661년 찰스 2세와 결혼하려고 영국에 도착했을 때 큰 충격을 받았다. 궁 여기저기에서 남자들이 거리낌 없이 소변을 보고 있었기 때문이다. 공주와 시녀들은 "궁 구석구석 벽을 향해 음경을 내놓고 있는 짐승 같은 영국 놈들을 보지 않고는 돌아다닐 수가 없다"라면서 불만을 토로했다. 루이 14세의 독일인 제수 엘리자베스 샤를로테(Elizabeth Charlotte)는 1702년 베르사유궁에 대해서 이렇게 말했다. "우리 방 앞에서 기다리는 사람들은 여기저기 소변을 본다. 집을 나설 때는 누군가 오줌 누는 모습을 보지 않을 수 없다." 18세기 초 생시몽(Saint-Simon) 공작은 누아용의 주교가 베르사유의 예배당을 지날 때 급한 요의(尿意)를 이기지 못하고 왕족을 위한 위층 공간으로 올라가 난간에 볼일을 보았으며, 오줌은 여기저기 튀면서 예배당의 성스러운 바닥으로 흘러내렸다고 묘사했다.

궁에 살던 여성들은 평소 요강에 볼일을 보았지만 때로는 소변을 보지 못하는 곤란한 상황에 처하기도 했다. 조지 1세의 통치 기간 중 시녀 한 명이 응접실에서 왕세자빈의 시중을 들다가 방광이 터질 것 같은 위기를 맞았다. 관례상 자리를 뜨는 것이 금지되었기 때문이다. 그녀는 선 채로 발을 벌리고 몰래 소변을 보았다. 그러나 오줌은 열 명이 앉을 수 있는 탁자만큼 넓고 광택이 나는 타일 바닥을 가로질러 왕세자빈의 발까지 흘러갔다.

18세기 전까지 대부분의 왕실은 대략 2주마다 궁을 옮겨 다녔다. 튜더 왕실도 1년에 서른 번은 이동했다. 다양한 경치를 즐기기 위해 그런 것이 아니라 궁에서 소변과 배설물을 닦아낼 시간이 필요했기 때문이다. 프랑스의 왕실도 마찬가지였다. 프랑수아 1세의 궁에 있던 보석 세공사 벤베누토 첼리니는 자서전에다 왕실이 주기적으로 수백 대의 마차에 가구를 가득 싣고 1만 8천 마리의 말을 동원해서 다른 성으로 이동했다고 썼다.

화려한 베르사유궁은 깨끗하게 유지하기가 더욱 어려웠다. 수천 명의 귀족들과 하인들이 날마다 엄청난 양의 배설물을 쏟아냈기 때문이다. 대부분의 왕궁과 달리 베르사유궁 옆에는 오물을 흘려보낼 만한 강이 없었다. 그래서 수레 또는 근처의 구덩이에 요강을 비우고 그곳을 자주 치웠다. 1682년 루이 14세가 베르사유궁에 계속 머물기로 결정하자 상황은 더 나빠졌다. 비록 그와 몇몇 측근이 좀 더 깨끗한 공기를 마시기 위해 근처의 마를리나 생클루를 방문하기는 했지만 베르사유 전체가 텅 빈 적은 없었다. 그러다 보니 일꾼들이 화덕, 계단통, 예배당 바닥의 오줌 자국을 아무리 문질러도 얼룩을 깨끗하게 지울 수 없었다. 당시에는 인간의 배설물을 통해 감염이 될 수 있다는 생각을 하지 못했지만 악취가 뿜어내는 기운은 두려워했다. 불쾌한 냄새가 뇌로 들어가 건강을 해친다고 믿었기 때문이다.

모퉁이나 계단통에서 볼일을 보다가 눈총을 받곤 했던 남자 하인들은 부엌에 마련된 통에다 오줌을 눌 때만큼은 환영을 받았다. 청소할 때 쓰거나 옷감을 만들 때 필요한 암모니아를 얻기 위해서였다. 1493년 페르시아의 직물 판매상들이 "모자를 만들 때 오줌으로 헹구는 것은 윤리에 어긋날 뿐만 아니라 쓰는 사람의 두뇌에도 좋지 않다"라면서 드물게 오줌 사용을 반대했고 왕도 그 의견에 동의했다. 하지만 1540년대부터 모자를 만들 때 다시 오줌을 사용하기 시작했다.

오줌은 잘 지워지지 않는 얼룩을 없앨 때도 사용되었다. 중세부터 비누를 쓰기 시작했지만 일부 세탁업자들은 여전히 오줌을 선호했다. 암모니아 함유량이 높은 소나 말의 오줌은 섬유에 염료를 입히는 과정에서 물감을 고착시키는 매염제로 사용되었다. 곤충, 나무껍질, 산딸기, 식물의 뿌리, 이끼, 풀이나 꽃 등으로 염색한 천은 매염제를 쓰지 않을 경우 색이 쉽게 빠졌다.

오줌에 들어 있는 화합물인 요소(尿素)는 섬유와 동물의 가죽을 부드럽게 만드는 효과가 있었다. 책을 제본할 때나 신발, 허리띠, 안장, 장갑을 만들 때도 오줌을 썼다. 1828년에 독일의 화학자 프리드리히 뵐러(Friedrich Wöhler)가 화학물질로 요소를 만드는 데 성공하고 나서야 옷감과 가죽을 오줌에 적실 필요가 없어졌다.

목욕이 죄악이었던 시대

궁이 워낙 더럽다 보니 그곳에 사는 사람들의 몸도 더러울 수밖에 없었다. 하지만 당시의 왕과 학자들이 동경하던 고대 그리스와 로마의 교양 있는 사람들은 날마다 몸 구석구석을 꼼꼼하게 씻었으며 때로는 몇 시간 동안 몸을 물에 담근 채로 업무를 보았다. 고대 의사들은 다음 환자를 보기 전에 손과 의료 기구를 문질러 닦았다. 고대인들은 세균이나 감염에 대한 개념이 없었고 단지 오물을 더럽게 여겼다. 이제부터 고대와 현대 사이, 즉 더러움에 대한 기준이 완전히 달랐던 몇 세기 동안의 모습을 살펴보자.

5세기 초 로마는 수도관 11개로 분수대 1,212개와 공중목욕탕

926곳에 물을 공급했다. 하지만 527년 고트족의 침략으로 수도관이 끊기는 바람에 로마인들은 이전처럼 자주 목욕을 할 수 없게 되었다. 이 혼란스러운 시기에 로마를 다스렸던 초기 가톨릭교회는 수도관을 어떻게 고쳐야 할지 몰랐기 때문에 목욕을 이교도의 타락한 풍습으로 규정한 뒤 횟수를 줄이라고 선포했다. 그로부터 백여 년이 흐르면서 이러한 믿음은 새로운 이교도인 이슬람교도 때문에 더욱 공고해졌다. 그들은 하루 한 번이 아니라 다섯 번씩 씻었기 때문이다. 기독교인들은 그들의 관습을 부도덕함의 명백한 증거로 삼았다.

교회는 피부를 두껍게 덮고 있는 때가 기독교인의 겸양을 드러내고 병이 몸에 들어오지 못하도록 막아준다고 공표했다. 시간이 흐르면서 의사들은 씻는 것을 위험한 행위라고 믿게 되었으며, 심지어 많은 사람이 점성술사에게 목욕하기 좋은 날을 물어보기도 했다. 16세기에 인기를 끌었던 『이것이 건강을 비추는 거울이다』(*This is the Myrour or Glasse of Helth*)에는 이런 내용이 있다. "목욕을 하거나 땀을 너무 많이 흘리면 모공 속으로 사악한 공기가 들어가서 피를 감염시킨다."

15세기 후반 스페인의 여왕 이사벨 1세는 평생 동안 목욕을 단두 번만 했다고 자랑하기도 했다. 당대의 연대기 작가에 따르면 영국의 엘리자베스 여왕은 "필요하든 아니든" 한 달에 한 번 목욕했다고 한다. 그녀의 후계자 제임스 1세는 물을 혐오하면서 평생 목욕을 하지 않았다. 궁에 살던 한 여인은 자신과 친구들이 제임스 1세가 자주 찾던 왕실 고문관의 방에 갔다가 이가 옮았다고 불평했다. 제임스 1세는 먹기 전에도 손을 씻지 않았다. 식탁에 앉으면 냅킨의 젖은 끝부분으로 손끝을 살짝 문질러 닦았을 뿐이었다. 그의 연인 버킹엄 공작은 왕에게 쓴 편지에서 "당신의 축복을 갈망하며 더러운 손에 키스합니다"라고 했다. 제임스 1세는 가려움증에 시달리면서도 좀처럼 옷을 갈아

입지 않았다.

반면에 1671년 이스탄불에 주재하던 영국 외교관 존 버버리(John Burbury)는 그곳 사람들이 소변을 눈 뒤에 손을 닦는 모습을 보고 '청결함의 극치'라며 놀라워했다.

프랑스의 태양왕 루이 14세는 다른 왕들처럼 개인위생에 반감을 가졌다. 그는 정부였던 몽테스팡(Montespan) 부인이 향수를 너무 많이 뿌려 질식할 것 같다고 불평했다. 하지만 그녀는 못 들은 척했다. 사실은 자신의 체취 때문이 아니라 일생에 단 두 번 목욕한 왕의 몸에서 나는 악취를 가리려고 향수를 뿌렸기 때문이다. 1680년 왕이 몽테스팡 부인에게 오만하며 부도덕하다고 비난하자 그녀는 이렇게 응수했다. "전하의 말씀이 전부 사실이라 치더라도 몸에서 나는 냄새만큼은 전하보다 제가 낫습니다." 규칙적으로 목욕하는 사람들이 사는 위험하고 기이한 나라, 거칠고 야만적인 러시아에서 온 대사는 자국의 황제에게 보낸 편지에서 자신은 몽테스팡 부인의 말에 동의하며 루이 14세에게서 "야생동물 같은 악취"가 난다고 했다.

1685년 왕의 항문에 종기가 생긴 이유도 위생 관념이 희박했기 때문이었을 것이다. 종기는 다음 해 치루(痔瘻)가 되었다. 그 안에 종종 고름이 차오르기 때문에 심각한 감염을 일으킬 위험이 있었다. 왕은 대변을 볼 때마다 고통스러웠을 뿐만 아니라 말을 탈 수도 없었고 걷지도 못했으며 왕좌에 앉는 것조차 버거워했다. 외과의 샤를 프랑수아 펠릭스(Charles-François Felix)가 왕을 수술하겠다고 용감하게 나섰다. 그는 '자원한' 죄수들과 왕을 돕기 위해 시골에서 올라온 사람들 75명을 실험 대상으로 삼아 연습했다. 당연히 그들 중 몇 명은 실험 과정에서 목숨을 잃었다. 그러나 그들의 희생은 헛되지 않았다. 비록 왕이 네 명의 건장한 사내에게 붙들려 있기는 했지만 수술이 성공적으로 끝났기 때문이다. 나라에서는 이 일을 자랑스럽게 여기고 1686년을 '치루의 해'로 지정했다. 궁을 드나드는 사람들은 왕을 본받고 싶어 하는 법이라 많은 신하가 자신에게도 치루가 있다고 주장했다. 이후 치루는 베르사유에서 엄청나게 유행했으며 자신감의 근원처럼 여겨졌다. 남자 귀족들은 리본이 달린 실크 바지에 장식물을 하나 더 달고 다녔는데 바로 엉덩이 위에 우아하게 늘어뜨린 붕대였다.

치루가 유행한 지 1세기나 지난 뒤에도 베르사유의 의사들은 여전히 물이 인간의 정력과 성욕을 감퇴시킨다고 주장했다. 그래서 마리 앙투아네트 왕비는 한 달에 딱 한 번만 목욕했다.

사악한 기운은 마른 머리보다 젖은 머리에 잘 침투한다고 믿었기 때문에 머리를 감는 것도 위험한 행위로 여겨졌다. 당시 영국에는 이런 말이 있었다. "손은 자주 씻고, 발은 가끔 씻고, 머리는 절대 감지 마라." 1653년 영국 작가 존 에벌린(John Evelyn)은 일 년에 한 번만 머리를 감기로 다짐했다. 귀족들은 두피의 기름 혹은 비듬을 천으로 문질러 닦았고 의사나 점성술사가 허락하는 경우에만 몇 달에 한 번씩 허브 향이 나는 찬물에 감았다.

1602년 바르톨로메오 파스케티(Bartolomeo Paschetti)라는 이탈리아 의사는 고대 그리스와 로마 사람들이 목욕을 자주 한 이유를 설명하면서 그들을 본받으려는 후대 사람들이 목욕만큼은 그렇게 하지 않는 이유를 이렇게 분석했다. "고대인들이 몸을 깨끗하고 상쾌하게 유지해야 했던 이유는 리넨 옷이 없었기 때문이다. 하지만 우리 시대에는 부자든 가난한 사람이든 모두 리넨 천으로 만든 옷을 입고 있어 몸을 청결하게 유지하기가 훨씬 수월하다. 따라서 고대인들처럼 목욕을 자주 할 필요가 없다." 더블릿(15~17세기에 유럽에서 남자들이 많이 입던 윗옷으로 허리가 잘록하며 몸에 꽉 낀다)과 가운 속에 입은 리넨 셔츠가

땀을 흡수하긴 하지만 그들은 며칠 동안, 심지어 몇 주 동안 아침저녁으로 같은 옷을 입고 있었다는 사실을 기억할 필요가 있다.

1559년 글을 읽을 줄 아는 사람이라면 본인이 무척 역겨운 행동을 한다는 사실을 일깨워주는 책이 출판되었다. 조반니 델라 카사(Giovanni della Casa)가 쓴 유럽의 첫 예절 서적 『갈라테오』(Galatheo)에서는 "큰 소리로 기침과 재채기를 하면서 주변에 침을 튀기고 귀를 먹먹하게 만드는 사람이나 머저리처럼 나귀 소리를 내면서 하품하는" 사람들을 비난했다. 저자는 식탁에서 "접시에 코를 박고 고개도 시선도 들지 않은 채 고기를 꾸역꾸역 먹기만 해서 볼이 마치 트럼펫이라도 연주하듯 부풀어 있는 사람이나 기름이 번들거리는 손가락을 빵에 문질러 닦는" 사람을 가리켜 역겹다고 했다. 그리고 다른 사람이 지켜보는 데서 소변을 보는 행위뿐만 아니라 방귀를 뀌거나 트림을 하는 것, 이를 쑤시거나 콧구멍과 귀를 후비는 것, 벼룩 때문에 가려워서 바지 속에 손을 넣어 긁는 행위를 무례하다고 규정했다. 이에 덧붙여 머리에서 진주나 루비가 떨어지지 않았는지 확인하는 것처럼 코 푼 손수건을 펼쳐서 확인하지 말라고 조언했다.

해충의 온상지였던 왕궁

더러운 왕궁에 살면서 잘 씻지도 않으니 왕족들과 신하들이 대부분 왕궁에서 기르는 개에게 벼룩과 이가 옮아 고생했다는 사실도 놀랍지 않다. 존 에벌린은 찰스 2세가 "스패니얼[새 사냥용 개의 품종을 통틀어 이르는 말] 여러 마리를 데리고 다녔으며 같이 침대에 눕고 종종 그 위에서 어미가 강아지에게 젖을 물리도록 두었다"라고 적었다. 개들이 소변과 똥, 벼룩을 온 방에 뿌리고 다녔던 탓에 궁 전체가 지저분해졌고 지독한 냄새가 났다.

17세기 초 4대 헌팅턴 백작의 아들인 헨리 헤이스팅스(Henry Hastings)의 집을 방문한 사람은 현관홀에 "뼈다귀들이 여기저기 흩어져 있었으며 매와 여러 품종의 개들이 우글거리고 있었다. 벽에는 최근에 잡은 여우와 족제비의 가죽이 걸려 있었다"라고 했다. 이는 따뜻한 곳을 좋아하기 때문에 차갑게 식은 동물의 사체에서 나와 근처에 있던 개와 인간의 몸에 붙었을 것이다.

수 세기 동안 화덕에서 고기를 구울 때 작고 힘이 센 개들을 이용했다. 개들이 고기를 꽂은 꼬챙이를 돌려서 고루 익히는 동안 개의 몸에 있던 이와 벼룩이 하인들의 몸과 음식으로 옮겨갔다. 오직 영국 북부의 지주 윌리엄 코츠워스(William Cotesworth) 만이 1723년에 "개가 돌리는 쳇바퀴를 불 근처에서 멀리 떨어뜨리고 개가 싼 똥이 다른 곳에 묻지 않도록" 주의하라고 지시했다. 튜더 가문의 기록에 따르면 지저분한 개들뿐 아니라 후덥지근한 부엌에서 고기 꼬챙이를 돌리는 소년들 역시 "몸에서 나오는 피지와 땀을 육즙에 더하지 않을 수 없었다"라고 한다.

적어도 17세기까지 궁과 귀족의 저택에서는 음식 부스러기와 사람의 오줌, 개똥으로 더러워진 바닥을 골풀로 덮어서 가렸다. 너무 지저분해지면 골풀을 갈아주었지만 종종 그 위에 새 골풀을 덮기도 했다. 그래서 왕궁 바닥에는 벌레가 득시글했으며 이것들은 왕이든 신하든 가리지 않고 몸에 달라붙었다. 1399년 헨리 4세의 대관식에서 대주교가 왕의 머리에 성유를 부었을 때 기름 때문에 화가 난 게 분명한 머릿니가 왕의 머리카락에서 기어 나왔다. 2008년에 이탈리아의 연구자가 14세기 나폴리 왕이었던 아라곤의 페르디난도 2세의 미라를 살펴보다가 머리카락과 체모에서 이를 발견했다.

머릿니가 들끓지 않도록 막아준 것은 가발이었다. 1655년 아직 십 대였던 루이 14세는 자신의 머리가 벗겨지고 있다는 사실을 깨닫고 커다란 가발을 썼다. 그 뒤로 가발은 남자들 사이에서 유행되었다. 그의 사촌인 찰스 2세는 1660년 영국 왕이 되었을 때 그를 따라 했다. 갑자기 부유한 남자들이 머리를 밀고 풍성한 가발을 쓰기 시작했는데, 덕분에 머릿니가 피와 온기를 공급하던 인간 숙주에게서 떨어져 나갔다. 가발 안에서는 오래 머물 수 없었기 때문이다.

여성들도 가발을 썼지만 머리를 밀지는 않았다. 1770년대에는 가발을 자신의 머리와 엮어 틀에 고정하는 머리 장식을 만들고 흰색 파우더를 묻히기 위해 기름을 발랐다. 머리를 그렇게 손질하는 데 하루가 걸렸으며 그 뒤로 조금씩 다듬으면서 한 달 동안 머리 모양을 유지했다. 기름이나 머릿니 때문에 두피가 가려웠던 여성들은 머리를 긁적거릴 수밖에 없었다.

당시 의사들은 더럽고 오염된 물 때문에 기생충이 들끓는다는 사실을 몰랐다. 그들은 이, 벌레, 구더기, 벼룩이 인간의 살에서 자연스럽게 생겨난다고 생각했다. 여성의 몸에 들어간 정자가 안에서 썩으면 변이를 일으켜 벌레로 변한다고 믿는 의사들도 있었다. 1668년이 되어서야 기생충이 외부에서 생겨 몸으로 들어왔다는 것을 알아냈다. 이탈리아의 의사이자 생물학자인 프란체스코 레디(Francesco Redi)는 현대의학사에서 기념비적 저서로 평가받는 『벌레의 발생에 관한 실험』(*Experiments on the Generation of Insects*)에서 이 사실을 증명했다. 그는 탁자에 고기 두 덩이를 놓은 뒤 한쪽은 유리로 덮고 나머지는 파리가 앉을 수 있도록 그대로 두었다. 며칠 뒤 유리로 덮어둔 고기에는 벌레가 생기지 않았고 공기에 그대로 노출된 고기에는 벌레가 들끓었다. 하지만 이런 결과를 보고도 사람들은 여전히 그를 비웃었다.

벌레는 부자나 가난한 사람을 차별하지 않았다. 루브르궁에서 화장실로 사용된 구덩이를 발굴한 결과 중세부터 루이 14세의 통치기에 이르는 동안 궁에 머물렀던 사람들의 배설물에 기생충이 들끓었다는 사실을 알게 되었다. 영국 왕 리처드 3세의 골반뼈에서는 상당히 많은 회충알이 발견되었다. 아마도 그는 30센티미터까지 자라는 기생충 때문에 고생했을 것이다.

2004년 프랑스 연구자들은 15세기 샤를 7세의 정부였던 아녜스 소렐(Agnès Sorel)의 유해를 검사했는데, 그녀의 몸에서 다수의 회충알과 그것들을 배출하기 위해 먹었던 식물의 잔해를 발견했다. 그 작은 알들은 인간의 배설물에 붙어 있다가 음식으로 옮겨져 그녀의 입에 들어간 것으로 보인다. 그런 다음 장으로 이동해 부화하고 혈관을 헤엄쳐 폐로 갔을 것이다. 성충은 목구멍까지 기어 올라갔으며 일부는 그녀가 기침할 때 밖으로 튀어나오고 일부는 그녀가 다시 삼켰을 것이다. 그녀가 삼킨 것들은 다시 장으로 돌아가 번식을 하고 더 많은 알을 낳았을 것이다. 일부는 변으로 배출되었겠지만 나머지는 같은 과정을 반복했을 것이다.

1668년 프랑스 몽펠리에에 사는 한 남자의 몸에서 길이가 2미터에 이를 정도로 기다란 편형충이 나왔다. 1655년 런던에서 여인숙을 운영하던 패리(Parry)는 복통에 시달리다가 대변을 보았는데 요강을 확인해보니 "구렁이" 12마리가 있었다. 이것들을 면밀히 관찰한 사람들은 그중 하나의 머리가 말과 비슷했고 다른 하나의 머리는 두꺼비처럼 생겼으며 어떤 것은 그레이하운드를 닮았다고 했다. 이토록 엄청난 것을 배설했으니 패리의 속은 한결 편해졌을 것이다.

17세기 중반 스페인의 노쇠한 왕 펠리페 4세는 몸에 난 종기 때문에 무척 고생했다. 의사들이 왕을 치료하려고 종기를 절개하는 순간 깜짝 놀랄 만한 일이 벌어졌다. 환부에서 벌레들이 우글거리며 기어 나왔기 때문이다. 그 외에도 수많은 사람의 몸에서 생김새가 이상하고 크기가 다양한 생물들이 나왔다. 부검하다가 심장, 간, 신장, 가슴에 벌레가 살 수 있다는 사실을 발견하기도 했다. 이따금씩 벌레들은 복부로 이동해 배꼽에서 튀어나왔다.

현대인의 눈으로 볼 때 터무니없는 일이 또 있다. 당시 의사들은 '신선한 공기'가 목욕만큼 위험하다고 믿었다. 특히 환자나 어린아이, 임신부에게 해롭다고 생각했다. 그래서 몸져누운 환자들과 출산이 임박한 여성들은 요강에서 나는 악취, 시큼한 땀 냄새, 어두운 질병의 기운이 가득한 은신처에 머물도록 강요당했다. 2013년에 16세기 메디치 가문 아이들의 유해 9구를 조사한 결과 모두 비타민 D 결핍으로 기형이 되는 구루병을 앓고 있었다. 그중 여섯은 뼈가 물렁물렁한 상태로 기거나 걸으려 했기 때문에 팔다리가 휘었고 심지어 두개골이 기형인 아이도 있었다. 아주 짧은 시간 동안 햇볕을 쬐어도 몸에서 비타민 D를 합성할 수 있지만 사악한 기운과 신선한 공기로부터 보호한다는 이유로 갓난아이부터 다섯 살배기 아이까지, 대공의 자녀는 모두 햇빛이 거의 들지 않는 궁 안에서만 지내게 했을 것이다.

환자를 냄새나고 어두운 방에 두는 것도 모자라 어떤 의사들은 더러운 침대보 위에 눕혔다. 17세기 네덜란드의 유명한 의사 이스브란 판디메르브로크(Ysbrand van Diemerbroeck)는 천연두가 의심되는 환자들에게 2주 동안 침대보를 갈지 말라고 조언했다. "침대보를 갈고 죽음을 맞이하는 것보다는 땀과 고름이 묻은 침대보 위에서 며칠을 견뎌내는 편이 훨씬 낫다." 그는 깨끗이 빤 침대보에서 나는 비누 냄새가 환자에게 치명적일 수 있다고 말했다.

당대 가장 깨끗한 군주였던 헨리 8세는 리넨 소재의 옷을 매일 갈아입고 목욕도 자주 했다. 햄프턴궁에는 정교한 배관 설비가 있어서 약 6킬로미터 떨어진 언덕의 물을 끌어다가 왕의 목욕탕, 부엌, 대규모 화장실, 궁을 둘러싼 도랑과 물고기가 사는 연못에 댔다. 하지만 헨리 8세 역시 벼룩이나 빈대를 걱정할 수밖에 없었다. 그래서 침대에 모피를 두고 해충들을 그쪽으로 유인했다.

똥구덩이 같은 도시 환경

베르사유궁, 햄프턴궁, 윈저성이 북적이는 수도의 외곽에 있었던 반면 루브르궁, 화이트홀궁, 피렌체의 베키오궁, 런던탑은 불결하기 짝이 없는 환경 속에 자리 잡고 있었다.

유럽 각 나라의 수도 시민들은 좁은 집에서 부대끼며 살았다. 그들은 요강 속 배설물을 길바닥에 거리낌 없이 버렸기 때문에 행인들이 종종 봉변을 당했다. 도시에는 벼룩과 이 그리고 쥐가 득시글했다. 우리는 페스트가 유럽 전역에서 빈번하게 발생한 이유를 알고 있다. 쥐에 기생하는 벼룩이 페스트균(*Yersinia pestis*)을 사람에게 전염시켰기 때문이다. 1348년에 창궐한 페스트는 유럽 인구의 절반을 죽음으로 몰아넣었다. 이후 400여 년 동안 유럽에서 페스트가 사라진 적은 없었다. 모든 세대마다 크게 유행했으며 때로는 큰 도시 인구의 30퍼센트가 희생되기도 했다. 1466년 파리에서 발생한 페스트로 4만 명의 시민이 죽었다. 베네치아는 1576년부터 다음 해까지 인구의 3분의 1인 5만 명을 잃었다. 1649년에는 스페인 세비야의 인구 절반이 사라졌다. 1656년에는 30만 명의 나폴리 거주민 중 절반이 피해를 입었다. 1665년의 '런던 대역병'은 10만 명의 생명을 앗아갔다.

저택이나 왕궁 할 것 없이 똥구덩이 위에 올라앉아 있기는 마찬가지였다. 거리는 인간과 동물의 배설물로 덮였으며, 우물물은 끓이거나 포도주와 섞어 마시지 않으면 인체에 해를 입힐 수 있었다. 대도시에 사는 사람들은 강물을 며칠간 받아두었다가 찌꺼기가 가라앉은 뒤에 사용했는데, 보통 위쪽의 물을 떠서 알코올과 섞어 세균을 죽였다. 모차르트의 어머니 아나 마리아(Anna Maria)는 1778년 파리에서 아들을 돌보던 중 센강의 구정물을 마시고 이질에 걸려 죽었다고 한다.

1853년 런던에서 발생한 콜레라가 1만 명 이상의 희생자를 냈다. 다음 해에는 한 달 사이에 소호 지역 주민 1천 명이 콜레라에 걸렸고 그중 616명이 죽었다. 당시 관계 당국은 전염병이 땅에서 새어 나온 불결한 기운 때문에 생긴다고 믿었다. 그러나 존 스노(John Snow) 박사의 조사 결과 희생자 대부분이 사용한 우물에서 1미터도 떨어지지 않은 곳에 오래된 똥구덩이가 있다는 사실이 밝혀졌다. 배설물에 들어 있던 박테리아가 우물로 흘러든 것이다. 스노 박사는 나쁜 공기가 아니라 오염된 물 때문에 전염병이 발생했다고 주장했다. 당시 전염병이 진정되고 있었지만 그는 물을 길어 올리는 펌프의 손잡이를 없애버렸다. 그러자 이후로 전염병이 재발하지 않았다. 그런데도 런던 보건국 회원들은 여전히 우물에 배설물이 흘러든 것과 콜레라의 유행 사이에 어떤 인과관계가 있는지를 깨닫지 못했다. 그들은 보고서에 다음과 같이 적었다. "신중하게 조사했지만 스노 박사의 주장을 받아들일 만한 근거는 찾지 못했다."

1883년 독일의 세균학자인 로베르트 코흐는 콜레라균(*Vibrio cholerae*) 연구를 통해서 존 스노 박사의 주장이 옳았다는 것을 증명했다. 그때 런던은 1858년 '대악취' 사건을 수습하면서 콜레라가 수그러든 상태였다. 건조한 여름철에 기온이 섭씨 37도를 넘자 템스강의 수심이 급격하게 낮아졌고, 강바닥에 인분으로 이루어진 퇴적층이 드러났다. 도시 전체에서 똥이 가득 찬 요강 같은 냄새가 났다. 악취를 견딜 수 없었던 국회의원들이 회의실의 강가 쪽 커튼을 표백제에 담갔지만 부질없는 짓이었다. 재무장관 벤저민 디즈데일리(Benjamin Disraeli)는 템스강을 "말로 표현할 수 없을 만큼 끔찍한 악취를 뿜어내는 지옥의 수영장"이라고 불렀다. 결국 런던의 대도심 사업국은 1,770킬로미터에 달하는 하수도관을 건설했다.

질병은 군주나 부랑자를 가리지 않고 모든 계층을 위협했다. 페스트와 콜레라뿐만이 아니라 장티푸스, 발진티푸스, 로타바이러스위장염, 세균성 이질, 홍역, 디프테리아, 백일해, 기관지염, 폐렴, 천연두, 결핵 등도 흔했다. 1509년 헨리 7세는 결핵으로 죽었으며 그의 왕위 계승자였던 아서 왕자 역시 1502년에 결핵 혹은 페스트로 사망했다고 추정된다. 1694년 영국의 메리 여왕은 천연두로 사망했다. 1712년 홍역으로 추정되는 전염병이 베르사유궁을 휩쓸었고 그 일로 루이 14세의 왕세자와 그의 부인 그리고 어린 아들이 사망했다. 비단옷을 차려입고 보석으로 멋을 낸 귀족들은 사실상 마주치는 사람들에게 병을 옮길 수 있는 보균자였다.

살아 있는 사람들만 질병을 퍼뜨린 것이 아니다. 1340년에 페스트가 창궐한 이후 유럽의 주요 도시들은 넘쳐나는 시체들로 골치를 앓았다. 18세기로 넘어가는 시기에 영국 작가 대니얼 디포(Daniel Defoe)는 10만 명이 사망한 1665년 런던 대역병 때부터 시체가 쌓여 있던 구덩이들 위로 고급 건축물이 올라가는 모습을 지켜보았다. "그 저택들은 불쌍한 사람들이 묻혀 있는 곳 바로 위에 지어졌다. 터를 닦으려고 땅을 파자 시신들이 드러났는데 그중 어떤 것들은 머리뼈에 붙어 있는 긴 머리카락으로 미루어 여성임을 알 수 있었고, 살이 아직 썩지 않은 시신들은 사람들에게 전염병을 옮길 것 같았다."

주요 도시의 묘지는 시신으로 넘쳐났다. 비유가 아니라 실제로도 그럴 때가 있었다. 1780년 파리에 한 달 동안 폭우가 내리자 도심의 600년 된 묘지가 무너지면서 인근 집들의 지하실로 유해가 밀려 들어갔다. 기괴하게 웃는 해골과 썩고 갈라진 관이 천장까지 쌓인 광경을 본 집주인은 지하실 계단에 서서 등불을 들고 입을 벌린 채 멍하니 있었을 것이다. 루이 16세는 페르시아인 묘지에서 뼈를 전부 거두어 지하 묘지나 성벽 밖으로 옮기라고 명령했다. 이후 12년 동안 600만 구의 시신이 옮겨졌다.

런던의 정치인들이 파리의 정책을 따라 하기까지는 60년이 걸렸다. 런던에는 묘지가 많았다. 교회마다 하나씩 있었고 상점이나 집, 여관, 우물 사이사이에도 묘지가 자리 잡았다. 그러다 보니 시간이 흐르면서 시신 위에 또 다른 시신이 쌓였다. 묘지업자들은 돈을 더 벌고자 장례 후 며칠도 지나지 않아 관을 부수고 시신 위에 생석회를 뿌린 다음 깊숙이 쑤셔 박았다. 1839년 런던의 의사이자 공중 보건 활동가 조지 워커(George Walker)는 습관처럼 도시의 묘지를 찾아갔기 때문에 '묘지 워커'로도 알려져 있다. 그는 지나다니던 길에 있는 한 교회를 이렇게 묘사했다. "완전히 포화 상태였다. 시신을 더 묻기 위해 삽으로 파는 과정에서 드러난 썩은 살과 뼈가 잔뜩 쌓여 있었고 흙은 시신의 부패물에 흠뻑 절어 있었다."

메탄, 황화수소, 카다베린, 푸트레신처럼 시체가 뿜어내는 유독 가스에 노출되면 목숨을 잃을 수도 있다. 1838년 런던의 알드게이트 교회에서 무덤을 파던 토머스 오크스(Thomas Oakes)는 시신이 가득한 구덩이 안에서 쓰러져 죽었다. 에드워드 러뎃(Edward Luddett)이 그를 구하기 위해 사다리를 타고 내려갔지만 "오크스의 머리를 들어 올리려고 하는 순간 마치 대포알에 맞은 것처럼 뒤로 넘어져서 끝내 세상을 하직"했다.

　　시체 구덩이에서 새어 나온 가스가 사람을 죽일 수 있었기 때문에 당시 의사들은 시체에서 발생해 공기로 전염되는 질병이 있다고 생각했다. 그래서 오염된 물을 마시고 병에 걸렸을 때도 공기 때문이라고 여겼다. 많은 교회 묘지의 안뜰에는 마을 주민이 함께 사용하는 우물이 있었다. 런던의 성 클레멘트 교회 우물도 마찬가지였는데 1807년 한 사람이 이런 기록을 남겼다. "물에서 불쾌한 냄새가 나고 물맛 또한 이상해서 아무도 사용할 수 없었다. 아마도 시신의 부패물이 물에 녹아들었기 때문일 것이다."

재앙을 불러온 연금술

배설물, 소변, 세균, 사체만으로는 건강을 위협하기에 부족하다는 듯 '고매하신' 과학자들은 자신의 집에 연금술 연구실을 만들고 수은과 납 같은 독소들을 공기 중으로 뿜어냈다. 연금술이란 납과 수은을 비롯한 여러 금속을 황금으로 바꿀 수 있는 전설의 물질, 곧 '철학자의 돌'을 찾는 과정이었다. 1720년 무렵에는 연금술이 바보나 사기꾼의 영역으로 여겨졌지만 사실 연금술은 과학 발전에 기여했다. 연금술사들이 화학의 기초 원리를 발견했으니 말이다.

　　최근 연구에 따르면 영국의 어떤 왕은 연금술 연구실에서 오랜 시간을 보내다가 중독되어 죽었다. 바로 찰스 2세였다. 전쟁과 사치스러운 연인들 때문에 늘 재정적으로 쪼들렸던 그는 연금술로 돌파구를 찾으려고 했다. 그는 화이트홀궁 지하에 연구실을 짓고 그곳에 자주 틀어박혔다. 일기 작가 새뮤얼 피프스는 그가 "예쁜 장소"라고 묘사한 곳을 돌아본 다음 "화학물질을 담아둔 유리병이 즐비하고 그 외에도 여러 가지가 있었는데, 뭐가 뭔지는 알 수 없었다"라고 했다.

　　찰스 2세와 조수들은 수은 광석과 액체 형태의 수은을 거대한 병에 넣고 가열해서 다른 물질과 섞기 좋은 상태로 만드는 작업을 주로 했다. 17세기에는 안전에 대한 관념이 희박했기 때문에 찰스 2세는 냄새가 나지 않는 수은 증기를 마셨을 수도 있다. 1967년 글래스고 대학교에서 중성자 활성화 분석법으로 그의 머리카락을 검사했는데 검출된 수은의 양이 일반인의 10배에 달했다.

　　왕은 만성 수은중독에 걸린 사람처럼 행동하기도 했다. 될 대로 되라는 식으로 살았을 만큼 성격이 낙천적이었던 그는 1684년이 되자 심리 상태가 불안정하고 예민해졌으며 우울증에 시달렸다. 신하들은 54세의 왕이 그저 나이가 들어 까다로워졌을 뿐이라고 생각했다. 그리고 1685년 2월 2일에는 연금술 연구실에서 폭발 사고가 일어났는데, 그 일로 왕은 본인이 인지하지 못한 상태에서 치사량의 독소를 들이마셨다. 어느 날 아침 요강을 쓰려고 자리에서 일어난 그는 목소리를 낼 수 없었다. 한 목격자는 "방에 있던 이들은 그가 무언가 말하려고 우물거리는 듯한 모습을 보았다"라고 전한다. 그는 옷장을 살펴본 뒤 뇌졸중으로 쓰러져 경련을 일으켰다. 그는 이런 증상을 세 번 더 보였으며 한동안 실어증을 앓았다.

　　열두 명의 의사들은 왕의 몸에서 사악한 체액을 빼내기 위해 온갖 방법을 동원했다. 혈액을 한 번에 450그램이나 뽑았으며, 머리를 밀고 두피에 수포 작용제를 바른 다음 벌겋게 달궈진 인두로 지졌다. 이어서 발바닥에도 부식성 물질을 발라 수포를 만들었다. 구토와 설사를 하도록 약을 먹이기도 했다. 의사들은 최음제로도 알려진 칸타리스(가뢰과에 속한 곤충을 통틀어 이르는 말)를 음료에 섞어 왕에게 먹였는데, 그 물질은 몸에 물집이 생기게 하고 신장 기능을 떨어뜨렸으며 배뇨를 할 때 타는 듯한 통증을 유발했다. 심지어 이것을 먹고 죽은 사람도 있었다. 왕이 경련을 일으키는 동안 혀를 깨물지 못하게 하려고 입에 막대기를 밀어 넣는 바람에 목구멍에 상처가 나기도 했다. 그런 다음 경정맥에서 혈액을 300그램 가까이 뽑았으며 인간의 두개골에서 추출한 물질과 마법의 위석을 먹였다. 왕이 의식을 잃자 의사들은 피를 340그램이나 더 뽑아냈다. 2월 6일 금요일 정오가 되기 바로 전, 왕은 증상이 시작된 지 4일 만에 숨을 거두었다.

부검을 담당한 의사들은 왕의 처참한 뇌를 보고 당황했다. 일반적인 뇌졸중과는 완전히 달랐다. 사실 그는 마비 증상을 보인 적이 없었고 실어증도 잠시만 나타났다가 완벽하게 회복되었다. 부검 결과 다른 장기들은 다 정상이었으며 뇌출혈도 없었고 부기나 종양도 발견되지 않았다. 하지만 뇌를 감싸고 있는 아주 맑은 액체가 혈액 단백질을 포함하는 혈청 속에 가득 섞여 있었는데, 현대 의학에서는 그것을 혈액뇌장벽이 손상되었다는 의미로 본다.

2003년 캔자스 대학교 메디컬 센터의 명예교수 프레더릭 홈스(Frederick Holmes)는 『병든 스튜어트가』(The Sickly Stuarts)에서 왕이 한 번에 엄청난 양의 수은 증기를 흡입한 경우에나 그런 일이 일어날 수 있다고 말했다. 혈액뇌장벽은 유독한 물질이 뇌에 들어가지 않도록 막아주는데 이것을 통과할 수 있는 몇 안 되는 물질 중 하나가 수은이다. 소량을 흡입하면 증상이 곧바로 나타나지 않지만 꽤 많은 양을 흡입했을 경우 독성이 폐에서 뇌로 이동할 수 있다. 실낱같은 회복 가능성마저도 의사들의 '치명적인 노력'으로 사라졌을 것이다.

몇 년 뒤 현대 물리학의 아버지 아이작 뉴턴도 찰스 2세와 같은 운명에 처할 뻔했다. 뉴턴은 일확천금의 망상에 빠진 것이 아니라 화학적 변화 과정을 이해하고자 수은, 납, 비소, 안티몬 등으로 연금술 실험을 했다. 그는 물질에 직접 열을 가하는 과정에서 발생한 증기를 흡입했다. 그가 일지에 기록한 내용이다. "수은과 소금을 함께 넣고 휘저은 뒤 증발시키기 위해 불에 올렸다. 소금은 금세 사라졌고 수은은 단단한 덩어리로 응결되었다." 뉴턴은 자신이 머무는 곳의 벽을 대부분 붉은색으로 꾸민 터라 더 많은 수은에 노출되었다. 벽에 칠한 염료의 재료가 수은이 풍부하게 함유된 진사였기 때문이다.

1693년 늘 괴짜 같았던 50세의 뉴턴은 자신이 박해를 받고 있다는 망상에 빠졌고, 결국 친구들에게 다시는 보고 싶지 않다고 선언한 뒤 은둔생활을 시작했다. 그는 편집증, 기억 상실증, 불면증, 식욕부진처럼 수은중독에서 비롯된 증상으로 고통을 받았다.

1979년에 중성자 활성화 및 원자 흡수 분석 방식으로 뉴턴의 사망 당시 잘라두었던 머리카락을 분석한 결과 납, 비소, 안티몬은 보통 사람의 4배, 수은은 15배나 검출되었다. 만약 1693년의 머리카락을 검사한다면 훨씬 더 많은 양이 검출될 것이라고 짐작할 수 있다.

자신의 화학 실험실에서 발생한 치명적인 수은 증기로 고통을 당했던 찰스 2세와는 다르게 뉴턴은 약한 중독 상태로 오랜 기간 생존했다. 아마 실험 도구를 멀리하고 광학, 미적분, 천문학처럼 안전한 영역에 집중했기 때문일 것이다. 고작 6개월을 앓은 그는 중독되었을 때보다 조금 나은 이전 성격을 되찾았으며 84세까지 살았다.

소문과 과학의 만남,
유럽 왕실 독살 사건

질병일까, 중독일까
아니면 독살일까?

수 세기 동안 수많은 왕족과 귀족 그리고 왕실 예술
가의 죽음 뒤에는 독살이라는 소문이 잇따랐다. 그
러나 그들이 보였던 토사곽란 증세가 비소, 화장품
과 약물의 독성, 불결한 환경에서 비롯된 것은 아니
었을까?

이제부터 독살을 당했다고 알려진 왕실 인사들의 마
지막 순간을 살펴보고자 한다. 죽음의 직접적인 원
인이 된 질병과 당시의 부검 결과 그리고 가능하다
면 후대에 그들의 시신과 머리카락을 분석한 기록까
지 다룰 것이다.

비록 사망자의 유해나 다른 흔적이 남아 있지 않더
라도 죽기 전에 앓았던 병과 부검 결과를 기록한 문
서가 있다면 죽음의 원인을 밝혀낼 수 있다. 르네상
스 시대 의사들은 왕족의 건강 상태를 상세하게 기
록해두었는데 아마도 살인 누명을 쓰고 싶지 않았
기 때문일 것이다. 부검 결과도 무척 신중하게 기록
했다. 오늘날 의사들은 이런 기록들을 통해 독살인
지 자연사인지, 만약 자연사라면 어떤 병을 앓았는
지 추측할 수 있다. 질량 분석법과 중성자 방사화 분
석법 등을 활용하면 유해에 남은 독을 측정할 수 있
으며, 독의 수치에 따라 독살의 증거인지 병을 치료
하거나 미용의 목적으로 사용한 약의 흔적인지도 판
별할 수 있다.

일부 사례는 당시 의사들이 의도적으로 치료제가 아
니라 '컵에 죽음을 담아' 전달한 것으로 보인다.

1장

신성로마제국의 황제, 하인리히 7세

이탈리아의 여름은 무척 더웠다. 1313년 8월 8일 숨이 턱턱 막힐 것 같은 날씨 속에서 38세의 신성로마제국 황제 하인리히 7세는 군대를 이끌고 피사를 떠났다. 그의 적들은 앞으로 들이닥칠 일들(치열한 전투, 포위된 도시, 방화, 불타는 식량, 강간과 살인 그리고 항복)을 떠올리며 몹시 두려워서 벌벌 떨고 있었다.

그로부터 16일 뒤, 목적지를 110킬로미터 남짓 남겨두고 황제가 숨을 거두었다. 독살로 의심되는 사건이었다. 2013년에 시신을 조사한 이탈리아 연구자들은 그의 죽음에 관한 의혹을 풀어줄 증거를 발견했다. 흥미로운 점은 당시에 알려진 것처럼 성찬식에서 독이 든 포도주를 마시고 죽은 것이 아니라는 사실이다.

◆ 하인리히 7세(1275-1313)

1308년 독일의 주교들과 왕자들은 독일과 프랑스 사이에 있는 작은 공국의 통치자 하인리히를 신성로마제국의 새로운 황제로 추대했다. 이 새로운 군주는 당시 '황제'라는 자리의 의미를 제대로 깨닫지 못했다. 로마제국이 몰락하고 3세기가 지난 서기 800년에 서로마제국의 샤를마뉴대제는 황제의 직위를 부활시켰으며, 그 직위는 1806년 나폴레옹이 등장하기 전까지 근근이 이어져왔다.

볼테르(Voltaire)라는 필명으로 알려진 철학자 프랑수아 마리 아루에(François Marie Arouet)는 "신성로마제국은 신성하지도 않고 로마도 아니며 제국도 아니다"라고 말했다. 사실 그의 말이 옳았다. 신성로마제국은 잃어버린 꿈의 난파선에서 건져 올린 왕관처럼 시대착오적 유물이요 허술하게 조직된 정치 동맹일 뿐이었다. 황제라고 해서 칼로 무장한 군주들을 통제할 수는 없었다. 하지만 분쟁이 끊임없이 이어진다 해도 황제라는 지위에는 거부하기 힘든 매력이 있었다.

11세기에는 교황과 신성로마제국 황제 사이의 불화가 이탈리아의 내란으로 번졌다. 교황파는 신의 '정신적 대리자'인 교황을 지지하고 황제파는 신의 '통치적 대리자'인 황제를 지지했다. 여담이지만 나폴레옹의 성(姓)인 보나파르트(Buonaparte)는 두 세력의 충돌과 관계가 있다. 12세기 피렌체에 살았던 그의 조상들이 황제파인 자신들을 '좋은 정당'이라는 뜻인 보나파르트라고 부른 데서 유래했기 때문이다. 종교 분쟁이 대체로 그러하듯 교황파와 황제파의 충돌은 신과 아무런 관계가 없는 자들의 탐욕에서 비롯되었으며, 군대 지도자들은 이를 침략과 약탈의 핑계로 삼았다.

비록 60년 동안이나 황제가 선출되지 않았지만 이상주의자였던 하인리히는 전쟁으로 폐허가 된 이탈리아반도에 평화를 선물하고자 기회를 얼른 붙잡았다. 중세의 여느 군주들과는 달리 친절하고 온화한 성품을 지녔다고 알려진 그는 자신의 작은 왕국 룩셈부르크를 공정하고 효율적으로 다스렸다. 그는 이제 이탈리아 자치국들이 본인의 자비로운 통치 아래에서 평화롭게 살아가도록 더 큰 차원의 정의를 실현하려 했다. 또한 기독교인답게 분쟁을 없애고 사랑을 실천하며 새로운 황금시대를 열어가길 원했다. 그래서 교황파와 황제파라는 이름조차 언급하지 못하게 했다.

하인리히가 북부 이탈리아의 롬바르디아에 도착했을 때 새로운 신민들은 그의 훌륭한 외모를 보고 감탄했다. 붉은 머리에 호리호리한 체구인 그들의 '선출 황제'는 혈색이 좋은 데다 면도까지 깔끔하게 했으며 콧날과 턱선이 날렵하고 눈썹은 부드럽게 곡선을 그렸다. 반면 황제의 칙령에는 관심이 적었다. 하인리히는 통치기구를 개편하고, 정치적 추방령을 거둬들이고, 죄수들을 풀어주고, 압류한 재산을 돌려주며 궁전과 군대를 유지하기 위해 무거운 세금을 부과하는 등 여러 가지 정책을 폈다. 또한 그 지역을 공명정대하게 통치하려고 노력했다. 하지만 문제가 생겼다. 이탈리아의 사정에 대해서는 자신의 이탈리아어 실력만큼이나 이해도가 떨어졌기 때문이다. 그는 오직 프랑스어와 라틴어만 할 수 있었다.

문학가 단테처럼 전쟁에 지친 이탈리아 사람 일부가 정의를 사랑하는 그를 "평화의 왕"이라고 묘사했을 뿐, 대다수는 황제의 통치에 공포를 느꼈다. 그들은 몽상가 같은 이 북부의 침입자가 마음에 들지 않았다.

하인리히는 곧 지역 분쟁에 휘말려 한쪽 편을 들어야 하는 상황에 내몰렸다. 그러자 상대편이 그에게 반기를 들었다. 많은 도시가 세금 납부와 법 개정을 거부했고 그들의 정적이 석방되는 것을 반대했다. 하인리히에게 가장 무서운 적은 교황의 대변자이자 나폴리의 왕이었던 로베르토였다. 팽창주의를 추구하던 그는 이 순진한 침입자를 탐탁지 않게 여겼다.

하인리히가 대관식을 치르려고 1312년 6월 로마에 입성했을 때 그는 성베드로대성당으로 가는 길을 막고 있던 교황파 군대를 맞닥뜨렸다. 로베르토의 동생이 이끄는 군사들이었다. 곧바로 맹렬한 전투가 벌어졌고 그 과정에서 많은 군사를 잃은 하인리히는 결국 성베드로대성당으로 가는 것을 포기하고 성요한대성당에서 대관식을 거행했다. 하지만 연회에 참석한 이들은 창문 밖에서 돌을 던지는 방해자들 때문에 탁자 밑으로 몸을 피해야 했다.

황제의 패권에 가장 크게 반발했던 세력은 피렌체공화국에서 세를 확장하고 있던 교황파였다. 1312년 피렌체의 실권자는 로베르토에게 이런 내용의 편지를 보냈다. "적[하인리히]이 쉽게 죽어버린다면 앞으로 누구든 황제의 이름을 들고 일어나지 못할 겁니다. 당신이나 우리의 땅을 침범하는 골칫거리도 생기지 않을 것입니다." 그들이 하인리히가 전사하거나 병으로 숨질 것이라고 생각했는지 아니면 그를 암살하려고 모의했는지는 분명하지 않다.

좌절과 분노에 빠진 황제는 평화와 용서라는 진부한 기치를 내려놓고 전쟁에 돌입했다. 그는 1313년 봄과 여름 동안 피사에서 군대를 모으고 함대를 마련했다. 그해 8월 8일 몸이 좋지 않았던 하인리히는 의사의 충고를 무시한 채 출정했다. 그는 먼저 로마로 진군해 도시를 점령한 뒤 로베르토가 다스리는 시칠리아를 향해 출항했다.

기록이 정확하지 않고 모순되는 점도 눈에 띄지만 군대의 전진 속도는 비정상적이라고 할 만큼 느렸다. 하인리히의 몸에서 열을 떨어뜨리고 엉덩이에 난 종기를 치료하기 위해 온천 여러 곳을 들렀기 때문이었다. 그는 2년 전 브레시아 지역을 포위할 때부터 몸에 이상이 있었다. 당대의 연대기 작가는 이렇게 기록했다. "말이 풍기는 악취가 공기 속에 가득했으며 북부 출신의 많은 사람이 병들었고 귀족들도 여럿 죽었다. 병에 걸려 버려진 이들은 결국 길에서 죽었다."

그들은 어떤 병에 걸렸을까? 탄저병일 가능성이 높다. 20세기가 되기 전까지 탄저병은 사람이나 동물 모두에게 페스트와 마찬가지로 위험한 전염병이었다. 파리나 로마처럼 세련된 도시의 거주민들조차 탄저병에 걸린 가축들과 뒤섞여 지냈다. 탄저병은 사람 사이에서 전염되는 경우가 드물지만 균의 포자가 들어간 음식을 먹거나 공기를 마시는 경우 혹은 감염된 동물과 접촉하면 걸릴 수 있었다. 무서운 사실은 동물의 사체와 함께 땅에 묻힌 탄저균의 포자가 수백 년 뒤에도 감염력을 가진다는 점이다.

장탄저병에 걸리면 메스꺼움을 느끼고 복통에 시달렸으며 피가 섞인 구토와 설사를 했다. 하인리히가 살던 시대에는 장탄저병의 치사율이 100퍼센트에 근접했다. 폐탄저병 역시 발열, 가슴 통증, 폐렴 증세를 나타냈으며 대부분 치명적인 결과로 이어졌다. 피부탄저병에 걸리면 통증은 거의 없지만 마치 담뱃불로 지진 것처럼 검고 커다란 상처가 생기며, 환부에서는 고개를 돌리게 만들 정도로 끔찍한 악취가 났다. 브레시아에 탄저병이 창궐했을 때 사람들이 "말이 풍기는 악취"라고 표현한 냄새가 바로 그것이었을 듯하다. 탄저병 중에서는 피부탄저병의 치사율이 20퍼센트 정도로 가장 낮다. 브레시아를 포위했을 때 사람들은 전염을 막기 위해 구덩이를 파고 죽은 말 수백 마리를 묻었을 것이다. 말의 사체를 다루다가 악취를 들이마셔서 감염된 사람도 있다고 짐작된다. 말뿐만 아니라 군영 내의 소, 돼지, 염소도 탄저균에 감염되었을 가능성이 있다. 군인들은 그런 가축을 잡아다가 고기를 제대로 익히지도 않고 먹었을 것이다.

하인리히의 군대는 북쪽으로 이동할 때 탄저균을 지니고 있었다. 하인리히의 아내였던 브라반트의 마르가레테(Margarete)는 1311년 12월 전염병에 걸려 제노바에서 숨졌다. 다음 해 하인리히의 군대가 피렌체 주변에 주둔하는 동안 같은 전염병이 다시 그들을 덮쳤다. 부트린토의 주교에 따르면 "엄청난 질병과 죽음이 주둔지를 덮쳤고 점점 확산되어 위쪽 피렌체 지역까지" 전염시켰다. 의사들은 황제의 용태가 좋지 않아서 절망했다.

1313년 8월 하인리히는 건강의 적신호를 애써 무시하며 남으로 진군했다. 파도바의 정치인이자 역사가인 알베르티노 무사토(Albertino Mussato)는 시에나 지역에 주둔하는 동안 황제가 어떤 상태였는지 기록했다. "피로가 몰려와서 평소보다 일찍 잠자리에 들었다. 하지만 좀처럼 잠들지 못했다. 그리고 오른쪽 무릎 밑에 생긴 종기가 너무 아파서 밤새 뒤척였다." 다음날 새벽 그는 행군 방향을 20킬로미터 떨어진 부온콘벤토로 돌리라고 명령했다.

이탈리아의 구원자가 되었을지도 모르는 하인리히 7세는 3일간 엄청난 고열에 시달리다가 숨을 거두었다. 그리고 며칠이 지나지 않아 그의 군대는 해산되었다. 하인리히가 죽은 후 수행원들은 그가 성찬식 포도주로 독살되었다고 단정했는데, 그 이유는 감별 과정을 거치지 않고 신부가 직접 전달하기 때문이다. 황제의 고해 신부였을 것으로 추정되는 60세의 도미니크수도회 베르나디노 데몬테풀치아노(Bernardino de Montepulciano) 신부가 독살범이라는 소문까지 돌았는데, 소문을 들은 그는 현명하게도 황제가 죽은 뒤 자취를 감췄다. 북부 유럽인들은 사랑하는 황제를 죽인 범인이 이탈리아인이라고 확신했다. 독일의 뤼티히 수도원 연보에는 황제가 "미사 성찬식에서 독살당했다"라고 기록되어 있다. 프라이징의 베네딕트 수도원에서도 "그가 든 것은 구원의 잔이 아닌 죽음의 잔이었다"라고 확언했다.

　　그러나 당대 이탈리아 역사가이며 도미니크회 수사였던 톨로메오 다루카(Tolomeo da Lucca)는 다른 주장을 했다. "몇몇 사악한 음모론자들은 황제가 성찬식을 하던 중 독살당했다고 주장하지만 황제는 8월에 시에나의 부온콘벤토에서 머물렀고 그때부터 몸이 아프기 시작했다. 그는 자연사한 것이다."

　　하인리히를 독살한 것으로 알려진 신부는 교황 클레멘스 5세나 나폴리 로베르토왕의 사주를 받았을 것으로 추정된다. 하인리히가 군대를 이끌고 이탈리아 영토에서 물러가기를 바라는 사람이 많았기 때문에 어려운 선택을 내렸다는 것이다. 실제로 황제의 서거를 기뻐하는 이탈리아인이 많았다. 시에나 출신의 한 사람은 이렇게 기록했다. "교황파에 속한 피렌체, 시에나, 피스토이아, 루카 지역 사람들이 그 소식을 듣고 크게 기뻐했다." 파르마 지역의 기록 중에는 "기쁨의 종소리가 그치지 않았으며 축제처럼 흥겨운 분위기가 8일 넘게 지속되었다"라는 내용이 있다.

　　이탈리아에서 8월에 열병으로 죽었다면 역사가들은 곧바로 말라리아를 떠올릴 것이다. 하지만 말라리아에 걸리면 종기가 나지 않는다. 황제는 아마도 피부탄저병 때문에 생긴 검은색 상처를 통해 감염되어 갑작스러운 통증을 느꼈을 것이다. 빨갛고 뜨겁게 부어오른 피부로 들어온 독소가 혈관으로 퍼져 독혈증을 일으켰고, 결국 황제는 고열에 시달리다가 일주일 뒤 숨을 거두었을 것이다.

　　알베르티노 무사토는 이렇게 결론지었다. "세 가지 사인을 확인했다. 첫째는 의사들이 탄저병이라 부르는 무릎 밑의 치명적 피부 궤양이다. 둘째는 소변을 볼 때마다 고통을 주었던 방광 기능 상실이다. 셋째는 늑막염[폐의 내벽에 생기는 염증]이다." 방광과 폐의 감염은 탄저병과 별개일 수 있으며, 탄저병이 불러온 독혈증으로 전신에 걸쳐 일어난 감염 증상 중 하나일 수도 있다.

하인리히는 임종 때 자신의 시신을 피사에 묻어달라고 유언했다. 황제의 죽음으로 절망에 빠진 수행원들은 즉시 그의 시신을 북쪽으로 옮기려고 했다. 그러나 8월의 열기로 시체가 썩으면서 나는 냄새가 탄저병 환부의 악취에 더해지면서 도저히 길을 갈 수 없었다. 시신이 부패하면서 가스가 발생해 관이 폭발할 수도 있었다. 그래서 그들은 성지에서 죽은 독일 십자군 병사의 시신을 고향으로 옮기기 위해 고안한 방법을 사용했다. 먼저 시신의 머리를 자르고 나머지 부분을 물에 삶은 뒤 피부와 근육을 벗겨내고 뼈는 불에 태웠다. 그러고 나서야 악취가 나지 않는 유해를 가지고 피사에 도착했다. 하인리히는 자신의 거대한 무덤이 완성된 후인 1315년에 매장되었다.

현대의 검시와 진단

2013년 하인리히 서거 700주년 행사의 하나로 피사 대학교 연구자들이 그의 무덤을 열었다. 그들은 은으로 만들고 금박을 입힌 왕관, 홀, 구슬 등을 발견했다. 유골은 높이 약 3미터 너비 약 2.5미터의 비단에 싸여 있었는데, 색이 바랜 푸른색과 붉은색 줄무늬 바탕에 사자들이 금실과 은실로 수놓아져 있었다.

까맣게 탄 하인리히의 뼈를 분석한 결과 그의 키는 대략 175센티미터였으며 기골이 장대한 모습이었다. 왼쪽 팔뚝은 고삐를 쥐거나 무기를 잡으면서 혹사당한 흔적이 있었다. 허리 아래쪽 근육이 특히 발달했으며 다리가 안쪽으로 살짝 휜 것을 볼 때 많은 시간 동안 말 위에서 지낸 것이 분명했다. 무릎을 오래 꿇은 흔적도 보였는데 아마 기도를 열심히 해서 그럴 것이다. 뼈에 축적된 비소의 수치가 높았지만 그것을 독살의 증거라고 볼 수는 없었다. 만약 신부가 성찬식 포도주에 비소를 한 움큼 타서 황제에게 주었다면 뼈에 도달하기 전에 죽었을 것이고, 비소는 아마 삶아서 발라낸 간이나 위에 있었을 것이다. 비소가 뼈에서 검출되었다는 사실은 그것이 몇 주 혹은 몇 달에 걸쳐 흡수되었음을 알려준다.

하인리히의 뼈에서 비소가 검출된 이유는 무엇일까? 답은 간단하다. 수 세기 동안 의사들이 비소를 탄저병의 치료제로 사용했기 때문이다. 의사들은 약간의 비소를 수은과 섞은 다음 벌어진 상처에 발랐다. 그런 이유 때문인지 하인리히의 뼈에서는 수은의 수치도 무척 높게 나타났다. 물론 의사들은 비소의 독성을 알았지만 시행착오 끝에 소량의 비소를 사용해서 탄저병으로 발생한 피부질환을 치료할 수 있었다. 하지만 그 방법이 효과가 있는 이유까지는 몰랐다. 의사들은 그처럼 위험한 치료제를 처방하는 동시에 밀가루와 곡물을 많이 먹으라고 조언했는데, 곡물이 치료제의 위험성을 줄여준다고 믿었기 때문이다. 하인리히의 유해에서는 밀가루와 곡물에 들어 있는 마그네슘이 다량 검출되었다.

하인리히는 열병으로 죽었다. 하지만 수개월 혹은 2년에 걸쳐 수은에 중독되는 동안 체력이 약해지면서 그의 몸은 탄저병의 공격을 버티지 못하고 끝내 굴복했을 것이다.

2장

이탈리아의 장군, 칸그란데 델라 스칼라

20년 넘게 이어진 전투가 마침내 그의 승리로 끝났다. 1329년 7월 18일 베로나의 군사령관인 칸그란데 델라 스칼라(Cangrande della Scala)는 눈부신 백마를 타고 위풍당당한 모습으로 트레비소에 입성했다. 그러나 38세의 건강한 장수는 나흘이 지나지 않아 죽음을 맞이했으며, 2016년에 과학자들은 미라처럼 변한 그의 직장(直腸)에서 놀랄 만한 물질을 발견했다.

◆ 칸그란데 델라 스칼라
(1291-1329)

칸그란데는 베로나의 군주 알베르토(Alberto)의 아들이었다. 세례명은 '칸 프란체스코라'였지만 충성스럽고 용맹한 성품 덕분에 '거대한 개'를 뜻하는 칸그란데로 불리게 되었다. 교황파와 황제파 사이의 오랜 전쟁 속에서 확고한 황제파였던 그의 가족은 신성로마제국의 새로운 황제인 하인리히 7세를 지지했다. 하인리히는 그에 대한 보상으로 1312년 그에게 비첸차 군주 자리를 주었다. 황제가 서거한 다음 해, 칸그란데는 자신의 지위를 확고히 다지고자 교황파 도시들과 싸워나갔다.

칸그란데는 매우 뛰어난 전사였다. 그는 전장에서 입이 떡 벌어질 만큼 용감하게 싸웠으며 몸에 화살을 맞고도 무기를 놓지 않았다. 가장 먼저 성벽에 기어오를 만큼 솔선수범했으며 부하들에게 존경받는 지도자이기도 했다.

성을 수비하는 군사들이 그가 오르던 사다리를 밀쳐서 해자에 떨어졌을 때도 그는 고통스러운 몸을 질질 끌고 다시 사다리에 올랐다. 역사가 알베르티노 무사토는 칸그란데가 말안장의 등자를 딛고 서서 부하들에게 "겁에 떨고 있는 적들을 죽이라고 명령한 뒤 마치 거센 바람을 받은 불길이 들판을 덮치듯 이리저리 말을 몰며 파죽지세로 나아갔다"라고 썼다.

그러나 칸그란데는 흉포한 전쟁광이 아니었다. 그는 급성장하는 이탈리아 르네상스의 수혜자로 세련된 문화적 소양을 갖춘 사람이었다. 시와 예술, 문학을 사랑했으며 쓰러진 적에게는 자비를 베풀었고 여자들에게 인기가 많았다(적어도 8명의 혼외자를 두었다고 알려져 있다). 그는 달변가이면서 약삭빠른 정치꾼이기도 했다. 야성적인 카리스마를 지닌 이 남자는 보기 드물게 아름다운 미소까지 갖추고 있어서 아군과 적군 모두를 매료시켰다.

칸그란데는 다른 도시에서 추방된 망명객들을 집으로 초대했다. 귀족과 시인, 학자 여럿이 그의 집을 드나들었고 그중에는 문학가 단테도 있었다. 단테는 정치에 가담했다가 자신의 고향 피렌체에서 쫓겨난 뒤 1312년에서 1318년 사이에 칸그란데의 후원을 받아 베로나에 머물렀다. 이처럼 당시 베로나의 궁전은 이탈리아 전역에서 문화적으로 가장 풍요로운 곳이었다.

비록 칸그란데가 오만하게 굴거나 화를 벌컥 낼 때도 있었지만 중세 이탈리아인의 관점에서 보면 그런 성향이 카리스마 있는 지도자의 모습으로 느껴졌을 것이다. 백성의 노동력을 착취해서 자기 주머니를 채우는 군주가 대다수인 시대에 세금을 공정하게 걷으며 정의롭고 현명하게 통치하는 지도자는 눈에 띌 수밖에 없었다. 그래서 칸그란데는 기사도 정신의 화신 같은 존재로 알려졌다.

풍요로운 도시 파도바를 차지하려고 17년 동안이나 애쓴 끝에 1328년 그는 그곳을 점령하고 사회적 혼란을 잠재웠다. 이제 세 도시가 그의 통치 아래로 들어왔으며 남은 목표는 단 하나, 트레비소뿐이었다. 칸그란데의 군대는 1329년 7월 초에 트레비소를 포위했고 그달 17일에 항복을 받아냈다. 이제 칸그란데는 넓고 풍요로운 지역의 주인이 되었다. 꿈이 실현된 것이다. 그는 왕관에 베로나, 비첸차, 파도바, 트레비소를 상징하는 4개의 보석을 장식해서 자신의 업적을 과시했다. 하지만 기쁨은 오래가지 못했다.

7월 18일 트레비소에 입성했을 때 그는 건강이 별로 좋지 않았다. 그보다 며칠 전 파도바에서 행군할 때는 오염된 샘물을 마시고 몸에 열이 났으며 구토와 설사를 했다. 결국 숙소로 삼은 주교의 관저에 도착하자마자 말에서 미끄러지듯 떨어졌다. 7월 20일 오후가 될 때까지 온갖 애를 써보았지만 더는 어쩔 도리가 없다는 것을 깨달았다. 이틀 뒤 그는 끝내 숨을 거두었다. 17세에 정식으로 혼인한 부인과의 사이에서는 자녀를 얻지 못했기 때문에 조카인 22세 알베르토와 20세 마스티노가 통치권을 이어받았다.

자연스럽게 독살에 관한 소문이 이탈리아에 퍼졌다. 당시 파도바 대사에 따르면 마스티노가 삼촌의 죽음에 대한 책임을 물어 칸그란 데의 의사 중 한 명을 교수형에 처했는데, 그때 적용한 혐의가 살인죄 였는지 직무상 과실이었는지는 알 수 없다고 한다.

칸그란데는 왜 죽은 것일까? 오염된 샘물을 마시고 설사병에 걸렸기 때문일까? 아니면 맹장 파열이나 궤양에 난 천공이 문제였을 까? 정말 독살을 당한 건 아닐까? 진상은 칸그란데가 죽은 지 700여 년이 지나서야 밝혀졌다.

현대의 검시와 진단

2004년 2월 피사 대학교 연구팀은 사건의 실체를 확인하기 위해 베로 나 산타마리아안티카성당에 있는 칸그란데의 화려한 무덤을 열었다. 연구자들은 시신을 보고 깜짝 놀랐다. 살과 장기까지 미라 상태로 온 전하게 보존되었기 때문이다. 자연사한 것인지 독살을 당한 것인지 판 별하기에는 최적의 조건이었다. 심지어 그가 입은 줄무늬의 동양식 예 복까지 완벽한 형태를 유지하고 있었다.

시신의 키는 대략 170센티미터였으며 가슴 위에 팔을 교차시킨 채로 등을 대고 누워 있었다. 연구자들은 엑스레이를 찍고 컴퓨터단층 촬영을 했으며 머리카락 간, 배설물에서 샘플을 채취했다. 검사 결과 칸그란데가 경미한 진폐증과 폐공기증을 앓았다는 사실이 밝혀졌다. 아마 그가 군대 야영지에서 피우는 모닥불 근처를 누비고 다녔기 때문 일 것이다.

팔꿈치와 골반의 관절염은 말안장에서 오랜 시간을 보낸 흔적 으로 보인다. 머리카락에서 검출된 금과 은의 수치가 꽤 높은 것은 매장할 당시 금실과 은실로 수놓은 천을 머리에 덮어두었기 때문일 것이다. 간에서 나타나는 금, 은, 납의 높은 수치는 그가 평생 먹고 마시는 데 사용한 식기류와 입었던 옷의 소재 때문일 가능성이 높다. 이런 걸 보면 금수저를 물고 태어나는 것이 마냥 좋은 일만은 아닌 듯하다.

연구자들은 칸그란데가 죽기 직전에 토했다는 사실을 알아냈다. 역류한 음식이 식도 내벽에 두껍게 묻어 있었기 때문이다. 소화관에서는 캐모마일 꽃가루와 오디, 평균보다 낮은 수치의 비소가 발견되었다. 따라서 칸그란데가 비소로 독살되었다는 소문은 명백하게 틀렸다고 할 수 있다.

대신 치사량에 이를 만큼의 독성을 띤 디기탈리스가 강심제(쇠약해진 심장의 기능을 회복하는 약)의 형태로 발견되었다. 이 사실은 간 수치에서도 드러났다. 700여 년이 지나도록 그 정도의 독성이 남아 있는 것을 보면 그가 엄청난 양을 먹었다고 추정된다. 뿌리든, 잎이나 꽃이든, 디기탈리스를 복용하면 메스꺼움, 구토, 설사, 환각, 시야 왜곡 등의 증상이 나타날 수 있으며 심장박동에도 변화가 생긴다. 많은 양을 먹으면 심장이 멎을 수도 있다. 칸그란데가 보인 증상은 고열을 제외하면 디기탈리스의 부작용과 일치한다. 그러나 디기탈리스 때문에 열이 나지는 않는다.

그는 오랜 세월을 전장에서 보낸 군인들에게 흔히 나타나는 질병으로 아프기 시작했으며 이번에도 이겨내고 살아남으리라 자신했던 것 같다. 의사들이 병에 대비하기 위해 진정제로 처방한 캐모마일과 약의 쓴맛을 중화시키기 위해 먹었던 달콤한 오디가 이 사실을 뒷받침해준다. 그러나 유익한 성분들은 치명적인 디기탈리스와 섞여서 설사와 구토 증상을 악화시켰고 결국은 심장이 멎게 했다.

디기탈리스가 병을 고치는 데 어떻게 사용되었을까? 18세기 후반에 소량 복용하면 심장이나 신장의 질환과 간질 발작을 치료할 수 있다는 사실이 알려지기 전까지는 삐거나 멍들거나 뱀에게 물렸을 때 제한적으로 사용했다. 19세기 말 빈센트 반고흐를 진찰한 의사가 간질을 치료할 목적으로 디기탈리스를 처방했을 수 있다. 어쩌면 그래서 그가 별 주위의 커다란 노란색 후광을 볼 수 있었고, 이것이 〈별이 빛나는 밤〉(*The Starry Night*)을 그리는 데 영감을 주었을지도 모른다.

칸그란데가 트레비소에 입성하자마자 몸져누웠을 때 그를 미워하는 자가 의사를 매수해 독살했을 가능성도 배제할 수 없다. 밀라노 공국이나 베네치아공화국 같은 주변 세력이 칸그란데에게 위협을 느꼈을 것이다. 혹은 개인적인 원한을 품은 자의 짓일 수도 있다. 어쩌면 칸그란데의 조카이자 야심만만한 후계자였던 마스티노가 범인일지도 모른다. 혹시 세력가인 환자의 목숨을 건지기 위해 필사적으로 애쓰던 의사가 약초를 다른 것과 혼동하지는 않았을까?

우리가 이제껏 경험했던 것처럼 수수께끼 하나가 해결되었다 하더라도 새로운 의문이 그 자리를 냉큼 차지할 것이다.

3장

샤를 7세의 정부,
아녜스 소렐

어느 추운 겨울날 28세의 절세미인 아녜스 소렐이 죽어가고 있었다. 그녀가 누워 있던 곳은 파리에서 북서쪽으로 130킬로미터 정도 떨어진 쥐미에주 수도원이었다. 샤를 7세의 연인이었던 그녀는 영국 침략자들에 맞서는 왕을 위로하고 격려하기 위해 그곳을 자주 방문하곤 했다. 그러나 이번 여행에는 한 가지 이유가 더 있었다. 구체적인 정황은 드러나지 않았지만 누군가 음모를 꾸미는 듯한 낌새를 직감한 그녀는 왕에게 이 사실을 급히 전하고 싶었다. 하지만 왕은 그녀의 경고를 심각하게 받아들이지 않았다.

이후 그녀는 왕의 네 번째 아이를 조산했다. 이전에는 모두 만삭에 건강한 아이를 출산했지만 이번 아이는 태어난

◆ 아녜스 소렐(1422-1450)

뒤 얼마 살지 못하고 숨졌다. 1450년 2월 9일 아녜스는 설사가 멎지 않아 끔찍한 고통에 시달렸으며, 이삼일 동안 괴로워하다가 "냄새나고 더럽고 보잘것없는 이 몸, 참으로 덧없구나"라고 속삭인 뒤 영원히 눈을 감았다.

'미모의 귀부인'이 죽자 그녀가 독살당했다는 소문이 삽시간에 퍼져나갔다. 산모들이 흔히 겪는 출산 합병증처럼 자궁 출혈로 죽음을 맞이했다면 비겁한 술수에 대한 의혹은 줄어들었을 것이다. 하지만 출산 뒤의 심한 설사는 아무래도 수상했다.

왕의 아들이 아버지의 정부를 미워했다는 사실은 모두가 알고 있었다. 훗날 루이 11세가 될 괴팍한 성격의 왕위 계승자는 아버지와 자신을 멀어지게 만들고 국가를 병들게 한다는 이유로 그녀를 비난했다. 하지만 수백 킬로미터 떨어진 곳에 있던 그가 그녀를 독살할 수 있었을까? 어쩌면 가능했을지도 모른다. 2005년에 그녀의 유해를 발굴해서 검사한 결과 정상 수치의 1만 배에서 10만 배에 이르는 수은이 검출되었기 때문이다.

낮은 신분으로 태어난 아녜스는 십 대 시절 프랑스 북동부 로렌의 왕궁에서 공작 부인 이자벨(Isabelle)의 시녀로 일했다. 기록에 따르면 샤를 7세는 그녀를 봤을 때 아름다움에 취해서 말을 잇지 못했다고 한다. 금발에 커다랗고 푸른 눈, 관능적인 자태를 지닌 그녀에게 왕은 한눈에 반한 것이 분명했다.

샤를 7세는 사랑스러운 소녀의 관심을 끌 만한 인물이 아니었다. 오직 왕이라는 신분이 그의 유일한 매력이었을 것이다. 체구가 왜소했던 그는 푹 꺼진 가슴과 좁은 어깨를 감추기 위해 천을 두껍게 덧댄 옷을 입었고, 가랑이까지 내려오는 윗옷 위에 가운을 덧입어 휜 다리를 가렸다. 장 푸케(Jean Fouquet)가 그린 초상화를 보면 그는 기괴할

◆ 샤를 7세(1403-1461)

정도로 두꺼운 붉은 벨벳 옷에 작은 머리를 파묻고 슬픈 표정을 지은 광대처럼 생겼다. 왕족의 초상화는 본디의 모습보다 한껏 과장해서 멋있게 표현한다는 점을 감안하면 이 안쓰러운 사내의 실제 외모가 어떠했을지 짐작된다.

그는 볼품없는 얼굴과 체구를 그럴 듯하게 포장할 수 있는 카리스마나 매력 혹은 지성을 갖추지 못했다. 그의 아버지 샤를 6세는 편집증적 망상에 빠져 측근들을 칼로 찔렀으며 아내인 이자보(Isabeau)가 영국에 프랑스와 자신을 팔아넘겼다고 비난했다. 아버지의 기질은 샤를 7세에게 음울하고 무기력한 성격으로 변이되어 나타났다. 그는 영국 침략자들 앞에서 게으르고 무능한 모습을 보였으며 때때로 누가 자신을 쳐다보는 것조차 견디지 못할 만큼 예민하게 굴기도 했다. 또한 아무도 믿지 못한 채 늘 암살의 두려움에 빠져 지냈다.

그가 무기력증에서 벗어나 "충성 받은 왕"이라는 별명을 얻도록 정신을 차리게 해준 여성들이 있다. 한 명은 영국을 무찌르고 백년전쟁의 흐름을 바꾼 잔 다르크였다. 그리고 왕을 열 살 때부터 키워온 계모 욜랑드(Yolande)는 그에게 현명한 조언을 했다. 그녀는 왕이 이미 자신의 딸인 마리(Marie)와 혼인했지만 아녜스에게 빠진 것을 알아채고는 아녜스를 왕궁으로 불러들여 정부로 삼도록 했다.

어쩌면 욜랑드의 지시대로 했을지도 모르지만 어쨌든 아녜스는 나약하고 의욕이 없던 샤를 7세에게 힘과 결단력, 자신감을 불어넣었다. 그녀는 전쟁을 유리하게 이끌고 피폐한 국가경제를 다시 일으켜줄 지혜로운 고문들을 등용하도록 왕을 설득했다. 또한 프랑스의 문화와 사치품을 해외에 소개함으로써 국가를 홍보하는 역할도 했다. 그녀는 과감하게 파인 드레스와 담비 털로 장식한 옷을 입었고 다이아몬드와 에메랄드로 몸을 치장했다. 그녀가 쓴 에넹(15세기에 여자들이 쓰던 끝이 뾰족한 모자)은 아찔할 만큼 높았다. 또한 그녀는 어마어마하게 많은 향수를 가지고 있었다.

초상화 속 아녜스는 당시의 유행에 따라 이마가 넓어 보이고자 이마 주위의 머리카락과 눈썹을 모조리 뽑은 모습이다. 세속적인 초상화가 흔하지 않던 시절이라 부유하고 유명한 사람들은 교회 화가에게 뇌물을 주면서 성인(聖人)의 모습에 자신의 얼굴을 그려달라고 했다. 아녜스가 탄력 있고 매혹적이며 새하얀 젖가슴을 내놓은 동정녀 마리아로 묘사된 것은 분명 역설적으로 보였다. 당연하게도 궁 안의 독실한 사람들과 몇몇 귀족은 이 타락한 여성을 비난했으며 한 사람은 이런 기록을 남기기도 했다. "그녀는 야하고 음탕한 생각을 하게 만드는 옷을 입고 나타났다. 그녀는 가슴을 뽐내기 위해 멈춰 서서 어깨와 가슴 중간까지 옷을 끌어 내렸다."

비록 아녜스가 자신의 위치에서 누릴 수 있는 사치를 부리기는 했지만 그녀는 사람들을 무척 친절하게 대했다. 그녀가 쓴 다섯 통의 편지에는 상처받은 동물들을 돌보며 가난한 이를 도와주는 내용이 담겨 있다. 당대의 작가 몽스트렐레(Monstrelet)는 그녀를 이렇게 평가했다. "생명에 대해 자비로운 마음을 지녔으며 남에게 베푸는 일에도 거리낌이 없었다. 거지나 가난한 사람, 교회를 가리지 않고 많은 이들을 도와주었다."

하지만 왕의 아들에게 그녀의 친절 따위는 아무런 소용이 없었다. 그는 아녜스에게 치가 떨릴 만큼의 증오를 품었다. 그런데 왕세자의 어머니인 왕비는 남편을 사로잡은 아녜스에 대해 별로 신경 쓰지 않는 것처럼 보였다. 담비의 얼굴을 닮은 이 독실한 왕비는 자식을 열넷이나 두었으며 아녜스가 낳은 세 아이의 후견인이 되기도 했다.

똑똑할 뿐만 아니라 타고난 전사였던 왕세자는 17세 때 프랑스 남부의 랑그도크 지역을 책임졌다. 그는 하루빨리 왕위를 물려받고 싶어서 샤를 7세의 정책을 비판했으며 왕에게 자신보다 큰 영향력을 행사하는 아녜스 소렐을 비난했다.

왕세자는 아버지와 자신의 소원한 관계를 아녜스의 탓으로 돌렸다. 1444년 어느 날, 궁에서 아녜스와 우연히 마주친 그는 "아버지의 열정을 빼앗은 이 여자야말로 모든 문제의 화근이다"라고 소리치며 주먹으로 그녀의 얼굴을 쳤다.

왕이 왕세자를 눈에 띄지 않는 곳으로 쫓아내자 그는 반란을 주도했다. 하지만 금세 진압되었다. 이어서 샤를 7세는 그를 프랑스 동남부로 추방했다. 그는 비록 그 지역을 잘 다스렸지만 아버지에게 대항하려는 마음을 돌이키지 않았고 하인을 시켜 아녜스를 염탐했다. 왕이 아들을 체포하려고 사람을 보냈을 때 그는 창문에서 뛰어내려 버건디 성으로 향했다. 그곳에서 그는 아버지에게 아녜스를 추방해야만 돌아가겠다는 내용의 편지를 보냈다.

왕세자는 주변 사람들에게 "왕은 일처리를 엉망으로 하고 있다. 나는 질서를 바로잡고 싶다. 내가 돌아가 아녜스를 쫓아내고 왕의 실정을 끝내면 이 나라가 지금보다 훨씬 나아질 것이다"라고 말했다. 어쩌면 아녜스가 쥐미에주 수도원까지 가서 연인에게 경고하려던 음모가 바로 이것일 수도 있다. 왕세자는 이때를 대비해 아녜스의 하인들은 물론 의사까지 매수했을지도 모른다.

현대의 검시와 진단

2005년 연구소 18곳에서 온 22명의 연구진은 로슈의 성우르스성당에서 아녜스의 유해를 발굴했다. 사실 아녜스의 무덤은 교회법상 왕의 정부를 교회 안에 안치하는 것이 불경하다는 이유로 1777년에 파헤쳐진 적이 있었다. 비록 시신이 담긴 관은 나무가 썩고 납이 부식되었지만 그녀의 두개골은 풍성하게 땋은 머리를 양쪽으로 늘어뜨린 채 온전한 상태를 유지하고 있었다. 그녀는 치아가 많았는데 과거에 발굴했던 이들이 뻔뻔하게도 기념품 삼아 뽑아 간 상태였다. 그녀의 뼈는 교회 중앙부의 검은 대리석상 밑에 있는 유골 단지에 들어 있었다. 프랑스 혁명 당시 보석을 약탈하려는 자들이 다시 한번 그녀의 무덤을 파헤쳤고, 그들 역시 치아를 몇 개 뽑아 갔다. 그녀의 몸에서 분리해 따로 보관했던 심장 위에는 대리석으로 만든 검은색 매장용 석판을 덮어두었는데, 가축 도살업자가 고기를 자를 때 탁자로 쓰기 위해서 이것을 집어가버렸다.

　　　연구팀이 확인한 결과 그녀의 두개골 중에서 얼굴을 구성하는 부분과 관자놀이, 부비강(머리뼈에 있는 공기 구멍), 위턱은 온전한 상태였다. 두개골 뒤쪽은 사라졌는데 아마도 누군가가 슬쩍했을 것이다. 엑스레이를 찍어보니 아녜스의 코중격(코안을 양쪽으로 나누는 가운데 칸막이)이 휘어져 있었다. 따라서 코를 골았을 가능성이 높다. 사망 당시 온전한 상태였다고 추정되는 치아들은 대부분 사라졌지만 그 중 7개가 유골 단지 안의 다른 유해들과 섞여 있었다. 그녀는 젊은 나이에 사망했기 때문에 치아가 거의 마모되지 않았다. 충치가 없고 치석도 약간만 끼어 있었으며 법랑질의 상태도 좋았다. 근육은 미라처럼 변해서 뼈에 붙어 있었고 머리카락과 눈썹까지 남아 있었다. 발굴 작업을 하던 연구진을 놀라게 한 일도 있었다. 유해에서 장미 향기처럼 달콤하면서도 독특한 냄새가 났기 때문이다.

연구팀은 탄소연대측정법으로 정확한 사망 연도가 1450년이라는 사실을 알아냈다. 고생물병리학자는 얼굴의 두개골 파편을 기반으로 생존 당시의 모습을 복원했다. 연구자들은 뼛조각들을 조합한 모습이 턱의 모양, 치아와 외이도(귓구멍 어귀로부터 고막에 이르는 'S' 자 모양의 관)의 위치, 콧구멍의 입구, 비강의 크기, 눈 사이의 거리와 모양까지 완벽하게 일치한다는 사실을 발견했다. 그들이 찾지 못한 것은 이마를 넓어 보이게 하려고 뽑아버린 머리카락과 눈썹뿐이었다. 당시 화가들은 유행에 따라 인물을 과장되게 표현했다.

추가 검사를 통해 아녜스의 피부가 무척 희고 식사 때는 고기와 야채를 함께 먹었다는 사실을 알아냈다. 그녀의 머리카락은 부식된 관에서 나온 납 때문에 검게 얼룩져 있었지만 세척을 하고 나니 금발로 돌아왔다. 말라리아나 다른 질병의 흔적은 없었지만 회충알이 잔뜩 발견되었는데, 당시로서는 흔한 일이었다. 회충은 25센티미터까지 자라며 소화기관 전체에 기생한다. 아녜스는 분명 복통과 혈변, 체중 감소와 설사 증세를 보였을 것이다. 연구자들은 납골 단지에서 소량의 액체 수은과 중세 때 회충약으로 쓰이던 식물인 관중의 잔해도 발견했다. 따라서 그녀는 질병 치료를 받고 있었던 것이 분명하다.

아녜스의 머리와 겨드랑이, 사타구니 부분의 체모를 검사한 연구진은 깜짝 놀랐다. 엄청난 양의 수은이 농축되어 있었기 때문이다. 정상인의 1만 배에서 많게는 10만 배나 되는 양이었으며 회충약으로 섭취할 수 있는 분량의 수천 배가 넘었다. 수은연고를 바른 것도 아니었다. 털을 구성하고 있는 여러 층 가운데 피부 안쪽에 위치하는 내모근초 부분에서 수은 성분이 발견되었기 때문이다. 연구자들은 아녜스가 죽기 전 48시간에서 72시간 이내에 독을 섭취했으며 이 시간은 그녀가 고통스러워하기 시작한 때와 거의 일치한다는 사실을 발견했다. 따라서 그녀는 수은중독으로 사망한 것이 분명했다.

유골 단지 바닥에 붙은 물질을 검사한 연구진은 아녜스의 복강(복부 내부의 공간)에서 곡물과 딸기 종류의 열매, 허브 양념, 후추, 향초, 뽕나무 가지 등의 성분을 발견했다. 그래서 유골 단지를 열었을 때 달콤한 냄새가 났던 것이다. 그들은 또한 칠삭둥이 아기의 조그만 뼈도 발견했다. 수은중독으로 아기를 조산한 것인지 아니면 출산 후에 수은중독이 된 것인지는 확인할 수 없었다. 확실한 것은 아녜스를 담당한 의사이자 왕의 주치의로 프랑스에서 가장 의술이 뛰어나다고 칭송받던 로베르트 프와트뱅(Robert Poitevin)이 실수로 치사량의 수은을 주었을 리가 없다는 사실이다. 그리고 칸그란데 델라 스칼라의 경우처럼 어떤 의사라도 마음만 먹으면 환자를 죽일 수 있는 특별한 위치에 있었다. 환자들은 그들을 믿었다. 군주들은 의사들이 건네주는 약이라면 감별 과정을 생략하고 순순히 마시거나 고귀한 궁둥이를 내밀고 건강에 좋다는 관장을 받았다.

자연스럽게 아녜스가 독살되었다는 소문이 퍼졌다. 당대 기록 작가였던 자크 르클레르(Jacques Leclerc)의 회고록에는 "그들도 왕세자가 왕국에서 가장 아름다우며 자신의 아버지인 왕에게 큰 총애를 받던 아녜스라는 이름의 여인을 죽였다고 말했다"라고 적혀 있다. 그렇다고 샤를 7세가 자신의 잘나가는 아들이자 왕위 계승자에게 정부의 죽음에 대한 책임을 물을 수는 없었다.

아녜스를 잃은 왕은 간신히 기운을 차리고 그녀가 낳은 세 딸을 프랑스의 유력한 귀족들과 결혼시켰다. 하지만 다시 무기력한 우울감에 빠져들었다. 아녜스가 죽고 나서 10년 동안 그는 몸을 돌보지 않고 먹고 마시는 데만 열중했다. 결국 충치 때문에 턱에 농양이 생겼을 것으로 추정된다. 입안이 너무 부어서 아무것도 삼킬 수 없게 된 샤를 7세는 1461년에 결국 굶어 죽었다.

4장

영국의 왕,
에드워드 6세

왕의 머리와 발이 기괴하게 부어올랐다. 온몸은 상처와 딱지로 뒤덮였고 머리카락은 뭉텅이로 빠져서 군데군데 흰 피부가 드러났다. 까맣게 변한 손톱과 발톱이 덜렁거리다가 떨어져나갔다. 그는 제대로 잠을 자지도 숨을 쉬지도 못했고 먹는 족족 게워냈다.

목격자에 따르면 왕은 열병과 끔찍한 기침으로 고통받았고 "누르스름하고 검은색을 띠면서 피가 섞인 듯한 무언가"를 뱉어냈다. 누군가는 이렇게 기록했다. "그가 뱉어낸 가래는 검푸르고 납빛을 띠었으며 상상도 못 할 만큼 지독한 냄새가 났다. 물이 가득한 병에 담으면 바닥까지 가라앉았다. 의사들은 이런 일들이 죽음의 전조라고 생각했다." 대다수가 왕이 보

◆ 에드워드 6세(1537-1553)

이는 증상을 중독의 증거라고 확신했다.

침대에 누워 땀을 흘리는 이 가여운 생명은 헨리 8세의 자랑스러운 후계자요 튜더 가문의 미래였다. 첫 번째 부인이 아들을 낳지 못하자 이혼을 했던 헨리 8세는 두 번째 부인도 같은 이유로 참수한 뒤 제인 시모어(Jane Seymour)라는 영국 귀족을 세 번째 부인으로 맞이했다. 제인은 결혼식 후 16개월 만에 전임자들이 하지 못한 일을 해냈다. 그토록 바라던 왕위 계승자를 출산한 것이다.

1537년 10월 12일 런던의 모든 교회에서 종을 울리며 왕자의 탄생을 축하했다. 남자 계승자의 등장 덕분에 영국은 지난 세기 나라를 파탄으로 몰아간 내전에서 벗어나 안정의 길에 들어섰다. 그러나 10월 23일 왕비의 죽음으로 분위기가 가라앉았다. 아마도 비위생적인 의사의 손과 의료 도구를 통해 감염되어 산욕열에 걸렸을 것이다.

왕자는 밝은 금발에 푸른 눈을 가진 잘생긴 소년으로 성장했다. 토머스 오들리(Thomas Audley) 대법관은 "이제껏 그토록 사랑스러운 외모와 밝고 쾌활한 성품을 지닌 소년을 본 적이 없다"라고 했으며, 왕자가 네 살이 되었을 때 프랑스 대사는 왕자의 외모를 "정말 잘생기고 또래에 비해 놀랍도록 키가 컸다"라고 묘사했다.

에드워드는 튜더 가문의 호화로운 환경에서 성장했다. 그는 식사 때마다 보석이 박힌 칼과 숟가락을 쓰고 금실과 은실로 장식한 냅킨에 손을 닦았다. 벽에는 최고급 플레미시 레이스(벨기에 북부 플랑드르 지방에서 생산된 레이스)로 만든 태피스트리가 걸려 있었다. 심지어 그가 읽는 책의 겉표지조차 반짝이는 황금과 루비, 다이아몬드로 장식되었다. 왕자를 만났던 한 프랑스인은 그 소년이 금색과 은색 천에 다이아몬드, 진주, 에메랄드를 장식한 옷을 입고 걸어 다닐 때마다 온 방이 환해졌다고 기록했다. 보석이 박힌 단검은 두툼한 진주로 엮은 줄에 매달려 허리춤에서 반짝였다. 하지만 에드워드는 버르장머리 없고 예의를 모르는 왕자가 아니었다. 그는 열심히 공부해서 스승과 아버지를 흡족하게 했으며 모범적으로 생활했다. 어린 시절부터 그는 영국을 뒤흔든 종교적 논쟁거리에 대단한 흥미를 보였다.

왕자가 아홉 살이었을 때, 헨리 8세는 돼지고기 요리를 과식하고 죽었다. 그는 16명으로 구성된 섭정 위원회를 만들고 각자가 평등한 권한을 행사하도록 유언했다. 그때 에드워드 왕자의 삼촌인 시모어(Seymour)가 위원회 구성원들에게 엄청난 뇌물을 주고 모든 권한을 거머쥐었다. "독실한 꼬마"로 불렸던 아홉 살의 조카가 아니라, 스스로 서머싯 공작 작위를 부여하고 부를 거머쥔 삼촌이 영국의 진정한 통치자가 된 것이다. 하지만 얼마 지나지 않아 많은 사람이 시모어의 오만과 무능력에 불만을 품었다. 신성로마제국의 대사였던 프랑수아 반 데어델프트(François van der Delft)는 그가 "독선적이고 불쾌한 사람이라 모든 이에게 괄시를 받았다"라고 기록했다.

경제가 어려워지고 종교적 다툼이 심화되면서 서머싯 공작의 통치는 금세 혼란에 빠졌다. 그는 왕을 납치할 음모를 꾸미고 권력을 함부로 휘두르려 했다는 이유로 자신의 형제 토머스(Thomas)까지 참수했다. 위원회 구성원 중에서 서머싯의 최대 적수였던 워릭 백작 존 더들리(John Dudley)는 1549년 10월 7일에 쿠데타를 일으켰고 1552년에 서머싯을 처형했다. 그는 정적의 지지 세력을 숙청하고 그들의 작위와 땅을 차지했으며 노섬벌랜드 공작이 되었다.

어른들이 이렇게 몹쓸 짓을 하면서 몇 해를 보내는 동안 에드워드 왕자는 여전히 품위 있는 태도와 학문적 열정을 토대로 헌신적인 군주가 되고자 노력했다. 한 신하는 그를 "태양 아래 가장 아름답고 재치가 넘치며 호감이 가는 인물이다. 넓은 도량으로 스승의 가르침을 훌륭하게 소화한다"라고 평가했다.

　　에드워드는 열두 살에 라틴어를 유창하게 했고 고대 그리스 문화에 대해 폭넓은 지식을 쌓았다. 키케로와 아리스토텔레스의 책을 원어로 공부할 정도였다. 또한 이탈리아어와 프랑스어도 조금 할 줄 알았다. 무엇보다 평소 그가 가장 즐겨 읽던 책은 성경이었다. 당시 종교개혁자 중 한 사람은 그가 날마다 엄청난 집중력으로 성경을 10장씩 읽었다고 기록했다. 에드워드는 위원회가 이끄는 대로 영국국교회에 남아 있는 가톨릭의 흔적을 제거하는 데 힘썼다. 왕은 교회가 성경에 초점을 맞추고 엄정한 모습이 되기를 바랐으며 이는 훗날 청교도주의의 토대가 되었다.

　　어린 에드워드는 아버지처럼 신체 능력이 탁월했다. 완전무장을 한 채 마상 창 시합과 펜싱을 즐겼으며 사냥을 할 때는 지치는 법이 없었고 궁술까지 연마했다. 종종 햄프턴궁과 화이트홀궁 그리고 그리니치궁의 테니스 경기장에서 시간을 보내기도 했는데, 1551년의 기록에 따르면 테니스 경기를 293회나 했다.

　　1552년 4월 2일 에드워드는 홍역과 천연두를 앓았다. 하지만 금세 회복해서 4월 12일 일기에 "천연두 때문에 살짝 고생하긴 했지만 이제 완전히 떨쳐냈다"라고 썼다. 외국의 대사들은 그가 강인한 체력 덕분에 4월 28일경에는 건강을 회복했으며 5월에는 다시 운동을 시작했다고 언급했다. 다음은 신성로마제국 대사의 기록이다. "그는 매일 말을 타고 펜싱을 하면서 공부도 게을리하지 않았다. 특히 탁월한 식견이 있다고 알려진 새로운 종교에 심취했다. 그는 위원회 앞에 나서며 특정 현안을 다루는 데 직접 참여하기 시작했다."

　　1552년 10월 에드워드는 기침을 심하게 했고 점점 쇠약해졌다. 하지만 증상이 심각해 보이지 않았고 크리스마스 즈음에 회복된 모습을 보이자 궁 전체가 안도의 한숨을 내쉬었다. 그런데 얼마 뒤인 1553년 2월 신성로마제국 대사는 그가 다시 몸져누웠다고 기록했다. "열이 나며 고통스러워했는데, 특히 오른쪽 장기에서 통증이 느껴져 숨을 잘 쉬지 못했다."

몇 주 동안 의사들이 산송장 같은 낯빛으로 에드워드의 방을 들락거렸다. 5월 중순에 잠시 회복될 기미가 보였지만 병세는 곧 악화되었다. 그는 초록, 검정, 노랑, 칙칙한 분홍 등 무지개처럼 다양한 색의 가래를 뱉었다. 의사들은 폐에 화농성 종양이 생겨서 고열과 기침이 난다고 생각했다. 신성로마제국 대사의 눈에 왕은 "여전히 기운을 차리지 못했으며 완전히 회복되기는" 어려워 보였다.

온몸에 잔뜩 생긴 피부 궤양에서 진물이 흘렀다. 그중 일부는 딱지가 앉아 딱딱해졌지만, 나머지는 아물지 않고 상처가 벌어진 채로 있었다. 검푸른 멍 때문에 온몸이 얼룩덜룩해서 마치 심하게 두들겨 맞은 것 같았다. 그는 점점 쇠약해졌을 뿐만 아니라 머리와 발이 기괴한 모습으로 부어올랐다. 대사는 "의사가 준 아편을 먹지 않고는 잠들지 못했다. 아편은 보통 통증이 심하거나 불면증이 계속되거나 기침이 멎지 않을 때만 처방했고, 한 번에 12알 이상은 절대 주지 않았다"라고 기록했다.

에드워드는 자신이 병으로 죽을 수 있다는 사실을 알았던 것 같다. 노섬벌랜드 공작이 부추겼을 수도 있지만 어쨌든 왕위 계승에 대한 생각을 하고 있었다. 그는 병상에 둘러 모인 위원회 앞에서 이렇게 말했다. "짐에게 적법한 계승자가 없을 경우 첫째 누이인 메리 공주와 둘째 누이인 엘리자베스가 차례로 왕위를 잇게 한 헨리 8세의 유지를 따르고 싶지 않소." 그들은 무척 놀랐다. 결국 에드워드는 두 사람 모두 왕이 될 수 없다는 결정을 내렸다.

에드워드는 가톨릭 신자였던 메리가 "엄청난 소요를 일으켜 우리가 세웠던 종교를 무너뜨릴 것"이라고 했다. 그는 메리가 미사에 참석하겠다고 고집을 부리는 통에 종종 다툰 적이 있었다. 또한 엘리자베스에게도 왕위를 물려주고 싶어 하지 않았는데, 비록 둘 사이가 가깝고 엘리자베스가 개신교도라고는 하나 그녀는 적법하지 않은 관계에서 태어난 사생아였기 때문이다. 에드워드는 두 누이가 안락한 삶을 살도록 매년 1천 파운드를 제공하며 그들이 위원회가 점찍은 상대와 결혼할 경우 1만 파운드를 줄 것이라고 약속했다.

그렇다면 왕위는 누가 물려받게 될까? 헨리 8세의 여동생 메리의 딸인 프랜시스의 혈통을 따라 이어지게 된다. 프랜시스는 아들이 없었지만 그녀의 세 딸 중 열여섯에 이미 종교개혁자로서의 면모를 보였던 장녀 제인 그레이(Jane Grey)가 차세대 영국 여왕이 될 터였다. 5월 25일 노섬벌랜드 공작은 자신의 아들 길포드(Guildford)를 제인과 혼인시켜서 미래의 왕으로 만들 준비를 했다.

당시 누군가 왕이 자연사한 것처럼 보이도록 오랜 기간 천천히 중독시켰다는 소문이 돌았다. 종교개혁자들은 교황, 수도원, 성인들에게 돌아가려는 메리를 왕위에 세우려는 가톨릭의 음모라고 비난했지만 신성로마제국 대사는 많은 사람이 엄청난 폭군이었던 노섬벌랜드가 에드워드를 독살한 범인이라 믿는다고 기록했다. 노섬벌랜드 입장에서는 에드워드가 성장하면서 자신은 점점 권력과 멀어질 것이 뻔했다. 스스로 권력을 쥐려 했던 어린 왕이 점점 강직한 면모를 보이면서 자신만의 길을 가려고 했기 때문이다. 그래서 아들 길포드를 왕으로 세워 권력을 유지하고자 했다.

6월 25일 에드워드는 병세가 점점 악화되어 죽을 날이 얼마 남지 않아 보였다. 신성로마제국 대사는 이렇게 기록했다. "그는 꼼짝할

힘도 없었으며 숨만 간신히 쉬고 있었기 때문에 당장 내일 죽는다 해도 이상할 것 하나 없었다. 이제 그의 몸은 기능을 잃었으며 손톱과 머리카락이 빠지고 피부에는 딱지가 덕지덕지 앉았다."

그래도 그는 다음 달까지 버텼다. 1553년 7월 6일 에드워드의 호흡이 점점 가빠지고 불규칙해졌다. 그는 시선을 위로 향한 뒤 숨을 헐떡이며 말했다. "오, 주여. 당신이 선택하신 영국 백성을 구원하소서! 오, 주여. 가톨릭으로부터 왕국을 보호하시고 당신의 참된 종교를 지켜주소서. 우리 주 예수 그리스도의 이름으로 빕니다!"

그의 측근이 어린 왕을 품에 안자 그가 말했다. "이제는 가망이 없다. 주께서 내게 자비를 베풀어 영혼을 거두어주시길." 잠시 후 그의 바람대로 되었다.

런던의 의류상인 헨리 마킨(Henry Machyn)은 그날의 일기에 "고귀한 왕 에드워드 6세는 모두가 말하는 것처럼 독살을 당했다"라고 적었으며, 프랑스 대사는 왕이 독살되었다고 수군거리던 사람들이 감옥에 갇혔다고 보고했다. 당시 상황을 관찰했던 한 이탈리아인은 "그가 오래전부터 서서히 중독되었다고 의심할 만한 정황이 여기저기에서 튀어나왔다"라고 언급했다.

당대의 검시

독살에 대한 소문과 달리 에드워드를 검시한 의사들은 "전하가 승하하신 이유는 폐질환 때문이다"라고 기록했다. 그들은 폐에서 커다란 구멍을 발견하고 이렇게 결론을 내렸다. "커다란 궤양이 두 개 있었는데 둘 다 부패한 상태였다. 그래서 쾌차하기 어려웠을 것이다."

믿기 힘든 현대의 검시 결과

에드워드의 시신은 웨스트민스터사원 밑에 있는 지하 납골묘에 안치되었는데 지금껏 그곳의 유해를 조사한 적이 없으며 앞으로도 그럴 수 없을 듯하다. 영국국교회의 지지를 받는 엘리자베스 2세는 조상들의 시신 발굴을 단호하게 거부하고 있다. 1995년 무덤을 열어 시신을 연구할 수 있게 해달라는 요청에 대해 웨스트민스터사원의 주임사제인 마이클 매인(Michael Mayne) 신부는 "우리는 호기심을 충족시켜주는 사람들이 아니다"라면서 일침을 가했다.

영국 군주제는 왕실의 혈통에 기반을 두고 있기 때문에 왕의 유해를 연구하다 보면 그들을 곤란하게 만들 수 있다. 만약 DNA 검사 결과 아버지와 아들 사이에 유전적 관련성이 전혀 없다는 결과가 나오면 어떻게 될까? 엘리자베스 2세가 적법하지 않은 여왕이 될 수도 있지 않을까?

1674년 런던탑의 계단 밑에서 발견된 두 아이의 뼈를 분석한 결과 열두 살이었던 에드워드 5세와 그의 형제인 아홉 살 리처드라는 사실이 밝혀졌다. 그들은 삼촌의 보호를 받던 1483년 런던탑에서 실종되었는데, 삼촌은 즉시 자신을 리처드 3세라고 칭했으며 다시는 두 조카를 언급하지 않았다. 찰스 2세는 그들의 유해를 모아 웨스트민스터사원에 있는 헨리 7세의 성모 예배당에 안치했다. 이후 유골을 연구하게 해달라는 요청은 계속해서 거절당했다.

2012년 한 주차장에서 리처드 3세의 유해가 발견되어 원 없이 연구할 수 있게 된 일은 과학자들에게 신이 내린 선물과 같았다. 만약 유해가 왕실 소유지에서 발견되었다면 연구는 꿈도 꾸지 못했을 것이다. 의사들은 발견된 뼈의 주인이 리처드 3세라고 결론을 내렸다. 심각한 척추옆굽음증이었던 리처드 3세는 33세에 죽었는데 조사 결과 사인으로 알려진 두개골 손상 등 유골의 상태와 역사적 기록이 일치한다는 점을 확인했다.

놀랍게도 왕실이 내내 우려했던 일이 현실로 드러났다. 유골의 DNA를 리처드의 누이인 '요크의 앤'(Anne)과 비교한 결과 미토콘드리아 DNA가 모계 혈통과 일치한다는 것을 확인했다. 부계 쪽을 따지자면 리처드의 DNA는 공통조상을 둔 친척과 일치해야 한다. 역사서에 따르면 1399년에 사망한 '곤트의 존'은 헨리 4세의 아버지이자 리처드의 증조부다. 하지만 연구자들이 존의 혈통을 물려받은 보퍼트(Beaufort) 가문의 살아 있는 후손들을 조사한 결과 완곡한 표현으로 하자면 '부계 혈통 불일치'라는 사실이 드러났다. 일부 학자들은 헨리 4세가 존의 가짜 사생아였기에 1399년부터 내려오는 왕위는 군주로서 적법한 혈통이 아닐 수도 있다고 생각한다.

곤트의 존이 낳은 후손들의 유해와 살아 있는 보퍼트 가문 사람들까지 조사해보면 정확하게 어느 시기부터 이런 일이 발생했는지 확인할 수 있을 것이다. 하지만 엘리자베스 2세가 그런 요구를 받아들일 리 없다. 사람들은 영국 왕실이 자신들의 고귀한 명예가 훼손될까 봐 조사를 거부한다고 생각한다.

DNA 검사법이 발전하기 전 영국 연구자들은 의기양양하게 관을 열고 유해에 손을 댔다. 1789년 윈저성의 성 조지 예배당을 복구하던 일꾼들은 실종된 두 왕자의 아버지인 에드워드 4세의 관을 발견했다. 1483년에 죽은 그의 유해에는 갈색의 긴 머리카락이 남아 있었고 바닥에는 적갈색 액체가 고여 있었다. 무덤을 방문한 사람들은 뼈를 잡아 뽑고 머리카락을 잘라서 적갈색 액체와 함께 기념품으로 가져갔다. 1813년 왕세자 조지를 비롯해 귀족들 한 무리가 조사한다는 명목으로 1649년에 참수형을 당한 찰스 1세의 납골묘에 들어가 관을 뜯고 머리를 뽑아 갔다. 그들은 찰스 1세의 모습이 사라진 코만 빼면 안토니 반다이크(Anthony van Dyck)가 그린 초상화와 완벽하게 일치한다고 말했다.

1868년 연구자들은 누가 안치되었는지 확인하고 죽은 왕과 왕비의 모습을 직접 관찰하려는 의도로 웨스트민스터사원의 납골당을 조사했다. 제임스 1세는 자신이 첫 번째 튜더 왕인 헨리 7세의 혈통임을 강조하려는 것처럼 헨리 7세의 부인 '요크의 엘리자베스'를 옆으로 밀어내면서 헨리 7세의 곁을 비집고 들어가 안치되었다. 엘리자베스 1세의 관은 마치 살아생전 권력 구도를 보여주듯 그녀의 이복 자매인 메리 1세 위로 올라와 있었다.

연구자들은 가로 2미터 세로 60센티미터밖에 안 되는 작은 납골당에서 에드워드를 발견했다. 지하 묘지에서 가장 허름한 자리였으며 그의 관은 오랫동안 부식되어 부서지고 뒤틀린 상태였다. 그래서 안에 있던 매끄럽고 창백한 두개골이 보일 정도였다.

현대의 진단

과학적 분석 결과가 없어도 우리는 아직 십 대인 왕이 왜 죽었는지 추론할 수 있다. 튜더 왕조 시기에 영국에서는 폐결핵이 유행했다. 에드워드의 할아버지인 헨리 7세와 삼촌인 아서 왕세자는 폐결핵에 걸려 죽었다. 사망 당시 아서의 나이는 에드워드와 같은 열다섯 살이었다. 만약 수년 전 에드워드가 건강했을 때 결핵균에 감염되었다면 그의 면역계가 세균을 물리치거나 격리했을 것이다. 잠복 결핵균은 휴면 상태에서 폐의 주변 세포나 혈관으로 퍼지지 않기 때문에 의사들은 에드워드가 결핵 보균자라는 사실을 알아채지 못했을 것이다.

잠복 결핵균을 보유한 사람의 면역계가 압박을 받으면 격리된 세균이 다시 활성화된다. 에드워드가 쇠약해진 원인은 1552년 홍역에 걸렸기 때문이다. 비록 그가 빠르게 회복해서 말을 타고 창 시합과 사냥을 했다고는 하지만 그때는 이미 내성이 생겼기 때문에 세균이 몸 전체로 빠르게 퍼지기 시작했을 것이다.

에드워드의 몸은 혈액으로 화학물질을 분비해서 결핵균의 급습에 저항했을 것이다. 열이 나고 폐렴을 앓은 이유가 바로 그것이다. 감염증은 그의 장기를 손상시키고, 피부의 상처를 벌어지게 하고, 머리카락과 손톱이 빠지게 만들었으며, 끝내 패혈증으로 발전했다. 폐가 제 기능을 잃자 몸속에 산소가 부족해져 피부색이 변하는 청색증이 나타났기 때문에 몸에 멍이 든 것처럼 보였다. 의사들이 검시 과정에서 발견한 폐의 농양은 활성화된 결핵균이 만들어낸 것이다.

당시 왕의 주치의들은 살아 있는 환자와 사망한 환자의 몸에서 특정 증상을 확인할 수 있었지만 증상의 원인까지 밝혀내지는 못했다. 1882년 독일 의사 로베르트 코흐가 발견하기 전까지 사람들은 결핵균의 존재를 몰랐다. 에드워드는 비소가 아니라 결핵균에 감염되어 죽었을 것이다. 왕실 의사들이 병의 진행 과정에 대해서는 무지했지만 죽음의 원인은 거의 정확하게 밝힌 셈이다.

에드워드가 죽고 나서 얼마 뒤 노섬벌랜드 공작은 제인 그레이와 길포드가 무사히 왕위에 오를 수 있도록 군대를 집결시켰다. 오랫동안 고통을 받았던 메리 공주는 대중들의 엄청난 지지를 바탕으로 군대를 일으켜 9일 만에 노섬벌랜드를 축출하고 왕위 계승권을 되찾았다. 공작과 그의 아들 그리고 제인 그레이는 결국 참수를 당했다.

역사가들은 에드워드의 친척들에 흥미를 갖고 여러 방면으로 연구한다. 헨리 7세는 보스워스 벌판의 피가 튀는 전투에서 왕의 승부수를 보여주었다. 헨리 8세는 교황을 조롱하고 그에게 맞서며 본인의 아내들을 죽였다. '피의 여왕' 메리 1세는 신교도들을 붙잡아 화형에 처했다. '처녀 여왕' 엘리자베스는 스페인 함대를 무찔렀다. 하지만 에드워드 6세는 역사의 조연으로 취급할 뿐이다. 만약 그가 살아남아 전성기를 맞이했다면 세계사가 어떻게 변했을지 우리는 그저 상상할 따름이다. 정의로운 성품과 책임감, 학문에 대한 열정을 생각하면 아마도 전에 없던 훌륭한 왕이 되었을 것이다. 당시 사람들은 이렇게 칭송하며 그를 애도했다고 한다. "일찍 떠나기엔 참으로 아까운 인재였다. 죽음은 훌륭한 인재를 데려가고 모자란 이들을 남기는구나."

5장

나바라왕국의 여왕, 잔 달브레

나바라왕국의 여왕 잔 달브레(Jeanne d'Albret)**는 파리에서 쇼핑을 하다가 중독되었다고 알려져 있다.** 1572년 6월 4일에 벌어진 이 사건은 장소가 연회장이 아니라 시내의 상점이었다는 점에서 사람들의 이목을 끌었다. 그녀의 죽음은 프랑스 왕실의 명성에 영원한 얼룩을 남길 폭력의 파장을 일으켰다.

프랑스의 위그노 운동을 이끌었던 잔 달브레는 정치 및 종교적으로 대립하고 있던 프랑스의 왕대비 카트린 드메디시스와 함께 최신 유행품을 파는 상점에서 시간을 보냈다. 곧 중요한 결혼식이 열릴 예정이었기 때문에 두 사람은 축제 기간에 입을 새 드레스와 보석, 옷깃, 장갑, 향수, 화장품 등을 사야 했다.

◆ 잔 달브레(1528-1572)

잔은 카트린과 함께 쇼핑하는 시간이 꽤나 고역스러웠을 것이다. 무채색의 차분한 드레스만 입는 위그노 과부로서 요란하고 사치스러운 유행을 따른다는 죄책감 때문만이 아니었다. 그녀는 얼마 뒤에 있을 결혼식 때문에 깊이 상심한 상태였다. 신랑은 그녀의 외동아들인 18세 앙리(Henri)였다. 재치 있고 용감하며 호감 가는 젊은이인 그는 15세 때부터 군대를 훌륭하게 이끌었다. 잔은 아들을 하느님께 열심히 기도하고 성경의 가르침에 순종하며 노름이나 춤과 같은 쾌락을 멀리하는 청교도로 길렀다.

신부는 카트린의 딸인 19세의 마르그리트 공주였다. 잔의 눈에 그녀는 사치스러운 드레스를 입고 뻔뻔할 정도로 경박한 데다 독실한 가톨릭 신자로 마치 성경에 나오는 바벨론 음녀 이세벨을 연상시켰다. "아내 될 여인의 초상화는 파리에서 보내주마." 그녀는 수개월 전 아들에게 약속하면서 이렇게 당부했다.

> 공주가 아름답고 우아하며 사려 깊기는 하나 그녀가 성장한 환경은 사악하고 타락한 곳이다. 누구도 거기에서 벗어나지 못할 것 같구나. … 세상 누구도 그런 곳에서 살게 할 수는 없다. 그러니까 결혼식을 치르고 나면 이 타락한 곳에서 즉시 아내를 데리고 떠나렴. 내가 걱정했던 것보다 훨씬 끔찍하구나. 이곳에서는 여자가 먼저 남자를 유혹한단다. … 남자들은 온갖 보석으로 몸을 치장하고 있지. 왕은 얼마 전 보석을 사는 데 10만 에퀴(16세기에서 17세기까지 프랑스에서 쓴 은화)를 썼고 이후에도 계속 사들이고 있다.

한 친구에게 쓴 편지에서는 "공주[마르그리트]의 몸매가 좋기는 하지만 그래도 코르셋을 너무 과하게 조였더라고. 화장은 너무 진해서 보기 불편했지"라고 했다.

마르그리트도 잔 못지않게 당황했다. 그녀는 앙리가 안짱다리에 코가 자신의 왕국보다 크며 염소처럼 고약한 냄새가 날 뿐만 아니라 건방지기 짝이 없는 남자라고 여겼다. 공주는 당당하고 도도한 호위무사들을 좋아했다. 아마도 정욕을 채우기 위해 그들과 잠자리를 가졌을 것이다. 이처럼 모든 면에서 반대인 두 사람의 정략결혼은 서로 끔찍이 싫어하는 사람들을 가족으로 묶어놓았다.

결혼을 고집한 쪽은 카트린이었다. 그녀는 그렇게 해야 피비린내 나는 종교전쟁을 끝낼 수 있다고 생각했다. 그리고 사적인 이유가 하나 더 있었다. 점성술사인 노스트라다무스가 그녀의 아들 중 누구도 적법한 남자 후계자를 얻지 못할 것이라고 예언했기 때문이다. 대신 먼 친척인 잔의 아들, 즉 앙리가 프랑스의 왕이 되며 그의 후손이 대를 이어 통치할 것이라고 했다. 카트린은 딸이 앙리와 혼인한다면 자신의 혈통이 왕관을 물려받는 것이라고 생각했다. 잔은 수년 동안 두 사람의 혼사를 반대했지만 교활한 카트린은 잔의 목에 올가미를 씌웠다. 잔이 독일 왕자와 했던 첫 번째 결혼은 무효가 되었기 때문에 앙리의 왕위가 적법하지 않다고 선포하도록 교황을 설득하겠다고 위협한 것이다. 잔은 결국 고집을 꺾고 아들을 소돔 같은 도시로 보냈다.

잔은 나바라왕국의 왕 앙리 달브레와 프랑수아 1세의 누나 마르그리트 당굴렘(Marguerite d'Angouleme)의 외동딸이었다. 나바라는 프랑스와 스페인 사이에 있는 작은 왕국이었다. 어릴 때부터 학문을 좋아했던 잔은 옅은 갈색 머리에 창백한 푸른 눈이 매력적인 여인으로 성장했다. 그녀의 코는 가늘고 길쭉했으며 얼굴에는 호기심이 가득했다. 그녀는 살아 있는 동안 늘 활기찬 모습이었다. 열두 살에 했던 첫 번째 결혼은 무효가 되었고, 열아홉 살에 앙리 2세의 사촌이자 방돔 공작인 서른 살의 앙투안 드부르봉(Antoine de Bourbon)과 결혼했다.

뛰어난 전사였던 앙투안은 적들의 피와 화약 냄새라는 거부할 수 없는 매력을 뿜어내며 그녀의 인생으로 당당하게 들어왔다. 당대의 누군가가 이렇게 기록했을 정도였다. "그녀는 오로지 남편과 대화하거나 그에게 편지를 쓸 때만 즐거움과 열정을 느꼈다. 사람들이 보거나 말거나 그녀의 마음은 한결같았다. 그 무엇도 사랑의 불길이 사그라지게 하지 못할 것이다."

하지만 앙투안은 바람둥이였으며 두뇌가 명석하지도 않았기 때문에 사랑의 불길은 금세 꺼져버렸다. 1555년 아버지가 죽자 그녀는 여왕이 되어 나바라왕국을 다스렸다. 그러나 공동 통치자였던 앙투안이 지위를 이용해서 정치에 간섭했다. 그는 심지어 그녀 몰래 왕국을 스페인에게 넘기고 대신 밀라노의 통치권을 가져오려 했다. 앙투안은 부인을 크게 실망시켰을 뿐만 아니라 친구들 사이에서도 웃음거리가 되었다. 어떤 사람은 그를 "가진 것이라고는 여자들밖에 없는 허울뿐인 왕"이라고 조롱했다.

잔은 프랑스 전역에 퍼진 신흥 종교에서 위안을 찾았다. 장 칼뱅으로 알려진 주앙 코뱅(Jehan Cauvin)은 기독교인이라면 사제와 성인을 통하지 않고도 직접 신과 소통할 수 있다는 간단명료한 가르침을 설파하기 위해서 제네바에 근거지를 두고 유럽 전역에 목사를 파견했다. 그를 따르는 사람들은 모국어로 성경을 읽었다. 그리고 가톨릭교회의 조각상과 성화가 우상을 섬기지 말라는 성경 말씀에 직접적으로 위배된다고 여겼다.

잔은 1553년에 아들 앙리를, 1559년에 딸 카트린을 낳고 나서 1560년에 공식적으로 개종했다. 베네치아 대사의 표현에 따르면 그녀는 "엄격한 논리와 위협을 느낄 만큼 명민한 두뇌"로 칼뱅주의를 따랐다. 자신의 영토에서 가톨릭을 불법화하고 위그노 교도가 자유롭게 예배할 수 있도록 앞장섰다. 사람들에게 교회의 우상과 벽화를 없애고 프랑스어로 성경을 읽도록 독려하기도 했다. 칼뱅파의 예배는 나바라 왕국뿐만 아니라 프랑스 전역에서 이루어졌기 때문에 정치적으로 실용과 균형을 추구한 카트린 드메디시스를 골치 아프게 만들었다.

위그노들이 더 많은 권리를 주장하면서 프랑스에서는 내전이 벌어졌다. 개인의 이익에 따라 여러 번 종교를 바꾼 앙투안은 가톨릭 편에서 싸우다 죽었는데 아마도 잔에게는 다행스러운 일이었을 것이다. 1569년 왕실의 가톨릭 군대는 재정이 바닥났으며 굶주림과 열병, 멍청한 장군들 때문에 전력을 상실했다. 프랑스는 자기들끼리 물고 뜯으며 나날이 피폐해졌다. 전쟁의 신 마르스가 자기편이 아니라는 사실을 깨달은 카트린은 대신 사랑의 신 비너스의 도움을 받아 잔에게 사돈을 맺자고 종용했다.

잔은 어쩔 수 없이 1572년 봄에 파리로 가서 혼담을 진행했다. 잔과 카트린은 결혼식 장소, 초대 손님, 주례, 의례 같은 구체적인 사항을 두고 다투었다. 끝없는 논쟁에 지친 잔은 앙리에게 쓴 편지에서 이렇게 털어놓았다. "내가 어떻게 견뎌야 할지 모르겠다. 그들은 나를 쉴 새 없이 못살게 굴고 있어. 형편없는 집에서 머물게 하고 심지어 벽에 뚫린 구멍으로 시녀가 나를 감시하고 있지." 그리고 불길한 암시를 주는 몇 마디를 덧붙였다. "몸이 좋지 않아 병에 걸릴까 걱정된다."

3월 25일 마침내 모든 결정이 내려졌다. 잔은 아들에게 "너의 겉모습부터 종교적 신념까지, 너를 타락시키기 위해 모든 짓을 할 거야. 자신들의 목표를 굳이 감추지 않는구나. 그러니 마음을 단단히 먹으려무나"라고 썼다. 그녀는 어머니로서 잔소리도 덧붙였다. "이가 생기지 않도록 머리를 청결하게 관리해야 한다."

낙담하고 지쳤지만 손을 놓고 있을 수는 없었다. 5월 말에 잔은 결혼식에 쓸 물건을 사러 갔다. 자신의 옷뿐만 아니라 그녀가 시골에서 키웠던 앙리에게도 격식에 맞는 옷이 필요했다. 오랫동안 귀족들이 그가 촌스럽다고 비웃었기 때문이다. 그녀는 미래의 며느리, 즉 천박한 마르그리트에게 줄 옷과 보석도 살 예정이었다.

6월 4일 수요일 잔은 자신을 위해 작은 사치를 부리기로 결정했다. 검소한 성품의 그녀는 그동안 허영에 빠진 적이 없었지만 향수를 뿌린 장갑만큼은 좋아했다. 귀족들이 몸에서 나는 악취를 감추기 위해서 온갖 곳에 향수를 뿌리던 시대였다. 특히 장갑에 뿌리려면 향수가 많이 필요했다. 당시 무두장이들은 동물의 배설물을 사용해서 뻣뻣한 가죽을 부드럽고 매끄럽게 만들었기 때문에 장갑에는 정신이 번쩍 들 정도로 톡 쏘는 악취가 남아 있었다. 그래서 장갑에 정향, 사향, 용연향, 오렌지, 바이올렛, 재스민을 비롯해 식용 백리향과 로즈메리 등으로 향을 입혔다.

카트린은 장갑을 사려고 파리 중심부의 유명한 상점으로 잔을 데려갔다. 그녀의 개인 조향사인 르네 비앙코(René Bianco)가 운영하는 곳이었다. 그는 카트린이 40년 전에 피렌체에서 데려온 사람이었다. 지하 향수 제조실에서 작업하던 이 메디치 가문의 조력자는 장차 독살범으로 유명해질 운명이었다. 소문에 따르면 외국인이면서 금융업자의 딸인 카트린은 사람들에게 호감을 주지 못했으며, 정적을 암살하기 위해 르네 비앙코가 만든 사악한 향수를 사용했다. 사실 프랑스의 궁전에서 많은 사람이 죽어 나가기는 했다.

떠도는 이야기를 대수롭지 않게 여겼던 잔은 르네 비앙코에게 장갑을 구입했다. 분명 상점 안에서 장갑이 잘 맞는지 껴보면서 코에다 대고 향기를 맡았을 것이다.

쇼핑을 마치고 숙소로 돌아온 그녀는 잠자리에 들기 전 몸에 이상을 느꼈다. 처음에는 미열이 나다가 점점 열이 심해졌고 가슴 위 오른쪽 부분이 아파오기 시작했다. 그녀는 밤새 뒤척이면서 잠을 이루지 못했다. 통증은 점점 심해졌다. 소식을 듣고 달려온 의사들도 어떻게 손써 볼 수 없었다. 날이 갈수록 병세가 악화되어 6월 6일에는 숨을 쉬기조차 어려워졌다.

왕이 주치의들을 보냈지만 그들 역시 속수무책이었다. 점점 기운을 잃어가던 그녀는 침대 주변에 모여 훌쩍이는 친구들에게 유언을 남겼다. "신께서 나를 더 좋은 곳으로 부르시는 거야. 그러니 너무 슬퍼하지 마라."

그녀를 방문한 위그노 목사는 "하늘에 계신 우리 주 예수 그리스도께서 당신과 영원히 함께하실 것입니다. 그분의 곁으로 가기를 원하십니까?"라고 물었다. 잔은 이렇게 대답했다. "예. 공허함뿐인 속세를 떠나 주님께로 가기를 간절히 바랍니다." 극심한 고통을 겪었지만 그녀는 마지막 순간까지 또렷하고 차분한 모습이었다.

6월 9일 월요일 아침 그녀는 눈을 감은 채 조용히 누워 있었다. 얼마 뒤 급작스러운 통증이 그녀를 뒤흔들었다. 두 시녀가 숨을 헐떡이는 그녀를 일으켰는데 그녀의 손과 발이 얼음장처럼 차가웠다. 놀란 의사들은 시녀들에게 그녀의 가슴을 문질러 체온을 올리라고 지시했다. 하지만 말할 기운조차 남지 않은 그녀는 8시에서 9시 사이에 마른 셋의 나이로 세상을 떠났다.

위그노 지도자의 갑작스러운 죽음은 종교개혁자들에게 엄청난 충격으로 다가왔다. 베네치아 대사도 아쉬움을 나타냈다. "무척 용감했던 그녀의 죽음으로 위그노 교도들의 활동이 위축될 것 같다." 그러나 로마 교황청 대사 파비오 미르토 프란지파니(Fabio Mirto Frangipani)는 잔이 죽은 날 쾌재를 부르고 고소해하면서 교황에게 편지를 썼다. "닷새를 앓던 그녀는 하느님의 권능으로 마침내 성체축일인 오늘 아침에 숨졌습니다. 자신들의 여왕이 아들의 성대한 결혼식을 치르려고 이곳에 오자 위그노 교도들은 기뻐했지만, 영원토록 찬양을 받으실 주님께서는 신성한 교회에 해를 끼치는 적을 급히 거두어가셨습니다."

　　　당시 프랑스를 비롯해 유럽 전역의 많은 사람이 잔 달브레의 독살설을 믿었다. 사악한 카트린이 르네를 사주해서 그녀에게 독이 묻은 장갑을 팔았다고 생각한 것이다. 하지만 비록 카트린이 내숭 떠는 잔을 싫어했다고는 해도 사돈을 죽일 만큼의 원한은 없었다. 게다가 교황이나 가톨릭 수호에 앞장선 스페인의 펠리페 2세 등 당시 잔에게 치를 떨면서 그녀를 해코지하려고 벼르던 이들이 여럿 있었다.

당대의 검시

6월 9일 위그노 교도인 잔의 주치의 한 명과 몇몇 의사가 지켜보는 가운데 파리의 외과의 데스노에드(Desnoeds)가 여왕의 명령으로 부검을 실시했다. 그는 폐를 제외한 장기가 전부 온전하다는 것을 확인했다. 그녀의 폐는 딱딱하게 굳어 있었고 심하게 손상되었다. 마지막 날 그녀가 고통을 느꼈던 오른쪽 폐의 상부에서 고름이 터져 폐로 흘러 들어간 것을 확인했다.

　　　데스노에드는 칼을 내려놓으며 회중에게 말했다. "여러분, 만약 여왕께서 소문처럼 독이 묻은 물건의 냄새를 맡았기 때문에 돌아가셨다면 뇌에 흔적이 남아 있었을 것입니다. 하지만 확인해보니 뇌의 상태가 좋고 상처도 전혀 없습니다. 만약 여왕께서 독을 삼키고 돌아가셨다면 위에 흔적이 남아 있을 것입니다. 그런데 우리는 어떤 종류의 독도 발견하지 못했습니다. 폐에 생긴 농양이 터졌다는 것 말고는 별다른 사인이 없습니다."

현대의 진단

잔은 어려서부터 경미한 결핵을 앓았을 가능성이 높다. 그녀가 침대에 누워서 쉬는 동안 간헐적인 기침 발작과 각혈 증상을 보였다는 언급이 가족의 편지에 남아 있다. 그녀는 건강을 회복하기 위해 자주 온천에 갔다. 어쩌면 그녀의 지병이 자식의 결혼에 대한 스트레스로 악화되어 치명적인 질환으로 발전했을 수도 있다.

잔은 나바라왕국 레스카성당에 있는 아버지의 무덤 곁에 자신을 묻어달라고 유언했다. 하지만 카트린은 그녀를 파리의 방돔에 매장했다. 심지어 그녀가 그토록 경멸했던 남편의 곁이었다. 만약 잔이 이 사실을 알았다면 무척 분노했을 것이다. 1793년 약탈을 일삼던 혁명가들은 잔과 앙투안의 무덤에서 귀중한 물건들을 챙기고 시신은 구덩이에 던져버렸다.

잔의 죽음은 악명 높은 '성 바돌로매 축일의 학살'의 불씨가 되었다. 그 사건은 수 세기 동안 가톨릭이 저지른 악행의 대명사로 일컬어졌다. 잔의 죽음 직후 위그노의 수장 자리에 오른 가스파르 드콜리니(Gaspard II de Coligny) 제독은 8월 18일에 열리는 앙리와 마르그리트의 결혼식에 참석하고자 추종자 수천 명과 파리로 갔다. 그러나 콜리니는 8월 22일 거리에서 누군가의 총에 맞아 부상을 당했다. 카트린과 그녀의 아들인 22세의 샤를 9세는 분노한 위그노 교도들이 들고일어날 것을 두려워했다. 부검 결과야 어떻든 모두가 카트린이 장갑에 독을 묻혀서 잔을 죽였다고 믿는 상황인 데다 이제는 누군가가 잔의 후계자까지 없애려고 했기 때문이다.

왕과 왕대비는 파리에 있는 위그노 지도자 30여 명을 암살하라고 명령했다. 두 세력의 충돌을 알게 된 파리 시민들은 신교도 이웃을 직접 처리했다. 학살이 도시 전체와 지역으로 번졌다. 얼마나 많은 사람이 죽었는지 확인하기는 어렵지만 희생자의 수가 5천 명에서 많게는 7만 명에 이를 것으로 추정된다. 목숨이 위태로웠던 잔의 아들 앙리 4세는 갑자기 가톨릭교도가 되려는 열의를 보였다. 기록에 따르면 골수 가톨릭교도인 스페인의 펠리페 2세는 살육 소식을 듣고 나서 딱한 번 웃었다고 한다. 하지만 다른 군주들은 분노했다. 러시아의 악명 높은 폭군인 이반 황제조차 도가 넘은 폭력을 역겨워할 정도였다.

앙리는 사냥을 하게 되기까지 궁에서 4년 동안이나 순종적인 가톨릭교도인 척했다. 다시 말에 오를 수 있게 된 그는 신교도의 신념을 따를 수 있는 나바라왕국을 향해서 쉬지 않고 달렸다. 비록 서로 경멸하면서 각자 공개적인 애인을 두기도 했지만, 마르그리트 역시 이때만큼은 남편과 동행했다.

마르그리트가 1586년에 반란을 주도하자 앙리는 그녀를 18년 동안 성에 감금했으며 1599년에는 그녀와 이혼했다. 그는 1589년 프랑스 왕위에 오름으로써 잔의 바람과 노스트라다무스의 예언을 전부 실현시켰다. 그러나 스페인이 앙리를 이교도 왕으로 규정하고 공격한 일과 파리가 그에게 대항해서 성문을 굳게 걸어 잠근 일 때문에 앙리는 다시금 개종하기로 결정했다. 그의 어머니가 무덤에서 벌떡 일어날 만한 일이었다.

한번은 앙리가 가톨릭 미사에서 위그노 교도였던 옛 친구를 만났다. 둘 사이에 이런 대화가 오갔다.

"어떻게 된 일인가? 자네가 왜 여기 있는 거야?"

"전하께서 여기 계시는 이유와 같습니다."

그러자 왕이 비꼬듯 대답했다.

"아, 그렇군. 자네에게도 지켜야 할 왕위가 있나 보네."

6장

스웨덴의 왕,
에리크 14세

폐위된 왕 에리크 14세는 콩 수프를 허겁지겁 먹기 시작했다. 1577년 2월 22일 그는 이복동생이 통치하는 스톡홀름에서 110킬로미터 정도 떨어진 외르뷔후스성에 감금되어 있었다. 이 정신 나간 전왕(前王)이 수프에서 쇠 맛을 느꼈는지는 알 수 없다. 하지만 수프를 먹고 나서 몇 시간이 지나지 않아 에리크는 복부와 가슴에 통증을 느끼고 침대에 누웠다. 결국 그는 2월 26일 새벽 2시경에 숨졌다. 전도유망했던 인생이 애처롭게 막을 내리는 순간이었다. 얼마 후 간수가 수프에 비소를 넣었다는 소문이 떠돌았다.

에리크는 스웨덴 왕 구스타브 바사의 장자로 태어났다. 야심만만한 젊은 귀족이었던 구스타브는 반란군을 이끌고 덴

◆ 에리크 14세(1533-1577)

마크의 통치를 받던 스웨덴을 해방시킨 뒤 1523년 스스로 왕위에 올랐다. 아버지와 달리 왕자의 신분으로 태어난 에리크는 제대로 된 왕실 교육을 받으며 자랐다. 라틴어는 모국어만큼 유창하게 할 수 있었고 히브리어와 그리스어를 읽을 수 있었으며 그 외에도 프랑스어, 스페인어, 이탈리아어, 핀란드어, 독일어를 할 수 있었다. 역사와 지리에도 조예가 깊었고 기계 장치도 능숙하게 다루었다. 심지어 그림도 잘 그리고 악기 연주와 작곡까지 할 줄 알았다. 그는 그야말로 '르네상스 교양인'(Renaissance man)이었다.

에리크 왕자는 26세가 되었을 때 자기와 동갑이었던 영국의 엘리자베스 여왕과 결혼하겠다고 마음먹고 그녀에게 낭만적인 내용의 편지를 보냈다. 1560년 2월 25일 엘리자베스는 그의 구애를 정중하게 거절했다. "저를 향한 당신의 열정과 사랑이 앞으로도 식지 않을 것이라고 믿지만, 제가 당신에게 똑같이 보답할 수 없다는 점이 무척 안타깝습니다. 저는 결혼할 마음이 전혀 없습니다." 이후 엘리자베스는 그가 직접 방문한다는 보고를 받았다. 그녀는 그에게 "당신이 기대하는 일은 이루어지지 않을 것"이라고 충고했다. 에리크는 이에 굴하지 않고 값비싼 선물을 배에 잔뜩 싣도록 명한 뒤 스웨덴 해안으로 출발했다. 하지만 1560년 9월 29일 아버지가 승하했다는 소식이 전해졌다. 이제 에리크 14세가 된 그는 아버지의 장례식과 본인의 즉위식을 준비하기 위해 스톡홀름으로 돌아갔다.

에리크는 키가 크고 건장했으며 붉은색을 띤 금발에 수염을 길게 길렀다. 외모가 빼어났을 뿐 아니라 재능 있는 통치자였던 그는 자신이 맡은 일을 진지하게 수행해나갔다. 하지만 아버지처럼 재치와 여유가 넘치지는 않았다. 그는 친구가 하나도 없었는데 자신은 고귀한 신분이라 이복 남매들이나 평범한 사람들과 어울릴 수 없다고 생각했기 때문이다. 가장 큰 문제는 귀족들이 반란을 꾸밀지도 모른다는 의심에서 비롯되었다. 그는 폭력적으로 굴었다가 갑자기 두려움에 떠는 등 기분이 오락가락하는 모습을 보이곤 했다.

엘리자베스가 계속해서 예의 바르게 퇴짜를 놓았지만 에리크는 여전히 그녀에게 집착했다. 1561년 9월 그는 거대한 선단을 이끌고 영국으로 향했다. 망상에 빠진 그는 영국인들이 왕실의 결혼을 기대하고 있으며 두 사람이 나란히 왕좌에 앉은 모습을 그린 목판화나 결혼 관련 기념품을 판매할 것이라고 믿었다. 하지만 운명의 여신은 이번에도 에리크를 도와주지 않았다. 항해 도중 풍랑을 만난 것이다. 스웨덴으로 돌아온 그는 엘리자베스와 결혼하겠다는 꿈을 완전히 접었다. 사실 그에게는 해야 할 일이 많았다. 덴마크는 스웨덴 영토를 포기하지 않았고 에리크는 덴마크의 영향력에서 벗어나려 했다. 결국 1563년 '북유럽 7년 전쟁'이 발발하고야 말았다.

왕국 밖의 싸움에 더해 에리크는 스웨덴 귀족들과도 내전을 벌였다. 그는 귀족의 힘을 억눌러야 한다고 주장하면서 그들의 청원을 무시하고 영토와 재산을 빼앗았으며 그들에게 높은 세금을 부과했다. 또한 부주의나 태만에서 비롯된 작은 실수를 고의적인 반항이나 배신 행위로 간주했다. 그가 점점 더 자주 분노를 터뜨리고 벌을 내리자 귀족들의 분노가 극에 달했고 이는 다시 에리크의 편집증을 악화시키는 악순환이 거듭되었다. 에리크는 평민에게 재판관의 역할을 맡긴 일종의 인민재판을 열었으며 그 자리에서 귀족들에게 반역과 음모, 폭동 등의 혐의를 씌워 벌금을 부과했다.

엘리자베스에게 받은 상처가 여전히 쓰라렸던 그는 점점 망상에 빠졌다. 시종들이 멋지게 차려입은 모습을 보면 궁의 모든 여인이 자기가 아니라 그들과 사랑에 빠질까 봐 두려워하며 분노에 사로잡혔다. 어떤 사람이 기침을 하려고 입에 손을 대기라도 하면 그가 반란의 음모를 속삭이는 것이라고 여겼다. 옷방 바닥에 자신의 홀이 부러진 채 놓여 있는 것을 발견하자 시종을 반역죄로 체포했다. 어느 날에는 개인 화장실에서 주전자와 망토, 말의 고삐를 발견하고는 '짜증 나게 한 죄'로 보초 두 명을 사형에 처하기도 했다.

세월이 흐르면서 왕의 혼사가 점점 급해졌다. 1567년까지 적법한 왕위 계승자가 없었다. 왕과 여러 명의 정부 사이에서 태어난 서자들만 있을 뿐이었다. 당시 에리크 다음으로 서열이 높은 사람은 그의 이복동생 요한(Johan)이었다. 하지만 그는 국가 전복을 꾀한 죄로 투옥되었다. 셋째 동생 망누스(Magnus)는 에리크보다 더 심한 정신병을 앓고 있었다. 전해지는 이야기에 따르면 그는 19세 때 연못에 인어가 있다면서 성벽에서 물로 뛰어내렸다. 하인들이 건져 올리려고 했지만 그는 계속 인어를 잡겠다고 소리쳤다.

엘리자베스에게만 퇴짜를 맞은 것이 아니었다. 스코틀랜드의 여왕 메리, 작센의 아나, 헤세의 크리스티네, 로렌의 레나타도 그의 구혼을 거절했다. 후계자를 얻지 못해 혈통이 끊어질 위기에 처하자 에리크는 적들이 자신의 결혼을 방해한다고 생각하게 되었다. '누군가가 방해하는 게 아니라면 나처럼 괜찮은 왕이 아내를 얻기가 이토록 어려울 리 없지.'

점성술을 맹신했던 에리크는 자신의 별자리로 앞날을 점쳐보았다가 불길한 점괘를 얻었다. "머리색이 밝은 자에게 왕위를 빼앗길 것이다." 스웨덴에 그런 사람이 얼마나 많은지를 생각하면 미치고 펄쩍 뛸 노릇이었다. 하지만 짐작이 가는 사람은 있었다. 에리크의 아버지 구스타브가 스웨덴의 권리를 주장하기 전까지 덴마크 왕실의 섭정으로 스웨덴을 통치했던 유력 가문의 후계자 닐스 스투레(Nils Sture)였다.

에리크는 자신의 통치를 방해하는 세력의 배후에 닐스 스투레가 있다고 단정했다. 그는 닐스와 그의 아버지 스반테(Svante)를 비롯해 몇몇 친구와 친척을 감옥에 처넣었다. 그러나 1567년 5월 24일에는 마음을 고쳐먹고 스반테 앞에 무릎까지 꿇은 채로 용서를 구했다. 그런데 두 시간 뒤 어처구니없는 일이 벌어졌다. 그가 닐스를 칼로 열 차례 찌르고는 군사들에게 죄수들을 죽이라고 명령한 것이다. 그날 밤 사람들은 평민으로 변장한 왕이 숲을 헤매는 모습을 보았다.

이후 에리크는 정신을 차린 뒤 스투레 가문에 사과하고 배상금을 지불했다. 하지만 나라의 권력자들은 왕이 다시 미쳐버릴 때를 대비해 언제든 왕위를 이을 수 있도록 요한을 석방하려고 했다.

에리크의 권력이 몰락하게 된 전조는 그의 광기나 무고한 귀족을 칼로 찌른 사건이 아니라 결혼이었다. 엘리자베스 튜더를 비롯해 왕실 여성들에게 마음을 접은 그는 1567년 술집 종업원인 카린 몬스도테르(Karin Månsdotter)와 비밀 결혼식을 올렸다. 그녀는 1565년부터 왕의 정부였고 1566년에는 둘 사이에 딸이 태어났다. 카린은 에리크가 유일하게 믿었던 대상인 평민 출신이었으며 그녀의 아버지는 감옥에서 간수로 일했다. 미천한 신분이었지만 친절하고 따뜻한 성품을 가진 그녀는 에리크가 광기에 사로잡힐 때마다 그를 진정시켰다. 그러니 왕이 그녀에게 깊이 빠져든 것도 당연한 일이었다.

1568년 카린이 후계자를 낳자 왕은 예전의 모습을 되찾은 듯 보였다. 7월 4일에 에리크는 카린과 화려한 결혼식을 올리고 그녀를 스웨덴의 정식 왕비로 만들었다. 그러나 일주일 뒤 에리크의 적들이 반란을 일으켰다. 에리크는 결국 9월 28일에 항복했고, 동생인 요한 3세에게 왕위를 내주었다.

이후 에리크 부부는 여러 곳에 구금된 채로 살았다. 카린이 낳

2부 소문과 과학이 만난, 유쾌한 헛소리 사전

은 두 아들은 구금 당시 젊은 나이로 숨졌다. 요한 3세는 자기 형이 왕위 계승자를 낳을 수 없게 되자 1574년에 형수를 놓아주었다. 카린은 왕실 소유의 땅을 하사받았으며 1612년 61세를 일기로 죽기 전까지 소작인들에게 존경받으며 살았다.

그러나 에리크는 새 왕에게 늘 골칫거리였다. 수년 동안 그를 구출하거나 복위시키려는 음모를 무수히 적발했다. 에리크는 적어도 한 번 이상 탈출을 시도했다. 1572년 요한은 보초병들에게 다음과 같은 내용의 서약을 받았다. "에리크가 도망치면 즉시 잡다가 죽이겠습니다." 간수들에게는 베개로 눌러 질식시키기, 치료법으로 위장하고 피를 많이 뽑기, 아편이나 비소로 독살하기 등 그를 죽일 다양한 방법을 제안했다. 그러던 중 1577년 2월 또다시 에리크의 복위를 꾀하는 음모가 드러났다. 이제 요한의 인내심은 한계에 이르렀다.

요한은 신중하게 독살을 계획한 것으로 보인다. 왕족이 아프면 많은 의사가 서로 자문하면서 환자를 돌보고 증상과 치료에 대한 기록을 상세히 남기도록 되어 있다. 그러나 에리크의 마지막 병증은 사제 두 명이 지나치게 모호한 말로 기록했을 뿐이다. 그들은 에리크가 몇 해 동안 가슴과 배의 통증을 호소해왔고, 사망하기 며칠 전부터 몸 상태가 좋지 않았으며, 영성체를 받고 조용히 누워 있다가 2월 26일 새벽 2시에 숨을 거두었다고 적었다. 구토를 하거나 고통에 겨워 비명을 지르는 등의 비소중독 증상은 언급하지 않았다.

왕족의 시신, 특히 독살로 의심되는 시신은 반드시 여러 의사와 귀족들 앞에서 부검을 해야 했다. 하지만 에리크의 시신은 그렇게 하지 않았다. 요한의 시종인 필립 케른(Philip Kern)은 에리크의 시신을 서둘러 방부 처리한 뒤 장례를 조촐하게 치르고 매장해버렸다. 왕에게 걸맞지 않은 대우였다.

현대의 검시와 진단

1958년 룬드 대학교의 칼 헤르만 요르스티에(Carl-Herman Hjorstjö) 교수가 에리크의 독살 여부를 조사하기 시작했다. 키가 175센티미터 정도였던 왕은 검은 수의를 입고 검은 모자를 쓰고 검은 벨벳 신발을 신었다. 치아 상태는 무척 양호했는데 사망 당시 32개가 다 온전하게 남아 있었고 그중 충치는 2개뿐이었다.

연구자들은 필립 케른이 시신의 방부 처리법을 몰랐다는 사실을 바로 확인했다. 시신의 목부터 붕대로 감은 뒤 밀랍을 발랐기 때문에 살점이 상당 부분 손상되었다. 상당량의 비소가 왕의 허리 부분에 말라붙어 있던 덩어리에서 발견되었고, 왼쪽 폐와 두피(땀에서 나온), 모근, 손발톱에서도 비소가 나왔다.

독살의 확실한 증거는 왕의 장례 의상에서 발견되었다. 검은 벨벳에서 정상치인 8.2피피엠보다 네 배나 많은 비소가 검출되었으며, 그중 상당량은 부패한 시신에서 빠져나온 것이었다.

요한 3세는 24년 동안 스웨덴을 통치했다. 비록 의심이 많고 성마른 성격은 형과 마찬가지였지만 귀족들은 그를 훨씬 더 좋아했다. 그래서 누구도 그의 콩 수프에 독을 타지 않았다.

7장

러시아의 황제,
이반 4세와 두 여인

"색이 옅어지면 죽는 거요. 중독되었다는 의미거든."

'폭군'이라는 별명을 가진 러시아의 황제 이반 4세가 신비한 힘이 있다고 알려진 터키석 몇 개를 손바닥에 올려놓고 영국 대사에게 한 말이다. 1584년 3월 15일 병으로 쇠약해진 황제는 모스크바의 크렘린궁 깊숙한 곳에 있는 보물 창고를 보여주기 위해 영국 대사를 초청했다. 대사는 금잔과 은그릇, 희귀한 성화(聖畫)를 비롯해 여기저기 늘어놓은 보석들을 보고 입을 다물지 못했다.

황제는 그중에서도 가장 값진 물건인 유니콘의 뿔을 가리켰다. 그는 7만 루블을 주고 그것을 구입했다. 이반은 의사들에게 뿔의 끝부분으로 탁자 위에 원을

◆ 이반 4세(1530-1584)

그리도록 한 뒤 시종에게 거미 몇 마리를 잡아 와서 탁자 위에 두라고 명했다. 뿔로 그린 원 안에 들어간 거미들은 곧바로 죽었고 다른 방향으로 기어간 거미들은 멀쩡했다. 그 모습을 본 왕이 말했다. "저것이 확실한 증거요. 유니콘의 뿔은 이제 나를 보호하지 못한다오."

그는 어머니와 사랑하는 첫째 부인이 독살되었다고 믿었다. 이제 자기 차례였다. 황제는 유니콘의 뿔조차 무용지물일 만큼 강력한 독에 노출되었다는 충격으로 기절했으며 이틀 뒤 숨을 거두었다. 훗날 러시아 과학자들은 황제와 어머니 그리고 첫 번째 부인의 시신에서 독을 검출했다.

이반은 주변 지역을 집어삼키며 힘을 길러가던 모스크바대공국의 대공 바실리 3세가 오랫동안 기다려온 적장자였다. 그의 어머니는 황제의 두 번째 부인 옐레나 글린스카야(Elena Glinskaya)였다. 그녀는 리투아니아에서 온 망명인의 딸이었으며 빨간 머리에 성격이 쾌활했다. 결혼한 지 4년이 지난 1530년 8월 25일, 그녀가 첫아이 이반을 출산하고 있을 때 크렘린궁 위로 천둥이 치고 탑에 벼락이 떨어졌다. 앞으로 벌어질 비극을 암시하는 불길한 징조였다.

이반이 세 살이었을 때 선왕이 감염병으로 숨졌다. 그래서 옐레나와 그녀의 친척 그리고 그녀의 연인이 위원회를 구성해 섭정을 시작했다. '보야르'(boyars)라고 불리는 귀족들은 평소 정치에 불만이 많았다. 그들은 러시아에 꼬맹이나 외국 여자, 그녀의 애인 그리고 탐욕스러운 외척이 아니라 강력한 통치자가 필요하다고 생각했다.

귀족들의 적대감을 알아챈 옐레나는 남편이 죽은 지 며칠 만에 정적들을 옥에 가두었으며, 많은 이들의 목을 매달고 굶겨 죽였다. 그녀는 단시간에 러시아 영토의 대부분을 장악하고 타타르, 카자흐, 폴란드로부터 러시아를 지켰다. 또한 화폐를 개혁하고 리투아니아와 휴

전 협정을 체결했으며 자유무역 조약을 맺었다.

　　젊은 여성이 무리 없이 섭정하며 뛰어난 업적까지 거두는 모습을 보면서 사사건건 그녀의 일을 방해하던 보야르들은 더욱 약이 올랐다. 그들의 힘을 억제하기 위해 옐레나는 귀족들이 소유할 수 있는 땅의 한도를 법으로 정하고 세금을 올렸다. 그래서 수많은 보야르가 그녀의 죽음을 바랐다. 옐레나가 나라를 통치한 지 5년 뒤인 1538년 4월 3일에 끔찍한 복통으로 괴로워하다가 28세의 나이로 숨진 것은 놀랄 만한 일이 아니다. 많은 사람이 독살을 의심했고 여덟 살 먹은 그녀의 아들 이반은 특히 그랬다.

　　옐레나가 죽자마자 보야르들은 폭력을 쓰기 시작했다. 그들은 그녀의 지지자들을 투옥하고 처형한 다음 지배권을 두고 자기들끼리 싸웠다. 어린 이반은 신하들과 하인들이 죽어 나가는 모습을 지켜볼 수밖에 없었다. 사람들은 칼에 찔리고, 목이 졸리고, 물에 빠지고, 굶주린 사냥개에게 물어뜯겼으며, 산 채로 가죽이 벗겨졌다.

　　수년에 걸쳐 권력 다툼이 진행되는 동안 이반이 점점 이상해지고 있다는 사실을 눈치챈 사람은 없는 것 같았다. 이반은 동물을 괴롭히고 심지어 죽이기까지 했다. 동물의 몸을 가르고 눈을 도려내었으며 강아지들을 크렘린궁의 성벽에 패대기쳤다. 그는 동물들이 고통스러워 울부짖는 소리를 음악처럼 여겼다. 어쩌면 동물들을 어머니를 죽이고 자신의 인생을 망친 보야르라고 생각했을지도 모른다. 그는 동물들을 고문하면서도 중간중간 성경을 읽고 이마에 굳은살이

◆ 옐레나 글린스카야
(1510-1538)

박일 정도로 오랫동안 엎드려 기도했다.

　16세에 권력을 잡은 이반은 자신을 대공보다 더 높은 '차르'라고 칭했다. 차르는 '카이사르', 즉 러시아어로 황제를 의미한다. 20세기에 밝혀진 그의 키는 182센티미터 정도였다. 호리호리한 몸매의 그는 매부리코에 날카롭고 푸른 눈을 가졌으며 수염과 머리카락은 붉은 갈색이었다. 어린 나이였음에도 건강을 해칠 만큼 과음을 했다.

　세상의 부를 거머쥔 미혼의 차르에게 황후가 필요한 것은 당연한 이치다. 이반은 '스모트리니'라는 러시아식 신붓감 선발대회를 열었다. 그는 대리자들을 영토 곳곳에 보내어 여드름이 나거나 구취가 심한 사람, 치아가 고르지 못한 사람, 사팔뜨기 등을 걸러냈다. 이렇게 추려진 수십 명이 모스크바에 도착하자 산파들이 그들의 처녀성을 확인했다. 이반은 그중에서 전통 있는 가문의 딸, 아나스타시야 로마노브나(Anastasia Romanovna)를 아내로 맞이했다. 그녀의 상냥한 태도와 신앙심, 겸손한 성품 등이 마음에 들었던 이반은 점점 그녀에게 푹 빠졌다. 그들은 1547년 2월 3일에 결혼식을 올렸다. 비록 그가 한눈을 팔기는 했지만 아내를 진심으로 사랑한 것은 분명했다.

　어린 차르는 정력적이고 야망이 넘치는 통치자였다. 그는 1547년 대화재 이후 모스크바를 재건하고 법 조항을 개정했으며 의회 제도를 도입하고 처음으로 인쇄기를 들여왔다. 군사적인 야망도 있었던 그는 군대를 이끌고 동쪽으로는 카잔한국을, 남쪽으로는 카스피해 연안을 따라 아스트라칸을 정복했다. 1558년에

◆ 아나스타시야 로마노브나
(1530-1560)

는 오늘날 에스토니아에 속한 지역인 나르바의 발트해 항구를 점령했으며 영국과 직접 교역을 시작했다. 그는 어머니를 독살한 보야르들을 절대 용서하지 않았고 평민들도 군대와 정부의 최고 위치에 오를 수 있도록 해서 귀족들을 견제했다. 아나스타시야는 출신이 아니라 능력으로 인재를 등용하는 정책을 펴는 데 일조했다. 이반의 치적 중 하나인 성바실리대성당은 양파 모양의 돔 9개가 조화를 이루며 붉은광장에서 화려한 모습을 뽐내고 있다.

차르는 백성에게 엄청난 인기를 얻었다. 영국 대사는 이런 기록을 남겼다. "그는 함께 전투에 나가거나 여러 위치에서 자신을 보필하는 귀족과 신하는 물론 낯선 사람도 친근하게 대했다. 이런 방식으로 귀족과 평민 모두에게 사랑받았고, 때로는 공포와 두려움의 대상이 되었다. 기독교 국가의 왕자 중 그처럼 두려움과 사랑을 동시에 받은 이는 없을 것이다."

아나스타시야가 곁에 있는 동안 이반 4세는 비교적 지혜롭고 차분하게 나라를 다스렸다. 그러나 황후는 9년 동안 여섯 아이를 낳으며 몸이 쇠약해졌다. 그리고 자녀 중 1554년에 낳은 이반과 1557년에 낳은 표도르(Fyodor)만 살아남았다. 어쩌면 그녀의 몸이 여러 번의 출산을 견뎌낼 만큼 충분한 적혈구를 생산하지 못해서 철분 부족으로 빈혈에 걸렸을지도 모른다. 극도의 피로감과 두통, 호흡곤란과 면역력 저하는 다른 질병을 불러올 수 있다. 한 달을 내리 앓던 황후는 1560년 8월 7일에 30세의 나이로 세상을 떠났다.

아내를 잃은 이반은 광기에 사로잡히고 편집증에 빠졌다. "수년도 아니고 수개월 동안 급격하게 몸이 약해진 것을 보면 귀족들이 아내를 죽인 게 틀림없어. 그들은 내 어머니를 독살한 것으로 모자라 아내까지 해친 거야. 이제 내가 복수할 차례야!" 사람들을 두려움에 떨게 한 '폭군 이반'이 탄생하는 순간이었다.

이반은 아무런 예고도 없이 귀족들과 궁의 관리들을 체포했다. 그나마 운이 좋은 사람들은 험악한 지대에 자리한 수도원으로 유배되었다. 나머지는 지하 감옥에 갇혀 굶어 죽거나 죽을 때까지 고문을 받았다. 산 채로 불에 타고 목이 졸리기도 했으며, 맷돌에 몸이 갈리거나 참수를 당했다. 가장 운이 나쁜 사람들은 뜨거운 철판 위에서 서서히 죽어가거나 끓는 물에 던져지거나 항문에 3미터 길이의 말뚝을 박은 채로 죽음이 평안을 되찾아줄 때까지 고통을 당해야 했다. 이반은 음모를 꾸민 혐의가 드러나면 누구든 가리지 않고 잔혹하게 처벌했다. 어린아이는 물론 자신의 가족이나 하인도 예외가 없었다.

그는 '오프리치니키'(oprichniki)라고 부르는 친위대를 조직했는데, 그들은 차르의 이름으로 사람들을 공포에 떨게 했다. 이반은 왕좌에 앉아 그들이 백성을 강간하고 고문하는 모습을 보며 즐거워했다. 때로는 자신이 직접 그렇게 했으며 그의 맏아들도 그 일에 동참했다. 차르가 즐겼던 놀이 중 하나는 궁에서 벌거벗은 여성들이 닭을 쫓는 동안 오프리치니키들이 그들을 화살로 맞추는 것이었다.

이반은 몇몇 죄수들에게 만약 형제나 부모, 자식, 배우자 중 누군가를 죽인다면 용서해주겠다고 제안했다. 하지만 실제로 그렇게 한 사람은 살인죄를 덮어씌워 처형했다. 오늘날에는 붉은광장으로 알려진 크렘린궁 앞 광장은 교수대가 세워져 있고 화형식에 쓸 모닥불이 활활 타오르며 고문 도구가 즐비한 대학살의 장이 되었다. 이처럼 이반은 피에 굶주린 모습을 보였지만 백성은 그를 위대한 통치자로 여기고 존경했다.

그는 늘 아내를 애도했지만 금욕적으로 살지는 않았다. 이반은 일곱 명의 부인을 더 두었는데, 그중 한 명은 그에게 독살을 당했고 한 명은 누군가에게 독살되었으며 다른 한 명은 간통죄로 물에 빠져 죽었다고 한다. 세 명은 수녀원에 보내졌는데 그중 두 명이 석연치 않은 죽음을 당하고 한 명만이 살아남았다.

1568년 두 번째 부인과 불행한 결혼생활을 이어가던 이반은 그녀를 수녀원에 보내버리고 영국의 엘리자베스 1세와 결혼하기로 마음먹었다. 그래서 영국 대사 앤서니 젠킨슨(Anthony Jenkinson)을 통해 자신의 뜻을 전했다. 그는 여왕이 즉시 청혼을 받아들일 것이라고 확신했다. 엘리자베스가 정신 나간 구혼자의 청혼에 어떻게 반응했을지 짐작할 수 있다. 호쾌하게 웃은 뒤 신중하게 상황을 따져보았을 것이다. 러시아와 무역을 통해 얻는 이익을 포기하고 싶지 않았던 영국은 관계를 유지하면서 청혼을 거절하는 일에 능숙했다. 그들은 일단 시간을 끌었다. 그러나 이반은 영국이 자신의 제안을 고마워하며 넙죽 받아들이지 않자 격노해서 펄펄 뛰었다. "비천한 계집 같으니라고. 딱 자기 주제에 맞게 행동하는군. 더 이상 당신들과 상대하지 않겠소. 모스크바에 영국 촌놈들 따위는 필요 없소."

그는 엘리자베스가 자신의 청혼을 거부한 데 대한 보복으로 나르바항을 다른 나라에 개방했으며 이후 영국은 무역을 재개하기까지 어려움을 겪었다. 수년 동안 이반은 아내를 얻고 죽이기를 반복했으며 하인들 역시 계속 죽어 나갔으니 엘리자베스는 분명 자신이 독신임을 하늘에 감사했을 것이다. 이반에 비하면 자기 아버지 헨리 8세가 차라리 나아 보였기 때문이다.

이반 4세의 적장자인 황태자 이반은 여러 면에서 아버지를 닮았다. 머리가 좋고 외모도 훤칠했지만 가학적 성향이 있었다. 그는 부인이 아이를 갖지 못하자 수녀원으로 쫓아냈다. 그의 두 번째 부인도 같은 운명을 맞이했다. 그 후 엘레나 셰레메테바(Elena Sheremeteva)와 결혼해서 1581년 가을에 첫아이를 얻었다. 황태자는 자신의 뒤를 이을 사내아이가 태어나기를 바랐다. 그런데 11월 15일에 이반 4세는 며느리가 추운 겨울날 황실 예법에 맞춰 옷을 세 겹 입지 않고 한 겹만 입은 모습을 보았다. 그는 몸가짐이 경박할 뿐만 아니라 자신의 손주를 위험에 노출시켰다고 분노하며 그녀를 구타했다. 심하게 맞아 쓰러진 그녀는 결국 유산했다.

　　소식을 듣고 달려간 황태자는 아버지에게 거칠게 항의했다. 평소 아들이 반역을 꾀한다고 생각했던 이반 4세는 늘 지니고 다니던 지팡이로 아들의 머리와 어깨를 후려쳤다. 황태자는 관자놀이에 큰 상처를 입고 쓰러졌다.

　　이반은 자신의 피 묻은 지팡이를 보고 충격을 받았다. 그는 의식을 잃은 아들을 끌어안고 울부짖었다. "내가 미쳤구나. 아들을 죽이다니!" 황제는 아들을 걱정하느라 식음을 전폐하고 잠도 제대로 자지 못했지만 황태자는 나흘을 버티다가 끝내 숨을 거두었다. 정신이 온전치 못한 황제는 황태자가 죽은 뒤에도 아들을 찾는다고 하면서 횃불을 들고 궁 안을 돌아다녔다.

　　1584년부터는 건강이 더욱 악화되었다. 몇 년 동안 외모가 끔찍하게 변한 나머지 나이보다 십 년은 더 늙어 보였다. 울퉁불퉁한 얼굴에는 잔혹한 성격이 그대로 드러났으며 푸른 눈은 마치 야수처럼 번뜩거렸다. 정수리 부분은 심한 탈모로 두피가 그대로 보였고 그 외의 부위에서는 하얗게 센 머리카락이 제멋대로 자라 어깨 밑으로 늘어졌다. 과식과 과음 때문에 배가 잔뜩 나오다 보니 관절이 아파서 제대로 걸을 수도 없었다. 결국 그는 들것에 실려 다녔다.

　　죽기 몇 달 전부터는 체중이 줄고 몸이 붓기 시작했다. 피부는 비늘처럼 벗겨지고 고약한 냄새가 났다. 의사들은 "피가 부패했다" 또는 "창자가 썩었다"라고 조심스럽게 말했지만 이반은 자기가 무언가에 중독되었다고 확신했다.

보물 창고에서 실험을 했던 그날, 유니콘의 뿔이 더 이상 자기를 지켜주지 않는다는 사실에 놀라 기절한 이반은 즉시 침대로 옮겨졌다. 그는 다소 회복되는 듯 보였고 3월 18일에는 침대에서 일어나 옷을 차려입은 뒤 악사를 불러서 함께 어울렸다. 친구와 체스를 두기도 했다. 그러던 중 갑작스럽게 기운이 빠졌다. '왕'과 '여왕'이 손에서 미끄러져 바닥으로 떨어졌으며 그는 말판에 머리를 박고 팔을 축 늘어뜨렸다. 의사들이 그의 몸에 보드카를 바르고 문질렀지만 아무런 소용이 없었다. '폭군 이반'의 마지막 순간이었다.

현대의 검시와 진단

2000년 러시아 과학 아카데미는 크렘린궁의 아르항겔스키성당 묘지에서 이반 4세의 어머니 옐레나 글린스카야와 첫째 부인 아나스타시야 로마노브나의 시신을 발굴했다. 검사 결과 잘 보존된 아나스타시야의 머리카락에서 정상 수치의 열 배가 넘는 수은이 검출되었다. 석관 바닥에 있던 부패 물질과 그녀의 수의에서도 수은이 검출되었다. 과학자들은 이반의 어머니, 옐레나의 붉은 머리카락에서도 비슷한 결과를 얻었다.

두 여성의 시신에서 검출된 수은은 방부 처리에 쓴 것이 아닌 듯하다. 방부 처리를 한 시신에서는 수은이 정상 수치의 100배에서 많게는 1천 배까지 검출되기 때문이다. 1435년에 액체 수은으로 방부 처리한 베드포드 공작 존(John)의 시신을 1860년에 발굴했을 때 관에서 수은 덩어리들이 발견되었을 정도였다.

　만약 이들이 수은에 중독되었다면 그들이 죽기 몇 시간 전 머리에서 나는 땀을 통해 수은이 배출되었을 것이다. 하지만 정상 수치의 10배는 치사량이라고 보기 어렵다. 아녜스 소렐의 시신에서는 1만 배가 넘게 검출되었다. 물론 아나스타시야가 오랜 병으로 쇠약해졌다는 점을 고려하면 그 정도 양으로도 죽음에 이르렀을 수는 있다.

　이반의 어머니가 마지막에 앓았던 병에 대한 기록이 충분하지 않다 보니 그녀가 무엇 때문에 숨졌는지는 확실히 알 수 없다. 수개월 동안 몸이 점점 약해졌을 수도 있고 맹장 파열이나 위궤양으로 죽었을 가능성도 있다. 두 여성 모두 병을 치료하거나 머릿니를 예방하기 위해 수은을 썼을 수도 있다. 그들에게서 검출된 납의 수치 또한 높았지만 목숨을 앗아갈 만큼은 아니었다. 또한 크렘린궁에서 발견된 여성들의 유해에서 납, 비소, 수은의 수치가 높았던 것은 화장품 때문이라고 추측할 수 있다. 당시 러시아 여성들은 인형처럼 보이기 위해 얼굴에는 은빛이 도는 납, 수은, 비소를 바르고 볼에는 수은 성분의 붉은 진사 가루를 발랐기 때문이다.

　1963년 소련 문화부의 특별 위원회는 이반의 시신을 분석하기 위해서 크렘린궁의 켈미스비 예배당에 묻혀 있는 관을 열었다. 연골 조직과 인대가 단단하게 굳은 것으로 보아 그는 관절염을 심하게 앓았던 것으로 보인다. 분명 통증이 심해서 늘 기분이 언짢았을 것이다.

　이반은 다양한 증상으로 고통받았고 자신이 중독되었다고 생각했지만 의사들은 그가 간경변증과 신장질환을 앓았고 심각한 뇌졸중으로 쓰러졌을 것이라는 데 동의한다. 연구 결과 그의 뼈에서 검출된 비소의 수치는 정상 범위 안에 있었다. 그러나 수은의 수치는 정상보다 훨씬 높았다. 그의 왕성한 성욕을 생각하면 매독을 치료하느라 수은을 썼을 수도 있으며, 지속적으로 섭취하다 보니 편집증과 극심한 감정 기복에 빠졌다는 것이 의사들의 견해다.

하지만 어린 시절에 보였던 가학 성향까지 매독 탓으로 돌리지는 못할 것이다. 선천적으로 정신병이 있었던 그가 성장 과정에서 부모를 잃고 수년간 지속된 폭력을 지켜본 데다 수은까지 몸에 영향을 미치면서 증세가 점점 심해졌다고 볼 수 있다. 이반은 본래 불완전한 인격으로 태어났지만 불운한 인생과 몸을 해치는 치료제가 그를 훨씬 더 소름 끼치는 존재로 만든 것이다.

8장

토스카나의 대공, 프란체스코 1세 데메디치와 그의 아내

그녀는 흐뭇한 표정으로 화려한 연회장을 둘러보았다. 한때 현상금 사냥꾼들에게 쫓기고 가난과 불명예의 수렁에 빠져 있었지만 지금은 부와 권력을 마음껏 누리고 있다. 모두 그녀 옆에 침울한 표정을 짓고 앉아 있는 남편 덕분이다. 가무잡잡한 피부에 수염을 깔끔하게 다듬고, 작지만 살집 있는 체구의 그는 토스카나의 대공 프란체스코 1세 데메디치다. 짐작했겠지만 그녀는 바로 프란체스코의 두 번째 부인 비앙카 카펠로다.

◆ 프란체스코 1세 데메디치
(1541-1587)

1587년 10월 8일의 저녁 식사는 그들의 마지막 연회였다. 몇 시간 뒤부터 시작된 통증으로 며칠간 시달리다가 끝내 숨을 거두었기 때문이다. 이후 시신을 발굴해서 최신 의학 기술로 검사했지만 자연사인지 아니면 인위적인 손길이 미친 것인지에 대해 격렬한 논란이 이어지고 있다.

비앙카는 베네치아 귀족의 딸로 태어났다. 그녀는 열다섯 살에 피에로 부오나벤투리(Piero Buonaventuri)와 눈이 맞아 임신한 뒤 그와 함께 피렌체로 도망쳤다. 두 사람은 결혼을 했지만 화를 삭이지 못한 가족들은 그녀를 잡아다가 수녀원에 가둘 생각으로 현상금 사냥꾼들을 보냈다.

토스카나를 통치하는 코시모 1세의 아들 프란체스코는 비앙카가 시댁의 창가에 앉아 있을 때 처음으로 그녀를 보았다. 그는 금발에 크고 푸른 눈, 티 없이 깨끗한 피부를 가진 이 소녀에게 빠져들었다. 그래서 그녀를 볼 수 있도록 귀족 여인들이 모이는 자리를 마련했다. 아마도 비앙카는 1564년 6월 프란체스코가 아버지에게 권한을 물려받았을 때쯤부터 그에게 관심을 갖기 시작했을 것이다.

비앙카는 1564년 7월 피에로의 딸 펠레그리나(Pellegrina)를 출산한 뒤 언제부터인가 프란체스코의 정부가 되었다. 젊은 공작은 땅을 비롯해 보석과 돈을 그녀에게 아낌없이 쏟아부었다. 그녀의 바람둥이 남편은 뻔뻔하게도 아내를 통해 돈을 벌 수 있는 기회를 마다하지 않고 도리어 즐겼다. 비앙카도 기꺼이 그렇게 했다. 대공이 비록 무뚝뚝하고 느릿느릿한 면이 있지만 어두운 분위기가 나름 매력적으로 다가왔다. 당시 그의 나이는 그녀보다 일곱 살 많은 스물셋이었다. 한 베네치아 대사는 그를 "작고 마른 체구에 가무잡잡한 피부를 가진 침울한 성격의 남자"라고 묘사했으며, 다른 대사는 "그는 옷차림에 크게 신경 쓰지 않았다"라고 했다. 말이 없고 사려 깊었던 그가 "사랑에 빠지면 헤어나지 못했고 도덕을 경시했다"라고 했는데, 비앙카는 그의 이런 성향을 잘 이용했을 것이다.

♦ 비앙카 카펠로(1548-1587)

1565년 12월 프란체스코는 아버지의 뜻에 따라 입술이 얇고 평범한 외모를 가진 오스트리아 공주 요아나(Joanna)와 정략결혼을 했다. 프란체스코는 그녀가 마음에 들지 않았다. 생김새는 그렇다 쳐도 요아나가 보여준 게르만족 특유의 딱딱한 태도가 늘 눈에 거슬렸기 때문이다. 요아나는 칭찬보다는 비난을 훨씬 더 많이 했다. 경건을 무척 중요하게 여겼던 그녀는 이탈리아인의 활달하고 재치 있는 성향이 마음에 들지 않았다. 그래서 그들 모두 지옥에 떨어질 것이라고 저주했다. 프란체스코는 자신의 궁 근처에 우아한 저택을 구입해서 비앙카에게 준 뒤, 부인이 잔소리를 시작할 때면 그곳으로 도망쳤다.

요아나는 당연히 비앙카라는 존재를 눈엣가시로 여기고 틈날 때마다 불평을 쏟아냈다. 그녀를 보기만 해도 화가 치밀어 견딜 수 없었을 것이다. 언젠가 두 여인의 마차가 다리 위에서 마주치자 요아나는 남편의 정부를 강으로 던져버리려고 했다. 자신이 낸 세금의 상당 부분이 정부의 비단 주머니로 들어간다고 여겼던 토스카나 사람들에게는 커다란 구경거리가 아닐 수 없었다.

프란체스코보다 여덟 살 어린 동생 페르디난도 추기경도 비앙카를 경멸했다. 푸른 눈의 잘생긴 외모에 혈색도 좋고 성격마저 살가운 그는 금욕과 먼 생활을 했으며 로마에서 온갖 세속적 욕망을 마음껏 누렸다. 그러다 보니 비앙카의 매력에도 눈 하나 까딱하지 않았다. 또한 업무 능력도 뛰어나 바티칸에서 인정을 받고 있었다. 쉽게 말하면 두 형제의 성향은 극과 극이었다.

프란체스코는 메디치 가문의 명성이 훼손되는 것에 대해 크게 개의치 않았지만 페르디난도는 무척 신경을 썼다. 그는 형과 정부가 토스카나에서뿐만 아니라 전 유럽에서 추잡한 농담의 대상이 되었다는 사실에 화를 참지 못했다. 또한 그는 형에게 괄시받는 형수 요아나를 무척 아꼈다.

비앙카는 교황이 토스카나의 지위를 승격하고 코시모 1세를 대공으로 만들었던 1569년부터 장차 그 자리를 이어받을 프란체스코와 결혼하겠다고 마음먹은 것으로 보인다. 하지만 그녀 앞에는 남편인 피에로와 정부의 정실부인 요아나라는 장애물이 있었다. 그들 중 피에로는 1572년 대공과 아내 덕에 얻은 저택 앞에서 살해당했다. 피에로가 사귀던 여자의 친척들이 몇 차례 경고를 한 뒤에 찾아와서 끝내 그의 목숨을 빼앗은 것이다.

그 일이 있은 후 비앙카는 이렇게 말하며 프란체스코를 설득했다. "만약 당신 부인이 죽고 제가 당신에게 아들을 낳아준다면 저와 결혼해주세요." 요아나는 몸이 약했고 딸만 여섯을 두었는데 그중 세 명만 살아남았다. 그녀가 재채기를 했다는 소식이라도 들으면 비앙카는 혹시나 하면서 기대에 부풀었을 것이다. 그러나 그 오스트리아 여자는 성가시게도 여전히 살아 있었다.

아들을 낳는 일도 수월하지 않았다. 비앙카는 첫딸을 낳은 이후로 줄곧 임신하지 못했다. 그러다가 1576년에 드디어 아들 안토니오(Antonio)를 출산했다. 12년 만에 얻은 아이였다. 프란체스코는 무척 기뻐하며 아이를 자기 아들로 인정했다. 그러나 기록에 따르면 이 아이는 비앙카의 소생이 아니다. 그녀는 임신한 척하며 그를 속였고, 출산일에는 그녀가 거짓 비명을 지르며 분만 장면을 연출하는 동안 하녀가 밖에서 몰래 아기를 들여왔다고 한다. 함께 일을 도모한 하녀는 얼마

지나지 않아 여행 중 괴한들에게 습격을 당했지만, 훗날 신부에게 고해성사를 할 때까지 살아남았다.

　페르디난도는 대공인 형의 명실상부한 후계자였다. 추기경이었던 그는 신에게 영원히 헌신하는 종신서원을 하지 않았다. 의아하게 생각할 수도 있겠지만 당시 왕족 출신의 성직자들에게는 흔한 일이었다. 혹시라도 남자 상속자가 모두 죽으면 왕위를 물려받고 결혼해서 대를 이어야 했기 때문이다. 형의 정부를 원래부터 싫어했던 그는 이제 안토니오를 출산한 비앙카에게 위협을 느꼈다.

　안토니오라는 문젯거리는 1577년 5월 요아나가 아들 필리포(Filippo)를 낳으면서 해결되는 듯 보였다. 그런데 1578년 4월에 요아나는 비앙카 문제로 한바탕 화를 폭발한 뒤 조산을 했고 결국 죽은 아이를 낳았다. 그 과정에서 자궁이 파열되어 피를 엄청나게 흘린 요아나는 결국 서른둘의 나이로 세상을 떠났다.

　토스카나 사람들이 대공 부인을 애도하는 동안 비앙카는 승리의 춤을 추고 있었다. 그녀는 요아나가 죽을 때 병상에 있었던 왕궁 의사 피에트로 카펠리(Pietro Cappelli)를 불러서 들뜬 목소리로 소리쳤다. "어서 와요. 이렇게 기쁠 수가! 당장 큰 보상을 하겠어요. 지난밤 공작이 십자가에 대고 나를 아내로 맞이하겠다는 약속을 했지 뭐예요."

　프란체스코는 약속을 지켰다. 1579년 6월 화려한 결혼식을 치른 뒤 비앙카의 머리에 왕관을 씌웠다. 페르디난도 추기경은 창녀 따위가 토스카나의 왕관을 쓴 것과 자신의 가문이 온 유럽의 웃음거리가 된 상황을 견딜 수 없었다. 그는 비앙카가 지난번처럼 밖에서 아기를 몰래 데려올까 봐 그녀 주변에 첩자를 심어두고 감시했다. 그러던 중 1582년 3월에 겨우 네 살인 프란체스코의 적장자 필리포가 병으로 죽자 상황이 더욱 심각해졌다.

사실 이 시점에서 프란체스코는 동생을 후계자로 인정했어야 했다. 하지만 그는 비앙카의 등쌀에 안토니오를 후계자로 선포했다. 그런 다음 동생과 화해할 생각으로 피렌체 외곽의 포조아카이아노에서 사냥을 하자고 제안했다. 1587년 9월 25일에 도착한 추기경은 프란체스코와 비앙카의 따뜻한 환대를 받았다.

프란체스코는 자신이 모질게 굴었던 점을 사과했으며 페르디난도는 그간의 불충한 태도에 대해 용서를 구했다. 이후 2주 동안 비앙카는 친절한 안주인 노릇을 하며 파티를 열고 카드놀이와 음악을 즐겼다. 백미는 프란체스코가 볏짚을 깔아둔 늪지대에서 함께한 사냥이었다. 겉으로 보면 모든 문제가 해결된 것 같았다. 비앙카와 페르디난도가 서로를 매의 눈으로 흘겨보았다는 점만 빼면 말이다.

10월 8일 오후에 프란체스코와 비앙카는 분명 전형적인 르네상스식 연회를 열었던 것이 분명하다. 하인들은 화려한 깃털로 꾸민 공작새, 돼지기름을 바르고 정향을 꽂아 장식한 호저(쥐목의 호저류에 속한 포유류로 부드러운 털과 뻣뻣한 가시털이 빽빽이 나 있고 목에는 긴 갈기가 있는 동물), 프랑스식 머스터드를 곁들인 기니피그 등 전통 요리들을 식탁으로 옮겼으며, 프란체스코는 음울한 표정으로 말없이 의자에 몸을 기댄 채 그 모습을 지켜보았다. 며칠 동안 계속 구토를 했던 그는 여전히 속이 메스꺼웠고 찌르는 듯한 통증을 느꼈다. 비앙카도 속이 별로 좋지 않았다. 그녀는 북적대는 사람들과 왁자지껄한 분위기 속에서 갑자기 몸을 떨기 시작했다.

프란체스코는 증상을 떨쳐내고 카드놀이를 했다. 그러다가 잠시 방으로 가서 위석을 넣고 우린 약을 마신 뒤 자리로 돌아왔다. 해가 지고 두어 시간이 지나자 그는 고통을 참을 수 없어서 의사들을 불렀다. 몸에서 열이 나는 것을 확인한 의사들은 그를 침대에 뉘었다. 비앙카 역시 고열과 설사, 구토 증상을 보였다. 그녀는 무엇보다 남편을 직접 간호할 수 없다는 점을 안타까워했다. 결국 페르디난도가 두 병자를 돌보면서 의사들과 함께 용태를 기록할 수밖에 없었다.

의사들은 프란체스코의 증상을 상세하게 적었지만 비앙카에 대해서는 "대공의 증상과 비슷하다"라는 식의 간략한 기록만 남겼다. 이후 며칠 동안 프란체스코는 열이 더 오르고 땀을 많이 흘렸으며 구토와 설사, 복통에 시달렸다. 갈증이 가시지 않았고 배뇨장애와 호흡곤란도 겪었다. 의사들은 당시의 치료법대로 사혈을 하고 구토제와 설사약을 썼는데 그럴수록 증상이 더 악화될 뿐이었다.

10월 19일 월요일 아침 프란체스코는 경련 증상을 보이기 시작했다. 목숨이 얼마 남지 않았다는 사실을 직감한 그는 마지막 고해성사를 하려고 신부를 불렀다. 그런 다음 페르디난도와 나랏일을 길게 논의하면서 11세가 된 안토니오를 후계자로 지명했다. 비앙카를 잘 돌봐달라는 부탁도 잊지 않았다. 페르디난도는 그러겠다고 약속했다. 이후로 14시간 동안 프란체스코는 고통 속에서 몸부림쳤다. 그가 어찌나 크게 소리를 질렀던지 멀리 떨어진 방에서도 그의 비명을 들을 수 있었다고 한다. 결국 해가 떨어지고 4시간 뒤에 프란체스코는 숨을 거두었다. 추기경은 형의 장례식을 준비하고 영지의 재무와 국방을 점검하기 위해 피렌체로 달려갔다.

비앙카의 상태도 며칠 동안 급격히 악화되었다. 그녀는 자신의 남편이자 보호자가 죽었다는 소식을 듣고 나서 모든 희망을 버린 것처럼 보였다고 한다. 몸이 낫는다 해도 추기경의 통치 밑에서는 고달픈 삶을 살아갈 것이 뻔했기 때문이다. 그녀는 신음하듯 말했다. "나는 전하를 따라가련다!"

프란체스코가 죽고 나서 11시간이 지난 10월 20일 아침 비앙카도 끝내 숨을 거두었다. 프란체스코가 마지막 순간에 신신당부했지만 신분을 알 수 없는 안토니오를 왕으로 세우려는 사람은 아무도 없었다. 그의 바람은 죽음과 함께 끝났다. 세련되고 능력 있는 38세의 추기경 페르디난도가 새로운 통치자로 등극했다.

당대의 검시

프란체스코와 비앙카가 죽은 뒤 페르디난도가 왕위를 차지하기 위해 두 사람을 독살했다는 소문이 퍼지기 시작했다. 페르디난도는 의혹을 없애고자 23세인 비앙카의 딸을 비롯해 많은 사람 앞에서 시신을 부검하도록 지시했다. 부검 결과 프란체스코의 간이 도려내기 힘들 만큼 딱딱하고 시커멓게 변했으며 위와 폐, 신장에 문제가 있었다는 사실을 확인했다. 대공 부인에게는 폐결핵이 발견되었으며, 간과 자궁이 병들고 심장과 신장이 제 기능을 하지 못해서 몸 전체가 부어 있었다.

　　두 사람은 죽기 전부터 건강이 좋지 않았다. 의사들 대부분은 프란체스코와 비앙카가 독이 아니라 오늘날 말라리아라고 부르는 삼일열로 숨졌다는 데 동의했다. 하지만 웬만큼 배포가 두둑하지 않은 이상 권력을 쥔 새 대공 앞에서 그의 형이 살해당했다고 아뢰기란 어렵다는 사실도 감안해야 한다. 그럼에도 그 자리에 있던 사람들 중 두 명은 무척 용감했다. 그들은 프란체스코의 위에서 발견한 부드러운 울혈이 비소중독을 의미한다고 생각했으며 보고서에 다음과 같이 적었다. "위의 상당 부분은 염증이 생긴 것처럼 붉은색이었고 중간은 더 강렬한 붉은색을 띠었다. 다른 장기를 훼손한 것과 같은 독을 발견했다." 하지만 두 사람의 의견은 받아들여지지 않았으며 공식 사인은 삼일열이라고 공포되었다.

16세기 의사들끼리 의견이 달랐던 것은 이해가 가지만 21세기의 과학자들까지 그렇다는 사실은 무척 놀랍다. 이탈리아 연구자들은 대공 부부의 사인에 대해 두 패로 나뉘어 격렬하게 대립했다.

부검이 끝난 뒤 시신은 각기 다른 곳으로 보내졌다. 페르디난도는 프란체스코의 장례식을 성대하게 치르고 시신을 피렌체 산로렌초 성당의 가족 납골묘에 묻었다. 사랑받지 못했던 아내 요아나의 무덤 곁이었다. 비앙카의 시신에 왕관을 얹느냐 마느냐의 문제에 대해 페르디난도는 딱 잘라 말했다. "그녀는 쓸데없이 오래 왕관을 쓰고 있었다." 그녀의 매장지에 대해 묻자 "아무 데나 상관없지만 우리 가문과 함께 묻힐 수는 없을 것"이라고 답했다. 비앙카의 시신은 산로렌초성당의 부속 뜰 어딘가에 비석도 없이 묻혔다고 전해진다.

1902년 뜰의 입구를 새로 건축하던 일꾼들이 덩그러니 따로 떨어진 관을 발견했다. 16세기 후반에 짠 것으로 보이는 이 관에는 주인을 식별할 수 있는 놋쇠 판이 없었다. 그들이 관을 열자 안에서 풍성한 금발에 수수한 옷을 입은 여성의 시신이 나왔다. 그것이 비앙카의 시신이라고 여긴 신부는 교회에 그처럼 타락한 여자가 매장되어 있었다는 사실에 경악하면서 시신을 숨겨버렸다. 훗날에 연구자들이 그곳을 찾으려고 노력했지만 소용이 없었다.

프란체스코 역시 편히 영면할 수 없었다. 1857년에 처음 발굴된 그의 시신은 11일 동안 계속된 구토와 설사 때문에 바싹 마른 미라처럼 변해 있었다. 1945년에는 인류학자인 주세페 제나(Giuseppe Genna)가 두개골의 모양이 지능과 성격 및 다른 특질을 결정한다는 자신의 가설을 뒷받침하고자 프란체스코를 포함한 메디치 가문의 시신 23구를 연구하기 시작했다. 1947년 제나는 두개골의 본을 뜨려고 살점과 근육, 머리카락을 벗겨냈는데 이 과정에서 프란체스코는 한낱 갈색의 뼈 무더기가 되어버렸다.

현대의 검시와 진단

2004년 지노 포르나치아리 박사가 이끄는 피사 대학교 연구팀이 프란체스코를 포함한 메디치 가문의 무덤 몇 개를 열고 유해의 대퇴골에서 작은 뼛조각들을 떼어냈다. 그들은 크기가 10센트짜리 동전만 하고 생김새가 오스트레일리아 대륙을 닮은 흰색 피부 껍질을 발견했는데, 거기에는 길고 검은 체모가 몇 가닥 달려 있었다. 그것이 1947년에 모조리 긁어내고 남은 전부였다.

　　연구팀은 프란체스코의 뼈에서 말라리아의 원인균 중 가장 치명적인 열대열원충을 발견했다. 그러나 이는 죽기 수년 전에 감염된 흔적일 수 있으므로 직접적인 사인이라고 단정하기는 어렵다. 뼈에서 비소 성분이 거의 검출되지 않았는데, 그가 궁에 제조소를 두고 수십 년 동안 독을 만지작대며 보냈다는 것을 감안하면 무척 흥미로운 결과였다. 하지만 비소가 범인이라면 대공이 11일에 걸쳐 죽어가는 동안 뼈에 축적되지는 않았을 것이다. 그럴 경우 비소중독을 확인할 수 있는 가장 정확한 신체 부위는 소화기관이다.

　　죽은 왕족의 장기는 몸에서 꺼내어 단지에 넣은 다음 따로 묻는 것이 관례였다. 그렇게 함으로써 여러 교회가 왕의 시신을 보관할 영예를 누렸다. 수 세기 동안 프란체스코의 장기가 매장된 곳을 찾지 못했기 때문에 그가 비소중독으로 사망했는지도 확인할 길이 없었다.

　　그러던 중 2005년 포르나치아리 박사의 연구팀에 있었던 피렌체 대학교 도나텔라 리피 교수가 교회 기록물 중에서 "프란체스코와 비앙카의 장기를 단지 네 개에 담아 보니스탈로에 있는 산타마리아[그들이 죽은 사냥터 저택 근처]로 보냈다"라고 언급한 문서를 발견했다. 리피 교수와 그녀의 연구팀은 산타마리아성당 밑을 기어 다니며 부서진 단지 네 개를 찾았다. 비록 이름은 없었지만 십자가 두 개가 있는 것을 보아 두 사람의 장기가 보관되어 있다는 사실을 짐작할 수 있었다. 과학자들은 단지 안의 잔여물 덩어리에서 세 개의 샘플을 채취했다. 그중 하나는 남자의 간으로 확인되었지만 나머지 둘은 어떤 장기인지 알아낼 수 없었다. 다만 둘 중 하나의 주인은 여성이었고 다른 하나는 남성이었음이 밝혀졌다.

연구팀은 남성의 흔적이 프란체스코의 신체 일부인지 확인하고자 DNA 검사를 했다. 검사 결과를 그의 관에서 발견된 피부 조각 및 체모와 비교했더니 같은 사람일 확률이 매우 높았다. 비앙카의 무덤은 찾지 못했기 때문에 나머지 하나의 DNA는 비교하지 못했지만, 만약 그 남성이 프란체스코가 확실하다면 남은 물질은 비앙카의 흔적이 틀림없다.

그들은 이어서 비소 검사를 했다. 세 개의 샘플 전부에서 정상보다 높은 수치의 비소가 검출되었다. 단지가 놓여 있던 흙에서는 소량의 비소만 검출되었기 때문에 땅속의 비소가 단지 안의 물질에 흡수되었다고 보기는 어려웠다.

몇몇 증거들은 중독의 가능성을 시사한다. 비소중독은 속이 메스껍고 식은땀이 나면서 구토와 갈증이 이어진다. 또한 프란체스코가 14시간 동안 겪은 것과 같은 복통을 동반한다. 게다가 두 사람이 동시에 말라리아에 걸리고, 비슷한 시기에 증상이 악화되어 수 시간 안에 죽는 일은 흔하지 않다. 말라리아는 보통 말라리아모기에 물리고 9일에서 14일 정도의 잠복기를 거친 뒤 증상이 나타난다. 또한 개인의 유전적 특질과 면역계, 전반적인 건강 상태에 따라서 병을 앓는 정도가 다르다. 어떤 사람들은 깨끗이 회복하기도 한다. 만약 한 무리가 동시에 걸려서 사망한다고 하더라도 죽는 날짜는 저마다 다르다. 예를 들면 1562년 프란체스코의 어머니와 그녀의 두 남자 형제가 말라리아를 앓았지만 한 사람은 11월 20일에 죽었고 한 사람은 12월 6일에 죽었으며 남은 한 사람은 12월 17일에 죽었다.

반면 포르나치아리 박사는 두 사람의 사인이 말라리아라고 확신했으며, 과거에 프란체스코의 뼈를 샅샅이 긁어낸 터라 DNA 검사 결과를 신뢰하기 어렵다고 판단했다. 피부 조각은 발굴 과정에서 오염되었을 가능성이 농후하기에 유전적 일치 결과도 정확하지 않다는 것이다. 게다가 프란체스코의 장기를 단지에 보관했다고 믿기는 어렵고 발견된 것들은 16세기가 아니라 19세기에 쓰던 것으로 보인다고 판단했다. 19세기에는 비소를 방부 처리에 사용했기 때문에 잔여물에서 비소가 검출된 이유도 설명이 가능하다.

그러나 리피 박사는 프란체스코의 피부 조각이 맞다는 의견을 고수했다. 또한 전문가들에게 자문을 받은 결과 발견한 단지들은 분명 16세기 후반에 쓰던 것이라는 의견을 얻었다. 리피 박사는 단지에서 발견된 비소의 양이 방부 처리를 하기에는 부족하지만 며칠 안에 누군가를 죽이기에는 충분하다고 주장했다.

프란체스코와 비앙카가 말라리아에 걸렸다는 것을 증명해줄 확실한 징후는 두 사람 모두에게 나타났던 고열 증세라고 볼 수 있다. 비소에 중독되면 고열이 나지 않으며 11일이 아니라 보통 이삼일 안에 사망한다. 따라서 비앙카의 증세가 처음부터 심각해 보이지는 않았다고 해도 둘 다 말라리아에 걸렸을 가능성이 매우 높아 보이며 프란체스코는 회복할 조짐을 보이기도 했다.

　페르디난도 추기경이 이 일을 기회로 삼아 감별 과정을 거치지 않은 치료제에 독을 넣었을 수도 있다. 프란체스코가 죽기 직전 14시간 동안이나 고통스러운 비명을 지른 이유는 어쩌면 사악한 치료제 때문이었을지도 모른다.

　비록 페르디난도가 당시부터 지금까지 살인 혐의의 그림자에서 벗어나지는 못했지만, 그는 훼손된 명성을 회복하기 위해 노력하면서 22년 동안 토스카나를 성공적으로 통치했다. 상업과 제조업을 부흥시키고 예술가들을 지원하며 세금을 낮추는 등 전보다 공정한 사회체계를 갖추었다. 또한 전 유럽에 메디치 은행을 설립하고 유대인과 개신교도에게 관대한 정책을 폈다. 1589년에는 성직을 내려놓고 프랑스 공주 크리스틴(Christine)과 결혼했으며, 그동안의 시간을 보상하기라도 하듯 짧은 기간에 아홉 자녀를 보았다.

　형의 아들인 안토니오에게는 친절한 삼촌이 되어주었다. 안토니오가 양질의 교육을 받도록 했고 땅을 하사해서 넉넉한 수입을 보장해주었다. 그러나 비앙카만은 절대 용서하지 않았다. 메디치 가문의 궁에 있던 그녀의 초상화와 문장을 죄다 치우고 요아나의 것으로 바꾸었다. 비록 프란체스코와 비앙카의 죽음은 의문에 싸인 채로 남아 있지만 그들에 대한 페르디난도의 증오는 의문의 여지가 없을 것이다.

9장

앙리 4세의 정부, 가브리엘 데스트레

그녀가 도착하자 파리 시민들은 환호성을 질렀다. 왕과 그녀의 사랑은 마치 동화 같았고, 그녀의 외교 수완과 통찰력 있는 조언은 30년간 프랑스를 도탄에 빠뜨린 종교전쟁을 종식시키는 데 무척 중요한 역할을 했기 때문이다.

백성에게 환영을 받은 이 여인은 바로 26세의 가브리엘 데스트레(Gabrielle d'Estrées)였다. 그녀는 1599년 4월 8일 파리에 도착했으며 3일 뒤인 부활주일에 앙리 4세와 결혼해서 프랑스의 왕비가 될 예정이었다. 밝은 금발에 크고 푸른 눈, 관능적인 매력을 지닌 그녀는 아름다움을 추구하는 파리 시민들의 마음을 사로잡았다. 하지만 몇 시간이 지나면 왕비가 아니

◆ 가브리엘 데스트레
(1573-1599)

라 독살당한 것으로 추정되는 시신이 될 운명이었다.

귀족들 상당수가 둘의 결혼을 반대했다. 가브리엘의 행실이 마음에 들지 않았기 때문이다. 그녀는 마르그리트 드발루아(Marguerite de Valois) 왕비가 버젓이 살아 있는 상황에서 왕의 정부가 되어 아이를 셋이나 낳았다. 그뿐만 아니라 배 속에 6개월 된 넷째가 들어 있었다. 그녀를 싫어하는 사람들은 "왕이 창녀 같은 여자와 결혼하는 것은 프랑스의 수치"라고 하면서 악담을 퍼부었다. 또한 왕위 계승을 혼란스럽게 만들었을 뿐만 아니라(서자의 신분으로 태어난 첫째 아들과 결혼 후 낳을 아들 중 누가 왕위를 이어갈 것인지의 문제가 있었기 때문에) 다른 나라의 왕실 여성과 결혼함으로써 정치적 동맹을 맺을 수 있는 중요한 기회를 헛되이 날려버렸다고 비난했다.

쾨브르 후작인 앙투안 데스트레(Antoine d'Estrées)의 딸 가브리엘은 격동의 시기에 성장했다. 가톨릭교도인 프랑스의 앙리 3세는 개신교도에게 관용 정책을 펼쳤다가 이를 불만스럽게 여긴 스페인, 교황, 예수회로 구성된 연맹과 전쟁을 하게 되었다. 가톨릭 연맹은 특히 1572년 성 바돌로매 축일의 학살 이후 가톨릭으로 개종했다가 도망쳐서 곧바로 종교를 버린 나바라의 이교도 왕 앙리 4세에게 왕위를 물려주는 상황을 받아들일 수 없었다. 1589년 앙리 3세가 광신적인 수도승의 칼에 죽고 뒤를 이어 앙리 4세가 왕위에 오르자 통치권 교체에 대한 요구는 더욱 거세졌다.

1590년 쾨브르성을 방문한 앙리 4세는 그곳에서 후작의 딸을 보고 첫눈에 반했다. 그러나 사랑에 빠진 사람은 앙리뿐이었다. 가브리엘은 이미 앙리의 측근이었던 미남자 벨레가르드(Bellegarde) 공작과 관계를 맺고 있었다. 게다가 앙리는 당시 열일곱이었던 그녀보다 스무 살이나 많았으며 엄청나게 큰 코와 휜 다리, 허름한 차림새 때문에 도저히 외모로는 그녀의 마음을 잡을 수 없었다. 또한 그가 비록 프랑스의 왕이라 해도 현재 맞서고 있는 상대 세력을 생각하면, 앞으로 계속 왕위를 유지하고 분열된 나라를 하나로 만들 수 있는 가능성은 무척 희박했다.

왕은 벨레가르드에게 다른 정부를 찾아보라고 한 뒤 쾨브르성에 주기적으로 찾아가서 가브리엘을 쫓아다녔다. 후작은 자신의 딸이 타락한 여자라고 온 나라에 알려진 것도 모자라 간통까지 했다는 사실을 알고는 큰 충격을 받았다. 더구나 왕에게는 이미 아내가 있었다. 그래서 1592년에 딸을 뚱뚱하고 나이 많은 홀아비 아메르발(Amerval) 경과 강제로 결혼시켰다. 가브리엘의 여동생과 숙모에 따르면 앙리가 긴 전투를 마치고 그녀를 데리러 오기 전까지 그녀는 결혼 후 석 달을 울면서 보냈다고 한다.

가브리엘은 앙리가 뛰어난 유머 감각과 좋은 품성, 넘치는 열정, 날카로운 지성을 두루 갖춘 매력적인 남자임을 깨닫고 그에게 푹 빠졌다. 그녀는 전쟁터까지 따라가서 엉성한 천막에 머물며 그의 옷을 세탁하고 전투가 있던 날 저녁에는 그가 따뜻한 저녁을 먹을 수 있도록 돌보았다. 그가 싸우러 나가면 천막에 남아서 정치와 외교 문서를 작성했다. 저녁에는 그날 벌어진 일에 대해 함께 토론했다. 앙리는 당시의 일을 기록했다. "지난 저녁 나는 그녀의 천막에 총구멍이 세 개나 난 것을 발견했다. 제발 안전한 파리로 돌아가라고 사정했지만 그녀는 내 호소에도 웃기만 할 뿐이었다. … 그녀는 내 곁에 있어야만 행복하다고 했다. … 내가 위험해지는 것은 상관없지만 그녀가 다칠까 봐 나는 날마다 두려움에 떨고 있다."

가브리엘은 프랑스를 마비시키고 있는 정치적·종교적·군사적 교착 상태는 물론 앙리가 상당수의 가톨릭교도에게 왕으로 인정받지 못하는 상황이 수년 동안 지속될 수 있다는 사실을 알고 있었다. 그녀는 이런 말로 앙리를 설득했다. "당신이 다시 개종한다면 거의 모든 백성이 스페인 왕 펠리페 2세보다 당신을 좋아할 거예요." 전해지는 말에 따르면, 그는 어깨를 으쓱하며 이렇게 답했다고 한다. "파리를 얻을 수 있다면 미사를 드리는 것쯤이야." 그렇게 해서 파리는 성문을 열었고 앙리는 마침내 왕위에 올랐다.

내전은 끝났지만 가톨릭과 개신교 사이의 긴장은 지속되었고 종종 살인과 소요가 발생했다. 앙리는 프랑스에서 위그노의 권리를 보장하는 칙령을 다듬고 싶어 했다. 앙리의 누이인 카트린은 나바라의 여왕이었던 자신의 어머니처럼 완고한 개신교도였는데, 그녀가 위그노들을 설득해나갔다.

가톨릭교도였던 가브리엘도 강력한 가톨릭 가문들이 왕의 종교적 관용 정책을 받아들이도록 차례차례 설득해나갔다. 앙리는 그녀를 이렇게 칭찬했다. "나의 연인은 필적할 상대가 없을 만큼 대단한 연설가가 되었다. 그녀는 새 칙령을 매우 설득력 있게 만들었다." 그는 1598년 낭트칙령을 발표함으로써 위그노가 일정한 지역 안에서 신앙의 자유를 누리며 가톨릭교도와 동등한 정치적 권리를 갖도록 보장했다. 가톨릭교도들은 애당초 한 걸음도 물러서려고 하지 않았기 때문에 이는 진정한 타협안이라고 할 수 있었다. 가브리엘의 정치적 수완 없이는 불가능한 일이었으며 앙리도 이 사실을 잘 알고 있었다.

1596년 앙리는 그녀를 왕실 자문 위원에 임명했다. 가브리엘이 여성이요 무엇보다 정부임을 감안할 때 놀랄 만한 일이었다. 왕은 자기 누이도 함께 임명함으로써 논란을 다소 누그러뜨렸다. 가브리엘의 남자 형제 중 한 명은 이렇게 말했다. "내 누이는 왕보다 강력한 힘을 가지고 있다. 전하께서 누이를 전적으로 신뢰하기 때문에 개인적인 문제를 제외하고는 대부분의 일을 그녀에게 맡기신다."

그러나 가브리엘은 부와 권력 이상의 것을 바랐다. 그녀는 앙리와 정식으로 결혼하고 싶었다. 그녀는 왕의 압박으로 1594년에 이혼한 상태였다. 왕은 전남편에게 그녀와 첫날밤을 치른 적이 없다고 확답하도록 강요했었다. 앙리 역시 나라가 안정된 지금이 다시 결혼하고 후계자를 낳을 때라고 여겼다. 그가 만약 적장자 없이 죽는다면 프랑스는 다시 한번 내전에 휩싸일 게 뻔했다.

외국의 통치자들이 딸과 조카를 선보였지만 앙리는 그들의 제안을 고려하는 척하다가 초상화를 살펴본 뒤에 다 거절했다. 그는 고문들에게 "짐은 아름답고 성품이 훌륭하며 아이를 낳을 수 있는 부인을 원하오"라고 하면서 노골적으로 가브리엘을 언급했다.

그러나 그가 결혼하기 위해서는 먼저 자기 부인, 즉 마르그리트와 이혼부터 해야 했다. 그녀는 보초병뿐만 아니라 마구간 하인들과 간통한 죄로 멀리 떨어진 성에 갇혀 있었다. 헨리 8세가 했던 것처럼 앙리도 자신을 간통죄로 참수하리라 생각한 그녀는 이혼에 동의했다. "나는 내 의지와 상관없이 결혼했기 때문에 이 결혼은 무효야!" 그녀의 말처럼 결혼 서약을 할 때 오빠 샤를 9세가 그녀의 머리를 잡고 억지로 끄덕이게 만든 일이 있었다.

앙리의 곤란한 처지를 알고 있던 교황은 그가 프란체스코 1세와 요아나의 딸이자 페르디난도 대공의 조카인 마리 데메디치(Marie de Medici)와 결혼하겠다고 약속한다면 기꺼이 이혼을 허락할 의사가 있었다. 그러나 앙리는 가브리엘과 결혼하고 싶은 마음은 둘째 치고라도 성 바돌로매 축일에 자신을 죽이려 했던 프랑스의 왕대비 카트린 드메디시스(결혼 전 이탈리아 이름은 카테리나 데메디치)의 가문과 가족이 되는 것만큼은 견딜 수 없었다.

가브리엘과 결혼하기 위해 수년 동안 기다려온 앙리는 마침내 1599년 3월 2일 중대 발표를 했다. 부활절인 4월 11일에 결혼식을 올리겠다는 내용이었다. 그리고 사람들이 보는 앞에서 약혼의 표시로 대관식 때 꼈던 다이아몬드 반지를 가브리엘에게 선물했다.

그런데 가브리엘은 무언가 찜찜한 느낌이 들었다. 앞서 세 아이를 건강하게 출산했지만 이번에는 느낌이 좋지 않았다. 쉽사리 잠을 청할 수 없었고 겨우 잠들었다가도 악몽 때문에 깼으며 몸은 점점 무거워졌다. 누구보다 생기가 넘쳤던 그녀는 갑자기 우울하고 짜증스러운 성격으로 변했다.

앙리는 결혼식 전 3일 동안은 그녀와 동침하지 않기로 결정했다. 신성한 부활절을 앞두고 있었기 때문이다. 그가 파리 근교의 퐁텐블로궁에 머무는 동안 그녀는 배에서 축하연을 즐기며 파리로 이동할 예정이었다. 그들은 일요일에 교회 제단에서 만나기로 했다. 앙리가 강둑에서 배웅할 때 그녀는 마치 다시 만나지 못할 것처럼 그를 붙잡고 울음을 터뜨렸다. 그는 임신한 몸으로 결혼을 앞두고 있어서 예민해진 거라며 그녀를 안심시켰다.

파리에서 가브리엘과 시녀들은 왕과 절친한 이탈리아인 은행가 세바스티앵 자멧(Sébastien Zamet)의 저택에 머물렀다. 그런데 가브리엘은 레몬이 들어간 진수성찬을 먹고 나서 갑자기 메스꺼움과 어지럼증, 두통, 찌르는 듯한 복통을 느꼈다. 어쩔 수 없이 몇몇 중요한 행사에 가지 못했다. 하지만 예배에 참석하는 것 정도는 할 수 있을 것 같아서 근처 교회에 갔다가 몇 차례 정신을 잃은 뒤 들것에 실려 다시 자멧의 집으로 돌아왔다. 그런 다음 정신을 차리려고 정원을 산책하던 중에 뇌졸중성 발작을 일으켰다.

가브리엘은 자멧이 자신을 독살하려 했다고 믿었다(어쨌든 그는 이탈리아 출신이었기에 의심을 받을 만했다). 겁에 질린 그녀는 일행과 함께 숙모의 집으로 거처를 옮기겠다고 말했다. 하지만 그러기도 전에 침대에 눕자마자 심한 경련을 일으켰다. 앙리의 재무상 쉴리(Sully) 공작은 그녀의 모습을 이렇게 묘사했다. "너무 끔찍해서 그곳에 있던 모두가 놀랐다. 곧 숨이 끊어질 것 같았다. 경련이 다시 시작되자 피부가 흙빛이 되고 끔찍한 모습으로 변했다." 그는 또 "지독한 고통은 그녀에게서 인간의 모습을 앗아갔다"라고도 했다. 가브리엘은 눈을 떴지만 앞을 볼 수 없었다. 몇몇 시녀는 경련으로 몸이 뒤틀린 그녀의 기괴한 모습을 보고 기절하기도 했다.

앙리의 연대기 기록자인 아그리파 도비녜(Agrippa d'Aubigné)에 따르면 상황이 급박한 만큼 리비에르(Rivière)를 비롯한 왕실 의사 몇몇이 서둘러 왔는데, 그녀의 상태를 보자마자 "인간으로서는 손쓸 도리가 없다"라고 말하면서 돌아갔다고 한다.

가브리엘은 예정일보다 3개월 일찍 산기가 있었다. 의사들은 아이를 출산하면 그녀가 회복될 것으로 기대했다. 그들은 태아를 떼어내고 피를 뽑은 뒤 태반을 제거하기 위해 관장을 네 차례 실시했다. 하지만 태반은 자궁 안에 단단히 자리를 잡고 떨어지지 않았다.

4월 9일 금요일 오후 6시경 가브리엘은 혼수상태에 빠졌다. 의사들이 코밑에 자극제를 바르고 발바닥 근처에서 깃털을 태웠지만 그녀는 깨어나지 않았다. 결국 가브리엘 데스트레는 프랑스 왕비의 자리에 오르기 36시간 전인 4월 10일 토요일 새벽 5시에 숨을 거두었다.

이후 가브리엘이 독살되었다는 이야기가 전 유럽에 퍼졌다. 사망 과정에 석연치 못한 구석이 있었기 때문이다. 독살이 사실이라면 범인은 바티칸이나 메디치 가문 쪽 사람으로 보였다. 그들은 두 사람의 결혼을 강력하게 반대했으며 마리 데메디치를 프랑스의 왕비로 세우고 싶어 했기 때문이다. 무엇보다 페르디난도 데메디치는 자신의 형과 형수를 독살했다고 알려져 있었다. 사실 그가 부당한 혐의를 받았다고 할 수만은 없다. 메디치 아카이브에 남아 있는 서신을 보면 그가 정적을 독살하려고 한 증거를 찾을 수 있다. 그리고 이탈리아인들만 의심을 받은 아니다. 프랑스의 저명인사들 중 상당수가 창녀를 왕비로 책봉하는 것은 국가적인 수치라고 여겼기 때문이다.

가브리엘은 극심한 고통으로 얼굴이 일그러진 채 죽음을 맞이했다. 시녀들이 애를 써봤지만 기괴하게 비틀린 몸을 원상태로 되돌리지 못했으며, 그런 모습 때문에 독살에 대한 의혹이 짙어갔다. 그래서 그녀의 장례식은 관을 닫은 채로 진행되었다.

당대의 검시

의사들은 부검을 한 뒤 "폐와 간이 썩고, 신장에 결석이 생겼으며 뇌가 손상"되었다고 밝혔다. 신장결석은 그렇다 쳐도 다른 증상들은 사후에 나타났을 수도 있다. 특히 뇌출혈은 사망 원인이라기보다 마지막 병증의 결과일 가능성이 컸다. 그들은 소화기관에서 나쁜 증기를 발생시킨 뒤 뇌까지 올라가 그녀를 죽게 한 "썩은 레몬" 말고는 특별히 생명에 위협이 될 만한 것을 찾지 못했다. 프랑스 주재 토스카나 대사는 4월 17일에 이런 기록을 남겼다. "부검을 했지만 독살로 추정할 만한 어떤 증거도 찾지 못했다."

장례식을 마친 뒤 왕은 가브리엘의 석상을 만들어 루브르궁의 개인 저택에 두고 날마다 새로운 드레스를 입혔다. 그는 자신의 심정을 이렇게 토로했다. "내 사랑의 뿌리가 죽었으니 다시는 꽃피우지 못하리." 그는 교황의 압력에 굴복해 마리 데메디치와 결혼한 후에도 수년 동안 그 석상을 찾아갔으며, 그가 이후에 매력 있고 어린 여자들을 정부로 삼았던 것은 반항 심리 때문이라고 볼 수 있다. 그는 가브리엘을 잃고 진심으로 슬퍼했지만 그의 "사랑의 뿌리"는 죽을 때까지 꽃을 피웠다. 사실 앙리의 정부는 알려진 것만 56명이었다. 그래도 그가 마음을 준 상대는 오직 가브리엘뿐이었다.

현대의 진단

비록 가브리엘의 시신이 프랑스혁명 중에 훼손되기는 했지만 현대 의사들은 그녀의 사인이 임신 말기의 고혈압과 장기 부전으로 나타나는 임신중독 질환인 자간(子癎, 분만할 때 전신의 경련 발작과 의식불명을 일으키는 질환)이라고 말한다. 메스꺼움과 구토, 현기증, 복통, 경련, 시력 상실, 혼수상태, 장기 부전에 시달리다가 결국 죽음에 이른 그녀의 증상은 정확하게 자간과 일치한다.

10장

위대한 천문학자,
튀코 브라헤

연회에서 가장 인기 있는 손님은 예상외로 한 천문학자였다. 뛰어난 지성을 갖춘 그는 직접 고안한 장비로 행성과 항성의 움직임을 40년 동안 관찰하고 정확하게 기록했다. 오늘날 '아인슈타인'이 천재를 상징하는 대명사이듯이 당시 사람들은 지능이 탁월한 사람을 가리켜 그의 이름, 즉 '브라헤'라고 불렀다.

◆ 튀코 브라헤(1546-1601)

덴마크의 위대한 천문학자 튀코 브라헤(Tycho Brahe)는 1601년 10월 13일 프라하에서 이웃에 사는 귀족이 주최한 만찬 자리에 앉아 있었다. 그는 분명 평소에 즐기던 포도주와 음식 그리고 매력적인 여인들을 비롯해 유명 인사들과 환담하는 시간을 기대했을 것이다. 신성로마제국 황제 루돌프 2세의 수학자였던 브라헤는 당대의 권력자나 부자와 어울릴 기회가 많았다. 또한 그도 그런 시간을 무척 즐겼다.

명랑하고 외향적인 브라헤는 사교성이 좋은 사람이었다. 사람들은 그를 "꽁하지 않고 뒤끝이 없으며 자비로운" 사람이라고 여겼다. 그의 머리카락은 붉고 눈동자는 푸른색이었으며 턱수염은 뾰족한 모양이었다. 콧수염은 양 끝이 올라가게 길렀는데, 특이하게도 금 혹은 은이라고 알려진 금속 코를 붙이고 다녔다. 20세 때 수학 공식을 두고 결투를 벌이다가 코를 잃었기 때문이다. 만약 코가 떨어지면 주머니에서 풀을 꺼내 다시 붙이곤 했다.

브라헤의 독특한 점은 널리 알려져 있다. 그는 예프(Jepp)라는 이름의 난쟁이 광대를 데리고 있었다. 앞날을 내다본다고 알려진 예프는 브라헤가 식사를 하는 동안 식탁 밑에 앉아 있었다. 브라헤는 자신의 성에서 수년간 큰 사슴을 애완동물로 키웠는데, 맥주를 좋아했던 사슴은 어느 날 잔뜩 취한 나머지 계단에서 넘어져 죽고 말았다. 예프가 그 일까지 예견했는지는 알 수 없다.

귀족들이 베푸는 연회에는 맛있는 음식과 고급 포도주가 가득했으며 아름다운 음악이 흐르는 가운데 식탁마다 흥미진진한 대화가 이어졌다. 하지만 단점도 있었다. 대소변을 보기 위해 자리를 뜨는 것은 예의에 어긋난 행동으로 간주되었다. 배가 터질 때까지 몇 시간을 먹고 마신 사람들에게는 고역이 아닐 수 없었다. 브라헤의 조수였던 요하네스 케플러(Johannes Kepler)는 방광이 터질 지경에 이르기까지 지루하게 이어지는 연회를 혐오한 나머지 고용 계약을 맺을 때 연회에 참석하지 않겠다는 조건을 달기도 했다.

어느덧 황금 잔과 은 접시에 촛불이 아른거릴 때쯤, 브라헤는 속이 점점 거북해지는 것을 느꼈다. 하지만 길 건너 자기 집에 돌아가서 쉬면 곧 괜찮아질 거라고 생각한 듯하다. 50년 넘게 살아오는 동안 심각한 병에 걸린 적이 없었기 때문이다.

그는 집에 도착하자마자 안도의 한숨을 쉬면서 방광을 고통에서 벗어나게 해주려고 바지를 내렸다. 하지만 오줌이 단 한 방울도 나오지 않았다. 그렇게 해서 독살에 대한 소문과 질병에 따른 자연사 그리고 붉은 수염과 콧등이 잘린 해골에 대한 과학적 분석이 뒤엉킨 400년의 미스터리가 시작되었다.

브라헤는 14세에 일식을 목격한 뒤 일생일대의 결정을 내렸다. 천문학자가 되기로 한 것이다. 하지만 가족들은 그의 결심을 마뜩잖게 생각했다. 귀족 신분인 그가 법조인이나 군인이 되어 높은 지위를 얻고 영예를 누리길 바랐기 때문이다. 그러나 수년 뒤 그는 친구에게 쓴 편지에서 이렇게 말했다. "조상 덕에 얻은 신분으로 명예를 좇는 짓거리는 자기들이나 하라고 하게. 나는 더 높은 가치를 추구한다네. 신께서 우리보다 높은 곳에 있는 무언가를 보도록 허락하신 소수의 사람들이 있거든."

당시 천문학자들은 일식과 합(행성이 태양과 같은 황경, 즉 황도좌표의 경도에 있는 상태)에 대해 추론하거나 하늘에서 벌어지는 사건들을 예측할 때 2세기 이집트인 프톨레마이오스와 16세기 천문학자 코페르니쿠스가 만든 표를 사용했다. 그는 열일곱 살인 1563년에 목성과 토성이 일치되는 모습을 관찰했는데, 두 가지 표만으로는 이런 현상을 정확히 예측할 수 없었다. 이는 브라헤가 새롭게 발견한 사실이 아니었다. 15세기 초 포르투갈의 '항해왕' 엔히크(Henrique) 왕자와 함께했던 해군 장교는 조석표(潮汐表, 밀물과 썰물의 시각과 해면의 높이를 추산해 만든 표)로 항로를 찾을 때 겪은 어려움을 토로하면서 "프톨레마이오스가 대단하다는 점은 인정하지만, 우리는 모든 것이 그의 말과 다르다는 사실만 발견했다"라고 언급했다. 무엇보다 심각한 문제는 천문학적 계산 착오 때문에 당시 군주들이 정치적·군사적 판단을 내릴 때 의존하는 점성학의 정확성이 떨어진다는 점이었다.

브라헤는 천문학의 자매 학문인 점성학 분야가 발전하려면 오랜 세월 동안 밤하늘을 정확하게 관측해야 한다는 것을 어렸을 때 이미 깨달았다. 그는 항성과 행성의 각도를 측정할 수 있는 라디우스(커다란 컴퍼스와 비슷한 도구)를 사용해 밤마다 관찰한 것을 기록했다. 세월이 흐른 뒤에는 행성들 사이의 거리를 좀 더 정확하게 측정할 수 있는 도구를 직접 발명했다. 당시에는 망원경이 없었기 때문에 브라헤는 수십 년간 오로지 맨눈으로 하늘을 관찰했으며 그가 남긴 방대한 자료는 천문학 발전에 크게 기여했다.

브라헤가 살던 시대에는 과학자들이 기존의 정설에 자신이 발견한 내용을 끼워 맞추고자 부단히 노력했다. 예를 들어 천문학자들은 태양 주변을 도는 행성의 궤도가 완벽한 원형이라고 믿었는데, 그 이유는 기하학적 측면에서 원형이야말로 우주의 창조주처럼 무결하고 항구적인 존재였기 때문이다. 이와 다른 시각은 정확하지도 않을뿐더러 심지어 불경한 생각으로 간주되었다. 그러다 보니 종종 연구 결과를 조작하기도 했다.

1572년 브라헤는 카시오페이아자리에서 밝게 빛나는 새로운 별을 발견했다. 고대부터 달의 궤도 너머의 우주는 영원불변하며 오직 달과 지구 사이에만 변화가 일어난다는 이론이 정설이었다. 따라서 별이 새로 나타나거나 사라지는 일 따위는 절대 벌어질 수 없다고 믿었다. 성경은 조물주가 태초에 하늘을 만들었다고 했을 뿐 여전히 만들고 있다는 이야기는 한 적이 없다. 따라서 새로운 물체는 달의 궤도 아래에만 존재해야 한다. 그러나 브라헤는 자신이 관찰한 내용을 토대로

2천 년 동안 정설로 받들어온 천문학 이론을 무너뜨렸다. 그는 1573년에 출간한 책『신성』(De nova stella)에서 자신을 비판하는 사람들을 "아둔하기 짝이 없는 눈뜬장님"이라고 표현했다.

브라헤는 관습에 매이지 않은 발상으로 화석화된 사고의 고리를 끊었다. 그의 명성은 온 유럽에 퍼졌다. 하지만 그의 시각에도 오류는 있었다. 그중 하나가 '수정된 천동설'이다. 그는 달이 지구의 둘레를 돌고 행성은 태양의 둘레를 돈다고 믿었다. 그러나 태양이 지구의 둘레를 돈다는 독특하면서도 잘못된 생각을 했다.

21년 동안 브라헤는 자신이 설계한 우라니보르 천문대에서 덴마크 왕 프레데리크 2세의 지원을 받아 천문학과 연금술을 연구했다. 이곳은 천문학의 중심지가 되었고 온 유럽의 군주들을 비롯해 귀족과 학자들이 세계적인 천재를 만나려고 찾아왔다. 그러나 프레데리크 2세의 아들인 크리스티안 4세는 권력을 잡고 나서 1597년에 브라헤를 추방했다. 전해지는 말에 따르면 당시 19세였던 왕은 브라헤가 자신의 어머니인 소피 왕비와 내연관계였기 때문에 그를 내쫓았다고 한다. 이후 브라헤는 신성로마제국 황제 루돌프 2세의 궁이 있는 프라하에 거처를 마련하고 황실의 천문학자이자 수학자가 되었다.

황제는 브라헤의 천문학 연구가 점성학 이론을 좀 더 정교하게 다듬어줄 것이라고 기대했다. 그러나 브라헤는 이미 오래전에 점성학으로는 정확한 예측을 할 수 없다는 결론을 내린 터였다. 점성학자 두 명이 똑같은 정보를 토대로 상반된 예측을 내놓았기 때문이다. 그럼에도 그는 오랫동안 정신적으로 시달려온 군주를 안심시키면서 그가 우울증에 빠지지 않도록 도와주었다.

1600년 2월 브라헤는 28세의 독일인 요하네스 케플러를 새로운 조수로 고용했다. 케플러는 뛰어난 수학자였지만 감정 기복이 심하며 건강염려증을 앓고 있었다. 그는 우주가 그 자체로 신의 형상을 나타내기 때문에 태양은 성부(聖父), 행성은 성자(聖子), 그 사이의 공간은 성령(聖靈)과 대응한다는 이론을 세웠고 이 내용을 책으로 펴낸 적이 있었다. 케플러가 브라헤와 함께 일하기로 결정한 이유는 브라헤가 40년 동안 기록한 관측 자료를 얻어 자신의 이론을 증명하기 위해서였다. 케플러는 어릴 때 앓았던 천연두의 후유증으로 시력이 떨어져 별을 또렷하게 볼 수 없었기 때문이다.

케플러는 1584년에 우라니보르에서 자신의 자료를 몰래 베낀 천문학자 니콜라우스 라이머스 베어(Nicolaus Reimers Baer)를 붙잡은 적이 있었다. 하지만 자신에게는 관대했다. 케플러는 브라헤의 발견 중 다수가 자신의 성과라고 주장하면서 브라헤에게 표절에 대한 두려움을 심어주었다. 그래서 브라헤는 수학이 필요한 작업을 할 때만 케플러에게 자료를 조금씩 제공했다.

브라헤와 일을 시작한 지 한 달도 지나기 전에 케플러는 일기장에 적어둔 것처럼 3주 동안 "도저히 통제할 수 없을 만큼 치밀어 오르는, 미칠 듯하고" 엄청난 분통을 터뜨리면서 거의 해고당할 뻔했다. 그러나 케플러의 수학적 재능이 필요했던 브라헤는 금세 그를 용서했으며 거주 문제나 음식 지원을 비롯해 휴가와 관련된 수많은 요구를 들어주었다. 심지어 황제를 통해서 후원금을 두둑하게 제공하기도 했다. 그래도 40년간의 관측 기록만큼은 내주지 않았다.

1600년 4월 5일 브라헤와 회의를 하던 케플러는 다시 한번 엄청나게 화를 냈으며 브라헤에게 배배 꼬인 말투로 비난을 잔뜩 적은 편지를 보냈다. 브라헤는 친구에게 보낸 편지에서 케플러를 "광견병에 걸린 개"로 묘사했다. 그럼에도 브라헤는 케플러가 사과하자 그를 용서해주었다. 심지어 1601년 10월에는 케플러가 '루돌프 표'라고 불리는 항성과 행성의 목록 및 운행표를 만드는 데 필요한 자금을 지원받을 수 있도록 황제에게 그를 소개하기도 했다.

케플러는 비록 좋은 대접을 받기는 했지만, 수년 동안 다른 사람의 이론을 뒷받침하는 계산 작업에만 매달리다 보면 자신의 성과를 책으로 펴내지 못하거나 명성을 얻지 못할 수도 있다고 생각했다. 그는 브라헤가 자료를 출판하지 않거나 자신에게 보여주지도 않을까 봐 염려했다. 만약 브라헤가 죽는다면 그가 남긴 모든 자료는 자신이 아니라 그의 후손에게 갈 것이 뻔했다. 관측 자료를 손에 넣지 못할 수도 있다는 생각에 케플러는 조바심이 났다.

케플러가 새로운 연구를 시작한 지 며칠 지났을 때 브라헤는 인생에서 마지막으로 연회에 참석했다. 고통스러워하며 집에 도착한 그는 소변을 보지 못해 배가 부어올랐고 고열에 시달리다가 잠이 들었다. 이후 열흘 동안 온몸에 통증을 느꼈다. 때로 정신착란 증세를 보이면서 끊임없이 "모든 게 다 허사가 될지도 몰라!"라는 말을 반복했다. 아주 가끔씩 한참을 쥐어짜야 겨우 한두 방울의 소변을 보았을 뿐이다. 그러다가 열흘째 되던 날 통증이 잠잠해지고 정신이 또렷해지면서 병세에 차도가 보이는 듯했다. 하지만 브라헤는 여전히 자신이 죽을지도 모른다고 걱정했다. 그래서 가족과 함께 기도하고 찬송한 뒤 자신의 자료와 장비를 케플러가 아니라 가족에게 물려주겠다고 유언했다. 그런 다음 깊은 잠에 빠져들었고 다시는 일어나지 못했다.

유명한 천문학자의 수상한 죽음은 독살 의혹을 불러왔다. 노르웨이 베르겐의 주교는 브라헤의 이전 조수에게 다음과 같은 편지를 보냈다. "튀코 브라헤에 대해 뭔가 아는 것이 있다면 말해주시오. 최근 그의 죽음과 관련해 석연치 않은 소문이 돌고 있는데… 이런, 헛소문일 따름이겠지. 신께서 우리에게 자비를 베푸시길." 유명한 독일 천문학자 게오르크 롤렌하겐(Georg Rollenhagen)은 "건강했던 그가 배뇨곤란 따위로 숨졌다는 것은 말이 안 된다"라면서 브라헤는 독살된 것이 분명하다고 주장했다.

브라헤가 독살을 당했다고 가정할 경우 사람들의 눈은 한두 명의 용의자에게로 향할 것이다. 그중 한 명은 덴마크의 왕 크리스티안 4세다. 그는 여전히 자기 어머니와 브라헤의 관계에 분노하고 있었기 때문에, 비록 수백 킬로미터 떨어져 있다고 해도 브라헤의 사촌 에리크(Erik)를 시켜서 연회 직전 술에 사악한 물질을 넣을 수 있었다. 다른 용의자는 누구일까? 가족들이 슬퍼하며 장례를 치르는 동안 브라헤의 집에서 관측 기록을 훔쳐 나온 케플러 말고 누가 있겠는가.

케플러는 절도를 인정하는 대신 도리어 큰소리를 쳤다. "관측 자료의 소유권은 내게 있다. 나는 자료를 넘겨줄 생각이 없다!" 그는 몇 년 뒤에 "진실은 시간이 지나면 밝혀지기 마련이다. 그리고 내가 그것을 앞당겼다는 것이 부끄럽지 않다"라고 말했는데, 어쩌면 절도 사건에 대해 언급한 것일 수도 있다.

브라헤의 그림자에서 벗어나고 자료까지 확보한 케플러는 결국 바라던 명성을 얻었다. 브라헤의 갑작스러운 죽음에 충격을 받은 루돌프 황제가 케플러를 황실 수학자로 임명한 것이다. 케플러는 브라헤의 방대한 연구 일지를 토대로 행성의 움직임에 대한 세 가지 법칙을 정리했는데 그중 하나는 행성의 궤도가 이전에 믿었던 것처럼 원형이 아니라 타원형이라는 내용이었다. 그는 또한 태양이 자석처럼 주변 행성이 가까이 있을 때는 강하게, 멀리 있을 때는 약하게 잡아당긴다는 개념을 발전시켰다. 이는 1687년 아이작 뉴턴이 케플러의 작업을 이용해 공식화할 만유인력의 법칙과 놀랍도록 가까운 내용이다.

케플러의 명성이 높아지자 그가 브라헤를 살해했다는 소문은 잠잠해졌으며 독살보다는 자연사라는 주장이 점점 더 힘을 얻었다. 또한 의학이 발전하면서 브라헤가 급성 요독증(몸속의 노폐물이 오줌으로 빠져나오지 못하고 핏속에 들어가 중독을 일으키는 병증)으로 사망했을 것이라는 추론이 널리 받아들여졌다.

현대의 검시와 진단

1901년 프라하의 연구자들은 브라헤 사망 300주기 기념행사의 하나로 그의 무덤을 열었다. 그들은 고급 비단 셔츠를 입고 울로 짠 양말과 비단 신발을 신었으며 모자를 쓴 키 168센티미터의 유골을 발견했다. 비록 시신에는 가짜 코가 없었지만 연구자들은 브라헤가 젊은 시절 결투를 하다가 생겼다는 콧등의 반원 모양 상처를 확인했다. 상처 부위가 초록빛으로 변색되어 있었는데 검사 결과 황동 때문이라고 밝혀졌다. 따라서 브라헤가 금 또는 은으로 된 코를 붙이고 있었다는 소문은 사실이 아닐 수도 있다. 어쩌면 특별한 경우에만 금이나 은으로 된 코를 붙였을지도 모른다.

비록 천장에서 떨어진 돌에 맞아 두개골이 부서졌지만 눈썹, 비단 모자 안의 머리카락, 10센티미터 정도 길이의 콧수염 등 많은 체모가 남아 있었다. 연구자들은 콧수염 일부를 떼어 조사했다.

1991년 독성학(毒性學) 분야의 권위자이며 코펜하겐 법의학 연구소 소장인 벤트 켐페(Bent Kaempe)는 독살의 소문을 확인하고자 브라헤의 콧수염을 검사했다. 그는 브라헤가 죽기 전 며칠 동안 심각한 요독증을 앓았다고 밝혔다. 승홍 중독을 포함해 몇 가지 요인이 요독증을 일으킬 수 있다. 켐페는 중금속 검사를 통해 비소와 납을 검출했지만 심각한 질병을 일으킬 정도로 많은 분량은 아니었다. 수은은 덴마크인 평균치보다 100배 넘게 검출되었다. 그는 브라헤가 연금술 연구실에서 실수로 치사량의 승홍을 들이마시는 바람에 신장이 망가졌다고 추측했다. 하지만 1996년에 실시한 모근 검사 결과를 보면 브라헤가 죽기 13시간 전 또는 전날 저녁 9시경부터 그의 몸에서 수은 수치가 급격하게 올라간 것을 알 수 있다. 브라헤는 두 번 중독되었다고 볼 수 있는데 첫 번째는 연회가 있던 날 저녁이고 그다음은 그가 죽기 전날 밤이다. 두 사건 때문에 그는 죽음을 맞이한 것으로 보인다. 그렇다면 케플러가 연회 전 브라헤의 음료에 승홍을 넣었고 열흘 뒤 그가 회복되는 것처럼 보이자 다시 독을 먹인 것일까?

하지만 과학이 늘 정확한 것은 아니다. 튀코 브라헤의 독살에 대한 자극적인 루머가 수그러들지 않자 2010년 덴마크와 체코 과학자들로 이루어진 연구팀이 다시 그의 유해를 발굴했다. 그들은 새로 채취한 체모를 핵물리 연구소와 덴마크 남부 대학교의 물리학부, 화학부, 약학부에서 검사했다. 검사 결과 브라헤가 죽기 2개월 전쯤에 그의 몸에 흡수된 수은 수치가 살짝 높게 나타났다. 아마도 수은이 들어간 치료제를 복용한 것으로 여겨진다. 이후 수은 수치는 급격히 감소했다. 중금속중독을 확인하려고 뼈의 표본을 분석한 결과 브라헤는 연금술 연구실에서조차 많은 양의 수은 증기를 들이마신 적이 없는 것으로 드러났다. 이는 살인을 시사했던 1990년대의 연구 결과를 정면으로 반박하는 내용이었다.

그렇다면 무엇이 그를 죽인 것일까? BPH라고 부르는 '전립샘 비대증'일 가능성이 가장 높아 보인다. 전립샘은 소변이 통하는 요도를 감싸고 있다. 전립샘이 커지면 요도를 압박하면서 배뇨곤란을 일으키는데, 치료하지 않으면 목숨이 위험한 증상이다.

케플러는 혐의를 벗었다. 비록 그는 도둑이었지만 살인자는 아니었다. 그러나 그토록 바라던 명성을 얻고도 정신적인 문제에 시달렸다. 건강과 행복은 그의 편이 아니었으며, 건강염려증 때문인지 점성술을 신봉했기 때문인지는 알 수 없으나 그는 자주 사혈 치료를 받았다. 아마도 별자리 운세가 죽음을 예견하자 심각한 우울증에 빠졌던 것으로 보인다. 결국 그는 1630년 11월 15일에 독일의 리겐스부르크에서 마지막 순간을 맞이했다. 그는 고열과 정신착란 증세를 보이다가 누운 채로 아무 말 없이 하늘을 가리켰다. 그가 죽던 날 밤 하늘에서 유성이 떨어졌다.

11장

이탈리아의 천재 화가,
카라바조

한 남자가 죽어가고 있었다. 7월의 어느 더운 날 그는 토스카나의 작은 항구도시 포르토 에르콜레의 병원 침대에 누워 해안에서 들려오는 파도 소리를 듣고 있었다. 열린 창문으로 시원한 바람이 불어와 방 안에 가득한 땀과 분비물의 악취를 씻어냈다. 잠시나마 기분이 나아졌다. 하지만 위대한 예술가로 손꼽히는 이 사내는 인생의 빛과 그림자가 전부 지나가고 이제 곧 자신에게 영원한 어둠이 찾아올 것임을 직감했다.

병원 신세를 지고 있던 그의 이름은 미켈란젤로 메리시(Michelangelo Merisi)였으며 사람들은 그를 카라바조 (Caravaggio)라고 불렀다. 카라바조는 그가 태어난 이탈리아 북부의 도시다. 그의 죽

◆ 카라바조(1572-1610)

음에 대해 자세히 알려진 바는 없지만 그에게는 적이 많았다. 그는 종종 말다툼이나 결투를 했으며 때로는 살인을 저질렀다. 투옥되었다가 추방당한 적도 있었고 현상금 사냥꾼에게 쫓기기도 했다. 과연 무엇이 그를 죽음으로 몰아간 것일까? 팍팍한 삶과 무수한 상처 혹은 일사병이나 말라리아에 걸렸기 때문일 수도 있다. 어쩌면 적이 쫓아와 치명상을 입혔거나 포도주에 무언가를 탔을지도 모른다.

　　카라바조는 로마로 가던 중 낯선 마을에서 숨을 거두었다. 당시 장례를 집전할 만한 신부가 없어서 장례식도 치르지 못한 채로 아무런 표식이 없는 무덤에 묻혔다고 한다. 그러나 최근 그의 것으로 보이는 유골이 발견되었으며 죽음뿐만 아니라 사치스럽고 소란한 삶의 단서가 드러났다. 카라바조의 탁월한 예술 감각은 그의 폭력성 때문에 퇴색된 면이 있다.

　　카라바조가 십 대 시절 잠깐 동안 밀라노의 한 평범한 예술가 밑에 있기는 했지만, 다수의 전문가들은 그가 독학으로 뛰어난 업적을 이루었다고 본다. 당시 여느 화가들과는 다르게 그는 프레스코 기법을 배운 적이 없었다. 밑그림을 그리지 않았을 뿐만 아니라 사물의 구도를 잡지도 않았다. 덧칠하기 위해 물감이 마를 때까지 기다리지 않고 캔버스 위에서 몰아치듯 붓을 놀렸다. 이처럼 그는 관습에서 벗어나 자신만의 뚜렷한 업적을 남겼다.

　　1592년 20세가 된 카라바조는 한 남자를 죽이고 밀라노를 떠나 로마로 갔다. 예술의 도시 로마는 가톨릭교회로부터 큰돈을 벌고 싶어 하는 모든 화가에게 꿈의 도시였다. 카라바조의 초상화를 보면 그가 풍성하고 흐트러진 검은 머리와 짙은 눈썹, 풍성한 콧수염에 턱에는 염소수염을 기른 매력적인 남자라는 것을 알 수 있다. 하지만 커다란 갈색 눈은 고통스러운 내면을 드러내고 있으며 전체적으로 무언가에 사로잡힌 듯 기이한 표정을 짓고 있다.

한 목격자의 법정 진술에 따르면 그는 거무스름하고 허름한 옷차림에 조금 해어진 바지를 입었다고 한다. 카라바조가 죽고 3년 뒤에 태어난 전기 작가 조반니 피에트로 벨로리(Giovanni Pietro Bellori)는 "그의 행동과 옷에 대해서라면 착각할 여지가 없다. 언제나 최고급 벨벳 소재의 옷만 입기 때문이다. 하지만 옷 한 벌을 맞추면 누더기가 될 때까지 그것만 입었다"라고 썼다.

귀족과 성직자 등 힘 있는 사람들 밑에서 일하는 소수를 제외하면 로마의 예술가 대부분은 도둑이나 매춘부와 함께 더럽고 허름한 곳에서 살았다. 그들은 술에 취해 주먹을 휘두르거나 매춘부와 어울렸으며 일거리를 얻기 위해 경쟁했다. 때로는 한 여자를 두고 싸웠다. 감옥을 들락거리는 동안 방세가 밀려서 집주인을 피해 도망치는 일도 흔했다. 하지만 머리가 깨질 듯한 숙취나 이런저런 소동으로 입은 부상에서 회복한 뒤 놀라운 예술 작품을 창조하기도 했다.

카라바조의 인생은 마치 자신의 작품 속 인물들처럼 그늘에 가려져 있다. 그러나 로마 법원의 기록을 통해 그가 누군가의 머리를 칼등으로 치고 상해를 가하는 등 늦은 밤에 벌어진 수많은 폭행 사건에 연루되었다는 사실은 알 수 있다.

1604년 그는 무례하게 굴었다는 이유로 술집 종업원의 얼굴을 아티초크(국화과의 여러해살이풀)가 담긴 접시에 처박았다. 또한 경찰관에게는 돌을 던지면서 엉덩이를 칼로 쑤셔버리겠다고 협박했다. 그 외에도 그는 문을 부수고 피와 배설물이 담긴 동물의 방광을 던지며 거대한 남근을 그리는 등의 모욕죄를 저질렀고 이 일로 적어도 한 번 이상 체포되었다.

1605년 7월 말에 두 여성이 카라바조를 고소했다. 그가 그녀들의 집에 흠집을 냈기 때문이다. 한 남자는 그를 폭행죄로 고소했다. 한 번은 집세가 밀려서 쫓겨나자 주인집 창문에 돌을 던져 모조리 깨버렸다. 어느 날 밤에는 나보나 광장에서 한 여자를 두고 어떤 남자와 논쟁을 벌이다가 그의 뒤통수를 후려친 적도 있었다.

카라바조가 가끔씩 포주 역할을 했을 가능성도 있다. 지체 높은 여성들이 포즈를 취해줄 리 없었기 때문에 예술가들 대부분은 창녀를 모델로 썼으며 이는 카라바조도 마찬가지였다. 그가 포주 역할을 했다고 가정하면 그의 기묘한 인생 궤적을 납득하기 쉽다. 칼 솜씨가 뛰어났던 그는 여성들의 유능한 보호자가 될 수 있었다. 아마도 일의 대가로 그들에게 융숭한 대접을 받았을 뿐만 아니라 돈과 그림의 모델을 얻은 것은 물론 성적인 욕망까지 채웠을 것이다.

카라바조의 욕망이 여성에게만 향한 것은 아니었다. 오늘날로 치면 그를 범성애자, 즉 상대방의 성 정체성을 상관하지 않고 존재 자체를 사랑하는 사람이라고 부를 수 있다. 당시 많은 사람이 그가 젊은 조수와 성적인 관계를 맺는다며 비난했다. 그의 전기 작가이자 라이벌이었던 조반니 발리오네(Giovanni Baglione)조차 그를 동성애에 빠진 악마 모습의 큐피드로 묘사한 적이 있다.

카라바조는 감옥에 갇혀도 하루나 이틀이 지나면 풀려나곤 했는데, 그에게는 추기경이라는 든든한 뒷배가 있었기 때문이다. 엄청난 예술 애호가인 프란체스코 마리아 부르본 델몬테(Francesco Maria Bourbon del Monte) 추기경은 카라바조의 혁명적인 화풍에 매료되어 그에게 의식주를 제공하고 그를 로마 교회 후원회에 소개했다. 그에게는 카라바조를 감옥에서 빼낼 만한 능력이 있었다.

카라바조의 작품은 강렬하고 불편하면서도 논쟁을 불러일으킬 만했으며 무엇보다 수 세기 동안 이어져온 예술적 전통을 무너뜨렸다.

이전에는 카라바조처럼 빛과 그림자를 자유자재로 표현하는 예술가가 없었다. 그뿐만 아니라 누구도 마리아와 요셉을 비롯해 열두 사도나 성인들을 부러진 손가락, 찢어진 옷, 때 묻은 발, 볕에 그을린 얼굴을 한 보통 인간으로 묘사한 적이 없었다. 진정한 기적이란 남루하고 발톱에 때가 낀 사람들도 신의 은총을 얻을 수 있다는 것이 그가 전하려고 했던 메시지였다.

카라바조의 현실주의적 표현은 인간의 형상에만 머물지 않았다. 그는 문드러진 과일, 벌레 먹은 사과, 시들시들한 포도를 그렸다. 죽음과 부패는 우리 주변 어디에나 있으며 오직 신이 내려주신 은총의 빛에 닿음으로써 구원받는다는 뜻이 담겨 있었다.

사람들은 카라바조가 로마 교회들을 위해 그린 제단화를 보고 깜짝 놀랐다. 지금껏 현실을 그토록 극적이고 적나라하게 표현한 사람이 없었다. 수많은 인파가 그의 작품을 보기 위해 이탈리아 전역에서 모여들었다. 감동을 느낀 사람도 많았지만 한편으로는 더럽게 묘사된 발을 불경하다고 여기며 불편해했던 사람들도 있었다. 그들이 생각하는 예술은 삶을 있는 그대로 드러내는 것이 아니라 정결하고 위엄 있는 모습을 보여주는 것이기 때문이다. 그의 전기 작가 벨로리는 이렇게 평가했다. "유명한 예술가들 몇몇이 이제 평범하고 서민적인 것, 지저분함과 결함을 묘사하기 시작했다. 그들이 그리는 인물은 양말과 바지, 큰 모자를 착용하고 있는데 피부의 주름과 흉터, 옹이가 진 손가락과 질병으로 뒤틀린 사지가 두드러져 보였다."

1605년 카라바조는 어두운 문간에서 아기 예수를 안고 우아하게 서 있는 성모 마리아 앞에 맨발의 순례자와 주름이 자글자글한 노파가 무릎 꿇은 모습을 묘사한 〈로레토의 성모〉(*The Madonna of Loreto*)를 그렸다. 여기에는 부자와 권력자만이 아니라 가난하고 비천한 자들에게도 신의 은총이 내린다는 메시지가 담겨 있었다. 노동자들도 이 그림을 보기 위해 각지에서 찾아왔다. 카라바조의 맞수였던 발리오네는 질투가 폭발한 나머지 부루퉁한 어조로 이렇게 말했다. "산타고스티노성당의 왼쪽 첫 번째 예배당에 그린 〈로레토의 성모〉에는 두 순례자가 나오는데, 그중 한 명은 발이 진흙 범벅이었으며 다른 한 명은 지저분하고 찢어진 모자를 썼다. 대중들은 커다란 그림에서 그토록 사소한 부분을 보고도 야단법석을 떨었다."

　카라바조는 현실주의적 시각 때문에 굴욕을 당한 적도 몇 번 있었다. 그가 그린 〈성 마태오와 천사〉(*Saint Matthew and the Angel*)는 교회에서 즉시 거절을 당했는데 성자의 울퉁불퉁한 맨다리에서 이어지는 두툼하고 볼품없는 발이 보는 이의 얼굴을 향하고 있었기 때문이다. 그리고 1606년에는 그림 두 점이 더 거절을 당했다. 그중 하나는 성베드로대성당의 제단을 장식하기 위해 그린 것으로 지금껏 역작이라고 평가받는 작품이다.

　이런 과정을 겪으면서 쌓아온 굴욕감이 그를 궁지로 몰아갔을 수도 있다. 1606년 5월 28일 그는 자기처럼 분별력이 떨어지는 라누치오 다테르니(Ranuccio da Terni)와 다툼을 벌이다가 그를 죽이고 말았다. 둘이 왜 싸웠는지는 알 수 없다. 꼼짝없이 사형을 당할 처지에 놓인 그는 부상을 입은 몸으로 가족의 오랜 친구이자 영향력 있는 인사인 마르케사 코스탄자 콜로나(Marchesa Costanza Colonna)를 찾아갔다. 그녀는 그를 빼내어 나폴리 왕국에 있는 자기 사유지로 보냈는데 그곳에서 그는 많은 작품 의뢰를 받았다.

　그가 죽인 남자의 가족들뿐 아니라 로마에서 보낸 현상금 사냥꾼들을 생각하면 카라바조는 나폴리에서도 안심하지 못했던 것이 분명하다. 1607년 6월에 몰타로 떠났기 때문이다. 그를 후원했던 로마의 귀족들 덕분에 그는 '몰타 기사단'에 지원할 수 있었다. 몰타 기사단은 교황의 직속 군사조직으로 단원에게는 가입하기 전에 저지른 범죄에 대한 면책특권이 주어졌다. 비록 그에게는 단원 자격을 살 만큼의 돈이 없었지만 대신 지도자들의 초상화를 비롯해 걸작을 그릴 재능이 있었다. 1년의 선발 과정을 거친 뒤 그는 기사단의 일원이 되어 평소 꿈꾸던 특권과 안정을 누리게 되었다. 하지만 그러고 나서도 그는 다른 기사와 다투고 상대에게 심한 부상을 입혔다.

　　결국 카라바조는 성 밖의 절벽에 파놓은 구덩이인 구바(guva)에 던져졌다. 구바의 위쪽 입구는 들창으로 막혀 있었다. 구덩이에서 한 달을 갇혀 있던 그는 어떻게 했는지 바다 위 60미터 높이의 깎아지른 절벽 아래로 기어 내려갔다. 그리고 몇 주 뒤 그곳에서 100킬로미터 떨어진 시칠리아의 시라쿠사에 모습을 드러냈다. 이제 그는 로마의 현상금 사냥꾼과 라누치오의 가족뿐만 아니라 그가 들어가기 위해 엄청난 노력을 쏟아부었던 기사단에게조차 쫓기는 신세가 되었다. 시칠리아에서도 그는 계속 그림 의뢰를 받았다. 그러나 1609년 9월에는 교황의 사면 소식을 전해줄 후원자를 기다리기 위해 나폴리로 돌아왔다. 그는 유랑에 싫증이 나서 로마로 돌아가고 싶어 했다.

　　10월의 어느 날 밤 카라바조는 남창(男娼)을 찾는 이들에게 유명한 좁은 골목길의 한 여관을 방문했다. 그런데 그가 건물에서 나왔을 때 한 무리의 무장한 남자들이 그를 붙잡아 얼굴을 심하게 때렸다. 그에게 앙심을 품은 누군가가 앙갚음했을 것으로 추측된다. 하지만 카라바조에게 공격을 받아 다친 사람이 너무 많다 보니 누가 이런 짓을 했는지 단정하기는 쉽지 않다.

　　카라바조는 6개월 동안 자신의 후원자인 코스탄자 콜로나의 나폴리 별장에서 지내며 몸을 추슬렀다. 그리고 1610년 7월 둘째 주 '펠루카'라고 불리는 작은 배에 그림 세 점을 싣고 로마로 향했다. 그 그림들은 아마도 교황에게 사면을 받도록 도와준 로마의 힘 있는 추기경에게 줄 선물이었을 것이다. 펠루카는 적어도 두 명 이상 탑승해야 출항했기 때문에 그 외의 다른 승객이 있었을 듯하다.

며칠 동안 항해한 끝에 그들은 로마에서 서쪽으로 32킬로미터 떨어진 스페인 요새, 팔로에 도착했다. 그곳은 무거운 상품들을 배와 마차에서 내려 운반하는 교역의 중심지였기 때문에 카라바조는 거대한 상자에 담은 그림 세 점을 옮기는 데 적합한 운송수단을 구할 수 있었다. 그러나 카라바조는 또다시 사고를 쳤다. 군인이 서류와 화물을 검사하자 그를 모욕해서 감옥에 갇힌 것이다. 이틀 뒤 그가 감옥에서 나왔을 때 집으로 돌아가는 대가로 치를 예정이었던 귀중한 그림을 실은 펠루카가 떠나버렸다.

카라바조는 그림을 되찾기 위해 다른 승객의 목적지인 포르토 에르콜레로 달려갔다. 그는 말을 타고 80킬로미터를 달렸다. 하지만 목적지에 도착하자마자 쓰러졌다. 발리오네는 고소해하면서 "결국 그는 해안가 마을에 도착했고 고열이 나서 앓아누웠다. 그는 자포자기한 상태였으며 며칠 뒤 그가 살았던 삶 못지않게 비참한 죽음을 맞이했다"라고 썼다.

그는 태양이 작열하는 이탈리아의 여름 날씨 속에서 해안을 따라 미친 듯 달리다 진이 빠져 죽은 것일까? '이탈리아의 독'이라 할 수 있는 말라리아에 걸렸을까? 잦은 부상과 도를 넘은 인생 행보 때문에 체력이 약해진 것일까? 그의 방탕한 삶을 생각하면 매독이 원인이었을 수도 있다. 고열에 시달린 점을 감안하면 적의 칼에 찔렸거나 독살을 당하지는 않았을 것으로 보인다.

현대의 검시와 진단

2010년 이탈리아 연구원 실바노 빈체티(Silvano Vinceti)는 흥미로운 사실을 알게 되었다. 포르토 에르콜레에 있는 산세바스티아노성당 기록보관소에서 발견된 수도승의 문서에 따르면 어떤 예술가가 지역 병원에서 죽은 후 성당 묘지에 묻혔다는 것이다. 묘지의 유골들은 1956년 새로운 건물을 짓기 위해 부지를 정리할 때 시립 공동묘지 보관소로 옮겨졌다. 빈체티의 연구팀은 카라바조와 성별, 나이, 체격, 사망한 해가 일치하는 유골을 찾기 위해 1년 가까이 그곳에 안치된 뼈와 두개골, 치아 등을 검사했다.

마침내 1610년경에 매독으로 사망했고 38세에서 40세로 추정되는 키 큰 남자의 유골을 발견했다. 그것만으로 유골 주인이 카라바조라고 단정할 수는 없지만 정상치를 훌쩍 넘는 납이 검출된 점을 고려하면 가능성이 커 보인다.

르네상스 시대의 화가들은 납으로 만든 흰색 물감을 사용했다. 카라바조의 그림에서 보이는 밝은 빛은 비소 화합물인 웅황과 안료를 섞어 만든 물감으로 표현한 것이다. 당시 많은 화가가 붓끝을 입으로 빨아서 뾰족하게 만들었기 때문에 자연스럽게 독성물질이 입속으로 들어갔다. 또한 물감 묻은 캔버스를 만진 손이나 물감이 튀어도 빨지 않았던 작업복을 통해서 독성이 몸에 흡수될 수 있었다. 누구도 카라바조가 청결하다고 한 적이 없으니 말이다.

당시 화가들이 쓰던 물감에는 비소와 수은 성분이 들어 있었다. 빨간색 물감을 만들 때는 계관석(비소와 유황으로 이루어진 황화 광물)이나 수은 황화물을 사용했다. 1564년에 죽은 성마른 성격의 미켈란젤로 부오나로티 역시 물감 때문에 만성 중독에 시달렸을 가능성이 있다.

그가 90세까지 살았다는 점을 생각하면 치사량은 아니었을 듯하다. 물감의 독성은 1828년에 죽은 스페인 화가 프란시스코 고야에게도 영향을 끼쳤을 것이다. 손가락으로 물감을 칠했기 때문이다. 비록 82세까지 살기는 했지만 그는 두통, 청력 상실, 어지럼증, 우울증을 비롯해 여기저기 안 아픈 곳이 없었다. 빈센트 반고흐의 환각과 신경 쇠약 증상도 이와 무관하지 않아 보인다.

더욱이 카라바조는 포도주를 통해서 납을 섭취했을 수도 있다. 그의 단골 여인숙에서 팔던 포도주는 포도를 납 용기에 넣어 끓이고 아세트산납을 감미료로 첨가한 다음 납으로 만든 병에 보관해둔 것이었다. 심지어 마실 때도 납으로 만든 잔에 따랐다. 어쩌면 그 여인숙에서 술을 마신 남자가 로마에서 가장 폭력적인 사람이라는 점은 우연이 아닐지도 모른다. 납중독은 기분장애와 더불어 고혈압, 집중력저하, 두통, 복통, 관절통을 일으키기 때문이다. 42세에 숨진 교황 클레멘트 2세 역시 포도주 때문에 만성 납중독에 걸렸던 것으로 보인다. 1959년 독일 연구자들이 밤베르크성당에서 교황의 유골을 발굴해 조사한 결과 포도주를 좋아했던 그의 뼈에서 엄청난 양의 납이 검출되었다.

납중독이 카라바조의 직접적인 사인은 아닐 듯하다. 납중독 때문에 열이 나지는 않기 때문이다. 그러나 그가 부두에서 폭력을 휘둘러 감옥에 갇히게 된 원인을 제공함으로써 간접적인 영향을 끼쳤다고 볼 수도 있다. 그리고 일사병이나 말라리아 같은 질병에 쉽게 걸리도록 면역력을 저하시켜 천재적 예술가를 쓰러뜨렸을 것이다.

카라바조에게 자식이 있는지는 알 수 없지만 연구팀은 뼈에서 추출한 DNA를 카라바조의 고향에 살고 있으며 '메리시'라는 성을 가진 사람들과 비교해보았다. 검사 결과 유전적으로 50~60퍼센트가 일치했다. 이에 따라 연구팀은 뼈의 주인이 카라바조일 확률은 85퍼센트라고 발표했다. 하지만 포르토 에르콜레가 여행객을 끌어들이려고 결과를 조작했다며 이의를 제기하는 사람들도 있다.

　　낯선 곳에서 상처 입고 버려져 고통스러워하던 예술가는 마지막 순간에 자신의 작품 속에서 자주 묘사하던 '신이 내린 은총'을 느꼈을까? 카라바조의 실제 유골인지 아닌지에 대해 왈가왈부하는 것보다는 이것이 훨씬 중요한 주제라고 생각한다.

12장

영국의 왕세자, 헨리 스튜어트

왕세자는 아무런 의욕이 없었다. 평소 같으면 18세의 나이답게 새벽에 벌떡 일어나 사냥을 한 뒤 테니스를 치거나 템스강 변을 달렸을 것이다. 하지만 영국 왕 제임스 1세의 아들인 헨리는 그럴 수 없었다. 1612년 10월 초부터 두통이 시작되었고, 장을 쥐어짜듯이 고통스러운

◆ 헨리 스튜어트(1594-1612)

설사가 멈추지 않은 탓에 잠을 자는 것 외에는 어떤 일도 할 수 없었다. 하지만 의사는 도리어 설사가 나게 하는 약을 더 써야겠다고 생각했다. 그래야 두통을 일으키는 나쁜 기운을 몰아낼 수 있다고 믿었기 때문이다. 10월 12일 의사들은 "엄청난 양의 부패하고 역겨운 담즙을 마지막 점액까지 모조리" 쏟아내도록, 테레빈유와 몇 가지 재료를 섞어 만든 관장약을 스물다

섯 차례나 직장으로 밀어 넣었다.

　병보다는 치료 과정 때문에 지쳤을 것이 분명한 헨리는 팔츠 선제후를 환영하는 가면무도회와 마상 창 시합을 책임지고 있었기 때문에 쉴 틈이 없었다. 선제후는 두 살 어린 여동생 엘리자베스의 약혼자였다. 만약 헨리가 의사들이 대기하는 방에서 침대에 누워 치킨 수프를 먹으며 푹 쉬었다면 빠르게 회복했을지도 모른다.

　금발에 잘생긴 헨리는 1603년 엘리자베스 여왕이 죽은 뒤에야 영국의 권력을 거머쥔 스튜어트 왕가의 기대를 한 몸에 받았다. 왕자는 사냥, 승마, 레슬링, 테니스, 수영, 창술, 사격, 달리기 등 여러 운동에 능했고 전술, 무기, 마상 창 시합 등 군사 분야에 관심이 많았다. 50년 전 에드워드 6세가 죽은 이후로 왕실에 대를 이을 왕가의 아이가 없었기 때문에 영국 백성은 헨리 왕자를 무척 좋아했다.

　헨리는 운동에 뛰어난 재능이 있었지만 학식이 풍부했던 아버지나 선대왕 엘리자베스 1세 그리고 에드워드 6세와 달리 학습 능력은 평범했다. 그러면서도 궁을 학문과 연구의 중심지로 만들고 싶어서 그림과 조각품, 책을 수집했다. 비록 그는 책 읽기를 지루하게 여겼지만 탐험, 채광, 제조업, 선박 설계 분야에는 열정을 보였다. 무언가를 만들고 직접 해보는 것에 흥미를 느꼈기 때문이다. 이처럼 그는 미래의 군주가 될 자질을 키워가고 있었다.

　헨리는 탐험가이자 학자였던 월터 롤리(Walter Raleigh)를 무척 아꼈는데 그는 반역을 꾀했다는 혐의로 1603년 런던탑에 갇혔다. 하지만 롤리는 책을 읽고 글을 쓰면서 연금술을 연구할 수 있도록 일정한 공간을 제공받았다. 왕자는 자주 그를 찾아가 정치와 항해술을 비롯해 여러 가지를 배웠다. 그러면서 다른 왕도 아닌 아버지가 그를 새장에 갇힌 새로 만들었다고 불평했다.

제임스 1세는 1612년까지 과도한 씀씀이와 동성애, 아랫도리를 만지작거리는 흉한 습관 때문에 좋은 평판을 얻지 못했다. 또한 그는 궁을 '소돔'이라는 별칭에 걸맞은 곳으로 만들었다. 특히 영국 사람들은 1607년 앤 왕비의 형제인 덴마크의 크리스티안 4세가 방문했을 때 벌어진 일을 떠올리면서 수치스러워했다. 14일 내내 진탕 마시고 난잡한 잔치를 즐기던 덴마크의 군주는 잔뜩 취해서 몸에 젤리와 크림을 바른 채로 기절했으며, 인사불성이 된 그를 하인들이 침실로 옮겼다.

엘리자베스 1세의 대자인 존 해링턴 경은 당시의 모습을 이렇게 기록했다. "여자들은 절제하지 못하고 취한 채로 흥분해서 뒹굴었다. … 여태껏 그토록 무질서한 광경을 본 적이 없다. … 엉망진창 속에서 끝날 줄 모르고 이어지는 광란의 도가니를 보니 한시라도 이곳을 떠나고 싶었다." 왕비가 처녀들이 노래하고 춤을 추는 "아가씨의 가면 무도회"를 개최하겠다고 했을 때, 신하들은 과연 그녀가 처녀를 한 명이라도 찾을 수 있을지 의문이 들었을 것이다.

'소돔'과 다르게 헨리의 궁은 소박하고 절제된 모습이었다. 그는 심지어 상자를 하나 만들어놓고 신하들이 욕을 하거나 신의 이름을 쓸데없이 들먹이면 거기에 벌금을 넣도록 했다. 그렇게 모인 돈은 가난한 사람들을 위해 썼다.

의무감이 투철했던 왕자는 할 일을 두고 침대에 가만히 누워 있을 수 없었다. 헨리는 여동생과 그녀의 약혼자가 성대한 축하연을 즐기길 바랐다.

10월 14일 신성로마제국의 팔츠 선제후령을 다스리는 16세의 프리드리히 5세가 도착했다. 당시 기록을 보면 선제후는 공주와 대화하는 것을 무척 즐거워했다고 한다. 공주도 선제후가 마음에 들었다. 헨리 역시 미래의 매제에게 호감을 느끼고 그와 많은 시간을 함께 보냈다. 10월 24일에 두 사람은 궁에서 테니스 경기를 했다. 그런데 그날 저녁 무렵 왕자는 고열과 두통으로 앓아누웠다.

헨리를 치료하던 의사들은 왕에게 도움을 청했고, 제임스는 자신이 가장 아끼는 의사요 프랑스 앙리 4세의 주치의였던 스위스인 테오도르 드마예른을 보냈다. 프리드리히의 의사진도 치료를 돕기 위해 합류했다. 하지만 사공이 많으면 배가 산으로 가듯이 의사들은 서로 논쟁하며 시간을 낭비했다. 신하들 사이에서는 벌써 독살 음모에 대한 소문이 돌았고, 스위스 출신의 프랑스 의사가 본국의 이익을 위해 일하거나 어쩌면 영국의 강력한 당파와 모종의 계획을 꾸몄을지도 모른다고 의심했다. 마예른이 자신을 보호하려고 왕자의 병세를 상세하게 기록해둔 덕분에 오늘 우리는 당시 어떤 일이 벌어졌는지 정확하게 이해할 수 있다.

마예른은 헨리의 체액이 본래 지나치게 뜨거운 데다 운동을 좋아하는 그의 성향이 상태를 악화시켰다고 했다. "운동과 과도한 업무 때문에 피로가 쌓였다. 더운 열기 속에서 사냥하고 말을 타고 테니스를 치면서 혈액을 뜨겁게 만들었다(그는 아침부터 온종일 가만히 앉아 있는 법이 없었기 때문이다)." 운동뿐 아니라 과일과 생선을 좋아하는 식성도 문제가 있다고 진단했다. 부패하기 쉬운 체액을 뇌로 직접 올려 보낸다는 이유였다. "게다가 그는 과일을 많이 먹었는데 특히 멜론과 설익은 포도를 좋아했다. 일주일에 사나흘은 한 끼에 지나치리만큼 많은 생굴과 익힌 굴, 생선을 먹곤 했다."

무엇보다 가장 위험한 행동은 수영이라고 진단했다. 물이 모공을 열어서 사악한 증기가 몸속으로 들어오게 만들기 때문이다. "여름에 신체 활동을 하고 난 뒤에는 열을 식히려고 강에 뛰어들어 몇 시간 동안이나 물속에 머물렀다. 식사 후 소화도 되기 전에 말이다. 왕자는 이처럼 평소 불규칙하게 활동하다가 1612년 10월 10일 리치먼드에서 병에 걸렸다."

비록 건강을 회복하지는 못했지만 헨리는 테니스 경기를 마친 다음 날 아침에 아버지와 자신의 궁에서 각각 한 번씩 예배에 참석했다. 신에 대한 의무를 소홀히 여기면 안 된다고 생각했기 때문이다. 예배를 마친 뒤 그는 아버지와 함께 식사했는데, 찰스 콘월리스(Charles Cornwallis) 경이 1626년 왕자에 관해 쓴 책에는 다음과 같은 내용이 있다. "음식을 잘 드시는 걸 보면 속은 멀쩡한 것 같았지만 사람들이 보기에는 안색이 창백하고 눈이 때꾼해서 마치 산송장 같았다." 식사 후 왕자는 몸을 떨고 땀을 흘리며 두통을 호소하기 시작했다. "오후 내내 극심한 고통과 갈증을 느꼈다. 이때 시작된 갈증은 죽기 전까지 계속되었다. 시야가 흐려져서 촛불로는 사물을 구분할 수 없었다. 이날 밤은 아파서 쉬었다."

그다음 날 회복됐다고 느낀 왕자는 옷을 갖춰 입고 12세의 남동생 찰스와 프리드리히를 불러서 함께 카드놀이를 했다. 하지만 그는 얼굴이 창백하고 아파 보였다. 눈은 움푹 들어가고 목소리에는 힘이 없었으며, 입이 마르고 계속 갈증을 느꼈다. 그래서 그날은 가만히 쉬었다고 한다. 10월 29일 목요일 그는 옷을 입으려고 침대에서 일어났다가 기절할 것 같아서 다시 누웠다. 이후 며칠 동안 열이 오르더니 갑자기 이렇게 소리쳤다. "이렇게 있을 때가 아니야. 어서 가야 해!" 그러면서 자신의 의례용 칼과 옷을 달라고 했다.

왕자는 회복이 어려워 보였다. 두통, 어지럼증, 식은땀, 이명 등이 점점 심해졌으며 호흡이 얕아지고 맥박은 빠르게 뛰었다. 목구멍과 혀가 헐고 입술이 검게 변했다. 11월 3일에는 경련을 일으키기 시작했으며 혓바닥이 마르고 백태가 꼈다. 타는 듯한 갈증은 한시도 그치지 않았다. 얼굴은 죽은 사람처럼 창백해졌다가 다시 붉어지기를 반복했다. 부패한 증기가 뇌에 가득 차서 두통이 생겼다고 여긴 의사들은 왕자의 머리카락을 밀고 뜨겁게 달군 컵을 두피에 얹어 물집이 잡히게 만들었다. 그런 다음 수탉과 비둘기를 반으로 가르고 아직 식지 않은 피범벅의 사체를 머리에 올려두었다. 나쁜 체액을 물집에 끌어모아 몸 밖으로 빼내려는 의도였다. 또한 그들은 왕자가 계속해서 구토를 하도록 만들었다. 다른 의사들 역시 설사를 하게 만들거나 갓 죽인 비둘기의 몸에 발을 찔러 넣는 방법 등으로 부패한 기운을 빼내는 것이 최선이라고 생각했다. 또한 의사들은 증기가 혈관에 머물러 있지 않도록 한 번에 200그램 정도의 피를 빼냈다.

대머리가 된 왕위 계승자는 이 시점부터 병세가 더욱 악화되었다. 그는 완전히 탈진했으며 대소변조차 가리지 못해서 침대보를 더럽혔다. 하지만 의사들은 치료법에 대해서 논쟁을 이어갔다.

병실에서 벌어진 소동을 알아챈 왕은 의사들을 모두 물리고 마예른에게 헨리의 치료를 맡겼다. 마예른처럼 경험이 많은 의사 한 명에게 전권을 준 것은 현명한 판단이었다. 하지만 왕국에서 누구보다 중요한 인물을 혼자서 치료한다는 점에 부담을 느낀 마예른은 왕의 제안을 거절했다. 만약 왕자가 죽는다면 모든 비난을 혼자 감당해야 할 뿐만 아니라 자신이 외국인이라는 점을 감안하면 살인 혐의까지 뒤집어쓸 수 있었기 때문이다. 그는 친구에게 이렇게 말했다. "후세에 왕의 장자를 죽였다는 말이 돌도록 할 수는 없네." 이 말을 오해한 사람들은 누군가가 왕의 아들을 독살하려 했다고 믿었다.

콘월리스는 당시 상황을 이렇게 기록했다. "11월 6일 금요일 왕자는 의식이 흐려지면서 기절하고 말았다. 그리고 두세 번 정도 위기가 찾아왔다. 그때마다 방과 궁전, 근처 거리에서 고함 소리와 우는 소리가 크게 들렸다. 왕자의 호흡이 점점 얕아졌고 맥박은 빨라졌다. 얼굴은 더욱 붉어졌고 혀는 검게 변했다. 갈증과 경련이 계속되면서 왕자는 한숨을 쉬기 시작했다. 피와 체액이 넘쳐 사악한 기운이 뇌로 흘러 들어간 것이다.”

런던탑의 '스위트룸'에 감금되어 있던 월터 롤리 경은 자유의 몸이 될 일말의 가능성이 왕자와 함께 사그라지는 것을 느끼고 왕자를 소생시키기 위해 진주, 암모니아, 사향, 위석을 섞어서 물약을 만들었다. 그는 왕자가 중독되어 아픈 것이 아니라면 이 약을 먹고 나을 것이라고 장담했다. 끝이 다가오는 것을 직감한 의사들은 그 물약을 시험해봐도 해롭지 않을 것이라고 판단했다. 물론 그들의 예상대로 해를 끼치지는 않았지만 도움도 되지 못했다.

캔터베리 대주교는 왕자에게 예수 그리스도를 믿고 그분을 만날 준비를 하라고 말했다. 헨리는 말을 할 수 없었으므로 주교는 그에게 손을 들어 예수 그리스도와 그의 부활을 믿는지 대답하라고 청했다. 왕자는 그렇게 했다. 그리고 나서 그들이 할 수 있는 일은 그저 기다리며 기도하는 것뿐이었다. 콘월리스는 왕자의 마지막 순간을 이렇게 묘사했다. “결국 왕자는 밤 8시가 되기 전, 많은 이들이 기도하고 큰 소리로 우는 가운데 자신의 영혼을 하늘에 계신 구원자요 회복자인 불멸의 창조주께 바쳤다.”

이 일로 왕자의 어머니 앤 왕비는 크게 상심했다. 의사들이 그녀까지 목숨을 잃을까 봐 걱정할 정도였다. 5개월 뒤 베네치아 대사는 “그녀는 그 일을 차마 언급하지 못했으며 눈물과 한숨 없이는 회상조차 하지 못했다”라고 보고했다. 오빠의 서거 소식을 들은 엘리자베스 공주는 이틀 동안 식음을 전폐하고 눈물만 흘렸다. 온 나라가 슬픔에 잠겼다. 콘월리스는 당시의 분위기를 이렇게 전했다. “남녀노소 할 것

없이 헤아릴 수 없는 백성이 훌쩍이거나 통곡하거나 눈물로 손을 적시는 등 각자의 방식으로 왕자의 죽음을 애도했다. 어떤 이들은 숨이 끊어질 듯 한숨을 쉬었고 다른 이들은 두 팔을 들어 격정적으로 비통함을 나타냈다. 그들이 흘린 눈물은 강, 아니 바다를 이루었다." 베네치아 대사는 이렇게 추모했다. "우리는 고귀하게 자란 나무 한 그루가 세상을 기쁘게 해줄 탐스러운 열매를 맺을 것이라고 기대했다. 그러나 은밀한 죽음이 너무 빨리 찾아와 희망을 꺾어버렸다. 그는 병마와 죽음에 용기 있게 맞섰으며 경건한 모습으로 끝을 맞이했다."

　　자연스럽게 독살에 대한 소문이 유럽으로 퍼졌다. 콘윌리스는 이렇게 기록했다. "사람들은 그가 치사한 방법에 당했거나 독살당했다는 의혹이 해소되기를 바랐다. … 터무니없는 소문이 외국까지 퍼졌다." 하지만 앤 왕비는 독살이라고 믿었다. 그녀가 생각하기에 독살이 아니라면 월터 롤리 경이 준 약을 먹고 왕자가 살아났을 것이기 때문이다. 헨리의 동생 찰스는 죽을 때까지 형이 독살을 당했다고 여겼다. 많은 사람이 다양한 이유를 들면서 독살설에 동의했다. 사보이 주재 베네치아 대사는 이렇게 말했다. "프랑스 대사가 말하길, 프랑스에서는 왕세자가 독살됐다고 믿으며 심지어 아들의 원대한 계획을 질투한 부왕이 독살에 연루되었다는 말까지 돌고 있다."

　　왕이 때로 아들의 인기 때문에 좌절했던 것은 사실이다. 1610년 사람들이 세인트존스에 있는 헨리의 궁을 훨씬 더 많이 찾자 그는 "왕자가 나를 산 채로 묻어버리려는 것인가?"라고 하면서 분노를 터뜨렸다. 하지만 헨리 대신 왕위를 이어받을 새로운 후계자는 (아마도 구루병으로) 다리가 뻣뻣해서 제대로 걷지도 못하며 말까지 더듬는 찰스 왕자였다. 제임스가 헨리를 살해한다는 것은 마치 자신의 코가 마음에 들지 않아 스스로 발을 찧는 것처럼 스튜어트 왕가 전체를 위험에 빠뜨리는 행동이다. 게다가 헨리가 죽자 제임스 역시 크게 상심했다. 이는 베네치아 대사의 보고를 보면 알 수 있다. "왕은 슬픔에서 벗어나기 위해 무진 애를 썼지만 아무런 소용이 없었다. 중요한 회의를 하다가도 아들을 잃은 슬픔이 북받쳐 '헨리가 죽었다니, 헨리가 죽었다니!'라는 넋두리가 입에서 튀어나왔다."

왕은 아들의 재산을 분배하는 과정에서 자신의 동성 연인 로버트 카(Robert Carr)에게 수만 파운드를 주었다. 이 일로 카가 유산에 욕심이 나서 왕자를 독살했다는 소문이 돌았다. 어떤 사람들은 왕자가 왕위에 오른 뒤 청교도를 국교로 삼을까 봐 우려한 성공회 측에서 왕자를 죽였다고 생각했다. 월터 롤리 경의 반대파가 왕자를 죽였을 가능성도 제기되었다. 그를 싫어하는 사람이 꽤 많았을 뿐만 아니라 헨리가 그를 풀어주겠다고 약속했기 때문이다. 헨리는 그와 약속한 12월이 되기 한 달 전에 죽었다.

영국인들에게는 가톨릭 세력을 의심할 만한 핑계가 있었다. 헨리가 프랑스에서 위그노 군대를 이끌고 싶어 했다는 사실은 프랑스의 가톨릭교도들도 잘 알고 있었다. 무엇보다 2년 전에 앙리 4세가 암살당한 이후 가톨릭교도들을 보호해줄 지도자가 없는 상태였다. 베네치아 대사는 스페인 가톨릭교도들의 반응을 전해주었다. "스페인 친구들은 왕자의 죽음을 기뻐했다. 그들은 찰스가 병약해서 오래 살지 못할 것이라고 말한다. 만약 찰스가 죽는다면 스페인 왕은 언젠가 그의 왕국에 발을 들여 참된 믿음을 다시 소개할 것이다."

이렇게 독살을 의심하는 사람들은 런던에서 많은 시민이 왕자와 비슷한 질병으로 죽어간다는 사실을 무시했다. 의사들은 그것이 천연두나, 홍역 또는 페스트가 아니라는 것만 알았을 뿐 정확한 정체가 무엇인지는 몰랐다.

당대의 검시

테오도르 드마예른은 왕자의 사인을 정확하게 알고 싶었다. 무엇보다 대중이 누군가(아마도 프랑스인)를 독살범으로 의심할 것이 분명했기 때문에 왕자가 죽은 다음 날 많은 의사와 기사, 신하가 지켜보는 앞에서 부검을 했다. 그는 두개골 상부를 톱으로 잘라 떼어내고 뇌를 꺼냈다. 그런 다음 가슴과 복부를 절개한 뒤 심장, 폐, 소화기관, 위, 비장, 간, 쓸개 등을 들어내어 독이나 질병의 증거를 검사하려고 모인 사람들이 돌아가면서 살펴보도록 했다. 부검 기록은 다음과 같다.

> 다음은 우리가 부검을 통해 관찰한 내용이다. 왕자의 간은 정상보다 창백한 색을 띠었으며 일부는 납처럼 푸른빛이 돌았다. 그리고 쓸개에는 쓸개즙 대신 공기만 차 있었다. 그의 비장은 자연스럽지 않게 군데군데 검은색이었다. 위장에서는 특별히 이상한 점을 발견할 수 없었다. 횡격막의 상당 부위가 거무스름했다. 폐는 검고 전체적으로 얼룩덜룩했으며 썩어 있는 부분이 꽤 많았다. 머리 뒤쪽의 정맥에는 피가 지나치게 많이 고여 있었으며 뇌의 빈 곳과 통로에는 맑은 물이 가득 차 있었다. 우리는 이 보고서가 진실임을 보증하며 서명한다. 1612년 11월 7일.

"위장에서는 특별히 이상한 점을 발견할 수 없었다"라는 문장만으로 독살 의혹은 해소되었다. 다른 장기들의 상태는 오랫동안 심한 질병을 앓아 부패가 시작되었다는 사실을 보여준다. 17세기 초 의학 전문가들은 그 정도로 만족해야 했다.

현대의 진단

헨리의 시신은 웨스트민스터사원 아래 봉인된 채 영원히 빛을 보지 못할 것으로 보인다. 그러나 1881년 영국 의사 노먼 무어(Norman Moor)는 왕자의 죽음에 대한 기록을 다시 검토한 뒤 오염된 물과 음식 때문에 장티푸스에 걸렸다고 진단했다. 당시 런던 사람들이 버린 배설물은 전부 템스강으로 흘러들었다. 과거 엘리자베스 1세는 배를 타고 다른 궁으로 이동할 때 강물에서 나는 악취가 너무 지독한 나머지 향유를 태워 냄새를 없애라고 지시하기도 했다.

어쩌면 헨리는 생굴을 먹거나 템스강에서 수영을 하다가 세균에 감염되었을지도 모른다(비록 이유는 틀렸지만 둘 다 건강에 좋지 못하다는 마예른의 경고가 결과적으로는 옳은 셈이다). 장티푸스는 두통과 미열로 시작해서 서서히 건강이 악화되기 때문에 환자는 병에 걸렸다는 사실을 자각하지 못하고 일을 계속할 수 있다. 이후 고열이 지속되면 헛소리를 하면서 갈증과 편두통에 시달린다. 만약 인체의 면역계가 감염을 이겨내지 못하면 대략 한 달 안에 사망한다. 헨리는 증상이 나타나고 나서 27일을 버텼다.

만약 헨리가 죽지 않고 살아남았더라면 그의 동생 찰스 1세의 무능에서 비롯된 내전으로 영국이 둘로 나뉘는 일은 없었을지도 모른다. 그렇지만 호전적인 면이 있었던 헨리가 영국을 유럽의 전쟁터로 몰아갔을 수도 있다. 어쩌면 이른 죽음 덕분에 그는 17세기의 현실 정치와 대면하는 것을 피했다고 할 수 있다. 눈부시게 젊고 앞날이 창창했던 왕세자 헨리는 흠 없는 영웅으로 사람들의 기억 속에 영원히 머무를 것이다.

독살로 의심되는 사건 중 사실로 판명된 사례는 극소수다. 하지만 그런 경우에도 여전히 의문은 남는다. 누가 칸그란데 델라 스칼라에게 디기탈리스를 주었을까? 아녜스 소렐이 수은중독에 걸리도록 일을 꾸민 사람은 누구일까? 페르디난도 데메디치는 어떻게 형과 형수의 약에다 비소를 넣었을까? 아니, 그가 정말 그렇게 하기는 한 걸까?

이런 의문에 답할 수 있는 한 가지 사례가 있다. 살인과는 거리가 멀어 보이는 22세의 서머싯 백작 부인 프랜시스 하워드(Frances Howard)의 이야기를 살펴보자. 그녀는 부유하고 아름답지만 독살 사건의 용의자였다. 그 일은 1606년 1월 5일 그녀의 아버지인 서퍽 백작 토머스 하

◆ 토머스 오버베리(1581-1613)

워드(Thomas Howard)가 그녀를 3대 에식스 백작 로버트(Robert)와 결혼시키면서 시작되었다. 로버트는 엘리자베스 1세의 총애를 받다가 1601년에 반역죄로 사형당한 2대 에식스 백작의 아들이다.

둘의 나이가 15세, 16세에 불과했다는 점을 감안하면 처음부터 무리한 결혼이었다고 할 수 있다. 비록 법으로는 여성이 12세, 남성은 14세부터 결혼할 수 있었지만 당시 사람들은 어린 나이에 성행위를 할 경우 신체와 정신의 발육에 문제가 생기고 심지어 죽을 수도 있다고 여겼다. 뇌와 장기가 여물어가는 데 필요한 체액이 성관계로 소진된다고 믿었기 때문이다. 과학적 사실과는 거리가 먼 생각이지만 이른 나이의 성관계가 소녀들에게 해롭다고 판단한 부분은 옳았다. 생식기관이 아직 미성숙한 상태로 임신과 출산을 하면 유산이나 사산을 비롯해 여러 가지 합병증으로 이어질 수 있다. 오늘날에도 20세 미만의 여성이 임신이나 출산 중에 사망할 확률은 20세 이상의 2배에 이르며 15세 미만의 경우 5배나 된다.

에식스 백작은 결혼 후 유럽으로 여행을 떠났다가 1609년에 돌아왔다. 그동안 19세가 된 프랜시스는 "지상에서 가장 고결한 미인"으로 성장해 있었다. 당시 궁에 있던 한 사람은 "그녀는 자신의 남편이 재치와 지성이라고는 찾아볼 수 없는 얼간이임을 깨달았다"라고 말했다. 에식스 백작도 결혼생활이 불가능하다는 것을 알았다. 그들은 잘잘못을 따지면서 서로를 미워했다. 1년이 지나자 더는 성관계를 시도하지 않았다. 1613년에 있었던 결혼 무효 소송에서 프랜시스의 변호인단은 이렇게 진술했다. "그녀는 어머니가 되겠다는 간절한 마음으로 최선을 다해 그와 성적으로 결합하고자 노력했다. 하지만 에식스는 그녀의 자궁에 삽입하지도 못했다."

부부관계에 대한 희망을 포기한 직후인 1610년에 프랜시스는 자신보다 네 살 연하인 헨리 왕세자에게 추파를 던지기 시작했다. 캔터베리 대주교 조지 애벗(George Abbott)은 "왕세자는 이제 사춘기에 접어들어 여러 여자에게 사랑의 눈길을 보냈다"라고 기록했다.

그러나 제임스 1세 시절 난잡하게 얽힌 잠자리 속에서 프랜시스는 왕의 동성 연인이었던 로버트 카와 정사를 나누었으며 그 사실을 헨리에게 들키고 말았다. 대주교의 말에 따르면 이 일로 왕세자가 그녀를 경멸했다고 한다.

비록 의무적으로 덴마크 공주와 결혼하고 다섯 자녀를 두기는 했지만, 제임스 1세는 동성애에 빠져 있었다. 신하 중 한 사람이 이렇게 말할 정도였다. "사람들은 왕의 침실에 누워 있는 젊은 남자들과 하인들이 너무 많다고 생각한다."

1612년 왕은 카에게 개인 고문 역할을 맡겼다. 외국에서 수집한 정보를 읽고 요약해서 왕에게 조언하는 역할이었다. 그러나 지성이 외모에 훨씬 못 미쳤던 그는 자신의 또 다른 연인인 31세의 토머스 오버베리 경에게 도움을 요청했다. 잘생기고 박식했지만 성격이 오만했던 오버베리는 당시 많은 사람에게 미움을 사고 있었다. 그는 모난 성격 탓에 궁에서 입지를 높이기 어려웠지만 카를 도와주면서 외교 문제에 깊숙이 관여하게 되었다.

오버베리는 자기의 연인과 프랜시스의 관계에 별로 개의치 않았다. 도리어 카가 프랜시스에게 보내는 연애편지를 대신 써주기도 했다. 그러나 1613년 프랜시스의 힘 있는 가족이 발기불능인 에식스 백작을 상대로 결혼 무효 소송을 제기하고 카가 그녀와 결혼하려는 의도를 내비치자 오버베리는 크게 분노했다. 그는 프랜시스를 창녀라고 불렀으며 카에게도 험한 말을 퍼부었다. 카의 하인들마저 두 사람이 큰 소리로 다투는 소리를 들었을 정도였다.

"고자 각하"라고 불리는 것이 불쾌했던 에식스 백작은 자신이 비록 '영국에서 가장 아름다운 그 여인'과는 아니지만 언젠가는 여성과 성관계를 할 수 있다고 주장하면서 결혼 무효 소송에 맞섰다. 근엄한 주교들은 이론적으로라도 성관계가 가능한데 하느님이 맺어주신 짝을 나누는 것이 타당한지를 판단하고자 양쪽의 주장을 들어보았다. 하지만 그들이 프랜시스가 이 남자 저 남자와 자고 다니는 것을 알았더라면 그녀의 요청을 받아들이지 않았을 것이다.

토머스 오버베리가 자신을 거세게 비난하자 프랜시스는 고민에 빠졌다. 이렇게 평판이 깎이다 보면 결혼 무효 소송뿐만 아니라 이후에 연애와 결혼을 하기도 어려워지기 때문이다. 차라리 성가신 남편이 죽어버리는 게 훨씬 나을 것이다. 하지만 그녀에게 유리한 상황은 벌어지지 않았다. 궁정 기록에 따르면 그녀는 "남자 몸속에 있다가 사나흘 뒤에 효과를 발휘하는" 독을 구하려고 한 점쟁이에게 다이아몬드 반지를 주었는데, 점쟁이가 반지만 가지고 도망쳤다고 한다.

프랜시스와 카는 어떻게 해서든 오버베리를 자신들에게서 멀리 떨어뜨려야 했다. 카는 제임스에게 그를 러시아 주재 대사로 임명하도록 제안했고 평소 오버베리가 마음에 들지 않았던 왕은 흔쾌히 동의했다. 하지만 오버베리는 곧바로 거절했다. 어쩌면 러시아를 춥고 야만적인 곳이라고 생각했거나 카의 결혼을 막기 위해 남아 있으려고 했을 수도 있다. 카가 그에게 왕의 명령을 따르지 않도록 부추겼을지도 모른다. 왕이 화가 나서 그를 감옥에 처넣을 가능성이 있기 때문이다. 실제로 오버베리는 1613년 4월 21일 런던탑에 갇혔다.

오버베리가 사라진 뒤 5월 15일에 프랜시스의 결혼생활에 대한 청문회가 열렸다. 발기나 사정 같은 내밀한 부분과 교회법처럼 장황하고 복잡한 문제를 따지는 자리였다. 결혼 무효 소송을 심사하는 위원회 중 일부는 프랜시스의 스캔들에 대해 알고 있었기 때문에 그녀가 처녀인지 확인하는 검사를 하자고 주장했다. 겁에 질린 그녀의 가족은 그런 검사가 정숙한 여인이 받기에는 수치스러운 일이라고 주장하면서 한편으로는 계략을 꾸몄다. 프랜시스의 대역을 고용해서 두꺼운 베일로 얼굴을 가리고 검사를 받게 한 것이다. 위원회가 "그녀는 성행위를 하는 데 문제가 없으며 여전히 처녀다"라고 발표했을 때 궁에 있던 사람들은 폭소를 터뜨렸다.

청문회가 시작부터 삐걱거리자 하워드 가문은 오버베리가 다시는 자기들을 중상할 수 없도록 계략을 꾸몄다. 노샘프턴의 백작이면서 강력한 힘을 가진 프랜시스의 종조부는 탑의 부책임자를 사람들에게 존경받던 윌리엄 웨이드(William Wade) 경에서 노름빚을 지고 있으며 하워드 가문을 위해 일할 만한 사람인 저베이스 엘위스(Gervase Elwes)로 교체하도록 압력을 넣었다. 또한 프랜시스의 부탁으로 리처드 웨스턴(Richard Weston)을 고용해서 오버베리를 수행하게 했다. 프랜시스의 친구이자 공모자인 앤 터너(Anne Turner)는 웨스턴에게 "연둣빛이 도는 액체가 담긴" 작은 유리병을 보냈다. 훗날 웨스턴은 그 액체를 오버베리에게 주라는 지시를 받았다고 진술했다.

엘위스도 음모에 가담했다고 생각한 웨스턴은 오버베리의 식사를 준비한 뒤 그에게 "지금 줘야 하나요?"라고 질문했다. 엘위스가 무슨 뜻이냐고 묻자 웨스턴은 독약을 꺼내 보이며 백작 부인이 이것을 오버베리의 음식에 섞도록 지시했다고 말했다. 그러자 겁에 질린 엘위스는 웨스턴에게 영원히 고통받는 지옥에 대한 장광설을 늘어놓으면서 독약을 하수구에 버리라고 했다. 웨스턴은 엘위스가 자기 영혼을 구해줬다며 고마워했다. 엘위스는 웨스턴이 두 번 다시 오버베리를 독살하려 하지 않을 거라 믿고 그를 해고하지 않았다. 또한 다른 사람에게 그가 오버베리를 죽이려 했다고 말하지도 않았다. 물론 그 누구도 강력한 힘을 가진 하워드 가문이 감옥에 갇힌 죄수 따위를 독살하려 했다고 믿지 않을 터였다.

일이 뜻대로 되지 않자 앤 터너는 얼굴에 매독 흉터가 있으며 곱사등이에 성격까지 음산한 남자인 제임스 프랭클린(James Franklin) 박사에게 도움을 청했다. 그녀는 즉시 죽지 않고 "몸속에 한동안 머물러 있어 조금씩 쇠약해지게 만드는" 독을 원했다. 프랭클린 박사는 그녀에게 물약을 건넸다. 그것을 고양이에게 시험해봤더니 고통을 이기지 못하고 울부짖다가 이틀 뒤에 죽었다. 독성이 너무 강하면 의심을 살 위험이 있어서 그녀는 다른 독을 요청했다. 프랭클린 박사는 훗날 진술에서 그녀에게 액체 수은과 칸타리스, 흰색 비소 등을 포함한 일곱 종류의 독을 가져다주었다고 밝혔다.

프랜시스는 자기 집 부엌에서 독이 든 파이와 잼을 만들어 오버베리에게 보냈다. 그녀는 그것을 마치 옛 연인 카가 보낸 것처럼 꾸몄다. 당시 오버베리는 카가 자신을 빼내기 위해 백방으로 노력하는 중이라고 믿었다. 프랜시스는 오버베리에게 파이와 잼을 주도록 웨스턴에게 지시했다. 절대로 맛볼 생각은 하지 말라는 주의도 덧붙였다. 훗날 엘위스는 그것을 런던탑의 주방에 보관했으며 독이 들어 있는지 몰랐다고 주장했다. 잼에 솜털 같은 것이 돋아났으며 파이가 검게 변해 악취가 난다는 사실을 발견한 그는 프랜시스의 심부름꾼에게 오버베리가 이 선물을 원하지 않는다고 말했다. 7월이 되자 프랜시스는 더이상 파이와 잼을 보내지 않았다.

훗날에 열린 재판에서 프랭클린 박사는 오버베리가 병들어 쇠약해지는 것처럼 보이도록 음식에 적당량의 독을 섞으려 했다고 진술했다. "끼니마다 고기에 독을 넣었으며, 그가 돼지고기를 먹고 싶어 할 때면 소스 안에 흰색 비소를 탔다. 토머스 오버베리 경은 소스나 육수를 잘 먹지 않았지만 어쨌든 그 안에는 독이 있었다. 소금에는 흰색 비소가 들어 있었다. 그 소금은 터너 부인이 준 것이다. 언젠가 그가 메추리 고기를 먹고 싶어 했을 때는 검은 후추 대신 칸타리스를 넣은 양파 소스를 흩뿌렸다."

7월 초 오버베리에게 열이 있었는데, 이는 중금속중독 때문이라고 보기 어려운 증상이었다. 하지만 메스꺼움, 구토, 설사 등은 중금속중독을 의심할 만했다. 그는 견딜 수 없는 갈증에 시달렸고 체중이 줄었다. 또한 "고기를 꺼리는" 모습도 보였다. 오줌에서는 톡 쏘는 듯한 악취가 났으며 피부가 민감해져서 옷을 입을 때 고통스러워했다.

프랜시스가 그에게 보낸 독에 질병이 더해졌을 뿐만 아니라 의사들의 부적절한 치료법이 그의 명을 재촉했을지도 모른다. 살인 조사 과정에서 그에게 처방한 약을 검토했는데, 목록을 작성하는 데 쓰인 종이가 무려 28뭉치였다. 또한 약제사는 오버베리의 방에서 마실 수 있는 금을 포함해 자신이 처방하지 않은 약을 보았다고 진술했다. 그런 약을 먹고도 거의 다섯 달 동안 버틴 것을 보면 오버베리는 체력이 황소처럼 강했던 것 같다.

오버베리를 가장 많이 치료했던 궁정 의사 테오도르 드마예른은 1년 전 헨리 왕자가 죽기 전에 그를 담당했던 의사였다. 마예른은 여러 종류의 병에 수은을 처방해왔다. 게다가 나쁜 체액을 빼내기 위해서는 혈관을 가르고 그곳에 완두콩 7개를 넣어서 벌어진 채로 두는 것이 효과적이라고 믿었다. 그런 다음 그 위에 석고 반죽을 발랐는데 그런 처치는 괴저를 유발할 수 있었다.

또한 그는 '박쥐 향유'(balsam of bats)라는 이름의 약도 자주 사용했다. "큰 뱀 세 마리를 조각낸 것과 살진 젖먹이 강아지 두 마리, 백

포도주로 세척한 지렁이 500그램, 기름, 스페인 백포도주, 세이지, 마저럼, 월계수 잎"을 끓여서 돼지기름 1킬로그램과 섞고 강아지와 뱀의 살이 분해되기 시작할 때 기름을 제거한 뒤, "수사슴의 골수, 황소 다리, 미국풍나무, 버터, 육두구"를 넣고 섞어서 만든 것이다. 마예른은 나쁜 체액을 몸에서 배출하기 위해 관장도 자주 했다.

카는 오버베리에게 특별한 관장약을 보냈다. 프랭클린 박사에 따르면 흰색 비소 가루가 편지와 함께 도착했으며 강력한 독 때문에 오버베리는 몸의 위아래에서 재앙 수준의 반응을 보였다고 한다. 그는 단 몇 시간 동안 60차례 정도 폭풍 같은 설사와 구토를 했다. 그러나 오버베리의 하인들이 화이트홀로 가서 보고했을 때 카의 반응은 신통 치 않았다.

"네 주인의 상태가 어떠하더냐?"

"예, 하루에 수십 번 게워내면서 사경을 헤매고 계십니다."

그러자 카는 비웃는 얼굴로 콧방귀를 뀌고는 어슬렁거리며 자리를 떴다.

오버베리를 버티게 해준 유일한 희망은 친구이자 연인인 로버트 카가 자신을 감옥에서 빼내기 위해 뒤로 손을 쓰고 있다는 믿음이었다. 그러나 편지 왕래가 제한되는 상황에서 몰래 들여왔을 법한 매제의 편지를 받고 오버베리는 진실을 깨달았다. 자신의 오랜 수감생활이 사실은 카 때문이었던 것이다. 분노에 휩싸인 그는 카에게 당신과 프랜시스의 관계를 폭로하겠다고 협박하는 편지를 보냈다. 결혼 무효소송은 마무리 단계에 접어들었고 위원회 구성원들의 의견이 반으로 갈리는 듯 보였기 때문에 카와 프랜시스는 오버베리가 자신들의 치부를 드러내도록 내버려둘 수 없었다.

엘위스에 따르면 프랜시스는 약제사의 심부름꾼 소년을 매수해서 관장기 실린더에 약초 대신 황산을 채우게 했다. 9월 14일 저녁 영문을 몰랐던 의사는 오버베리에게 황산을 투여했다. 오버베리는 끔찍한 고통을 느끼고 경련을 일으키면서 런던탑 밖에까지 들릴 만큼 크게 비명을 질렀다. 결국 그는 다음 날 아침에 사망했고 약제사의 심부름꾼 소년은 종적을 감추었다.

"독에 당한 것이 분명해 보인다"라고 묘사된 그의 시신은 금세 부패하기 시작했으며 견디기 힘들 정도로 끔찍한 악취를 풍겼다. 고인이 살아생전 여름내 앓았던 병에 대해 들은 검시관은 재빨리 자연사로 결론을 내린 뒤 신선한 공기를 마시기 위해 방을 빠져나갔다. 오버베리의 부모는 아들의 시신을 달라고 요청했을 때 "시신에서 좋지 못한 냄새가 나기 때문에 빨리 묻지 않는다면 고인에 대한 모욕이 될 것"이라는 말을 들었다.

시신을 천으로 단단히 싸는 것이 당시의 관례였다. 그러나 역겨운 냄새가 나는 시신에 손대고 싶지 않았던 오버베리의 수행원들은 그의 몸을 천으로 덮어두었다. 그는 오전 7시에 사망했고 그날 오후 3시 런던탑에 있는 빈쿨라의 성 베드로 예배당 제단 밑에 묻혔다. 앤 불린(Anne Boleyn), 조지 불린(George Boleyn), 캐서린 하워드(Catherine Howard), 제인 그레이(Jane Grey)처럼 튜더 시대에 악명 높았던 인사들 곁이었다.

오버베리가 죽자 프랜시스는 안도의 한숨을 내쉬었을 것이 분명하다. 11일 뒤, 그녀는 다시 한번 가슴을 쓸어내렸다. 결혼 무효 소송을 심사한 위원회 12명 중 7명이 그녀의 손을 들어주었기 때문이다.

그녀는 이제 성불구 에식스 백작의 아내가 아니었다. 화이트홀에서 열렸던 크리스마스 축제 기간 중인 12월 26일에 프랜시스는 로버트 카와 결혼했다. 제임스왕은 결혼 선물로 카에게 서머싯 백작 작위를 내려주었다.

　　1613년 8월 왕은 평민 출신 조지 빌리어즈(George Villiers)와 격정적인 사랑에 빠졌다. 그는 구불거리는 밤색 머리카락과 매끈하게 잘 빠진 다리를 가진 22세의 청년이었다. 카는 오만한 태도로 궁에서 많은 사람의 불만을 샀는데, 그들은 빌리어즈를 카의 대항마로 여기고 지지했다. 카는 왕이 자신을 멀리하자 분노를 폭발하며 비난했다.

　　1615년 여름에 왕은 오버베리의 독살 소문을 듣게 되었다. 처음에는 빌리어즈를 옹호하는 자들이 카의 명예를 더럽히기 위해 꾸며낸 거짓말이라고 생각했다. 그러나 카는 어리석게도 왕에게 자신이 과거에 저지른 모든 잘못을 사면해달라고 요구했다. 의심스러운 마음이 든 왕은 그의 부탁을 거절하고 오버베리의 죽음에 대해 전면 조사를 하도록 지시했다. 이어지는 몇 달 동안 앤 터너, 제임스 웨스턴, 리처드 엘위스, 제임스 프랭클린의 살인죄가 밝혀졌으며, 그들은 결국 교수형을 당했다. 로버트 카는 감옥에 갇혔고 만삭의 프랜시스는 화이트홀에 연금되었다.

　　프랜시스는 12월 9일에 여자아이를 출산했다. 그녀가 몸조리를 마쳤을 때 제임스는 만약 사실을 자백하고 용서를 구한다면 자비를 베풀어주겠다고 약속했다. 1월 2일 그녀는 오버베리 살해와 관련된 모든 사실을 털어놓으면서 자신의 남편은 결백하다고 말했다. 당시 스페인 대사는 이렇게 기록했다. "그녀는 오버베리가 자신의 신상에 대해 떠들자 심한 모욕감을 느끼고 그를 죽이려 한 일을 자백했지만, 서머싯 백작에 대해서는 그 일이 있을 때 남편도 아니었을뿐더러 아무것도 몰랐고 아무 짓도 하지 않았다고 말했다. … 그녀는 왕 앞에 무릎 꿇고 자비와 연민을 베풀어달라고 간청했다."

　　1월 19일 카는 사건을 방조한 혐의로 공식 기소되었다. 프랜시스는 1616년 4월 4일에 탑으로 옮겨졌다. 하필이면 오버베리가 갇혀 있던 방에 수감된 터라 그녀는 몹시 흥분했으며 결국 다른 방으로 옮겨졌다. 프랜시스의 재판은 5월 24일에 열렸다. 그녀는 우아한 검은 드레스를 입고 굵은 눈물을 뚝뚝 흘리면서 죄를 인정했으며 간곡하게 자비를 구했다. 법정은 그녀에게 "죽어서 몸이 뻣뻣해질 때까지 목을 매달아야 하는" 교수형을 선고했지만 당시 그 자리에 있던 사람들은 그녀가 그런 일을 당하기에는 지나치게 우아하고 아름답다고 생각했다. 그렇다 보니 그녀는 자신을 동정하는 군중 속에서 히죽거리며 서 있는 전남편 에식스 백작을 보는 일이 무척 고역이었을 것이다.

카의 진술은 부인에 비해 설득력이 떨어져 보였다. 그는 자신이 오버베리의 독살 음모를 사전에 알고 있었다는 증언은 전부 거짓이며 자신은 이 일과 아무런 관련이 없다는 입장을 고수했다. 그는 친구에게 관장제로 흰색 가루약을 보낸 것은 사실이지만 그에게 도움을 줄 의도였다고 주장했다.

카는 왕이 오버베리를 투옥하려 할 때 반대하지 않았다는 점은 인정했다. 그러나 오버베리가 러시아 파견을 거절하도록 부추겼다는 혐의는 부인했으며 오히려 왕의 명령을 받아들이도록 설득했다고 말했다. 또한 감옥에 있는 오버베리에게 파이를 보낸 것은 사실이지만 독을 넣지는 않았다고 주장했다. 독이 든 파이는 분명 프랜시스가 보냈을 것이다.

프랜시스처럼 카도 교수형을 선고받았다. 왕은 프랜시스 이후로 더 이상 교수형을 내리고 싶지 않았지만 무죄 판결을 내리고 그를 방면할 수도 없었다. 같은 죄를 짓고도 평민은 교수형을 당하고 귀족은 처벌을 면한다는 백성의 원성을 들을까 봐 불안했기 때문이다. 그는 카의 작위와 재산을 박탈하고 그와 프랜시스가 같은 공간에 살도록

1622년까지 런던탑에 가두었다. 1624년에는 카를 사면하고 몰수했던 재산의 일부를 돌려주었다.

이런 일을 함께 겪고 나자 프랜시스와 카는 더 이상 행복한 결혼생활을 할 수 없었다. 다시는 궁으로 돌아갈 수 없었던 카는 그녀가 친한 친구를 죽인 것보다 자신의 경력을 망쳤다는 데 더 화가 난 듯 보였다. 카가 부인을 못마땅해하면서 시골에 처박혀 있는 동안 왕의 침대 옆자리는 조지 빌리어즈가 차지했고 그는 결국 버킹엄 공작의 자리까지 올랐다. 궁정 신하였던 한 사람은 프랜시스가 여전히 카를 사랑했지만 그녀는 "절망에 빠져 마치 산송장 같았다"라고 묘사했다.

프랜시스는 42세 때 고통 속에서 숨을 거두었다. 부검 보고서에 따르면 사인은 "하복부에 자리 잡은 질병"이었는데 이는 신이 내린 벌이 분명했다. 그녀의 자궁 전체가 종양으로 덮여 있었다. 그리고 오른쪽 가슴에 생긴 종양이 갈비뼈 사이로 파고들었다.

프랜시스는 1615년에 딸을 출산한 뒤로 임신한 적이 한 번도 없었다. 아마도 출산 중에 걸린 부인과 질환 때문일 수 있다. 그녀의 딸 앤 카(Anne Carr)는 찰스 1세의 궁정에서 가장 아름다운 여성으로 성장했다. 1637년 그녀는 윌리엄 러셀(William Russell)과 사랑에 빠져 결혼했는데, 당시 그녀의 아버지는 가지고 있지도 않은 액수의 지참금을 약속했다. 결국 1640년 초 왕당파의 군대가 그의 집을 샅샅이 뒤져 털어가자 카는 자기 딸이 집을 습격해서 태피스트리를 훔쳤다며 고소했다. 카는 영국 내전 기간인 1645년에 58세의 나이로 숨지면서 지나간 시대의 유물이 되었다.

카의 재판 기간 중 법무장관이었던 프랜시스 베이컨(Frances Bacon) 경은 선량한 영국인들을 경악에 빠뜨린 그 사건에 대해 흥미로운 언급을 남겼다. "이탈리아인들이나 저지르는 비겁한 범죄로 영국이 더럽혀졌으며, 독살은 로마에서 온 이탈리아인이 영국 역사에 들여온 사악한 범죄다"라고 규탄한 것이다.

이후 한동안은 영국인들도 이탈리아인들처럼 '독살범'이라는 낙인이 찍힌 채로 살아야 했다. 네덜란드 주재 영국 대사 존 스록모턴(John Throckmorton) 경은 오버베리가 독살된 사건이 전 세계적으로 영국의 위신을 더럽혔다면서 다음과 같이 기록했다. "그들은 우리가 서로 독살하는 사람들이라는 소름 끼치는 오명을 씌웠다. 세상 사람들은 영국이 이제 이탈리아나 스페인 또는 그 외의 나라처럼 살육이 만연하는 곳이 되었냐고 묻고 있다."

14장

오를레앙 공작 부인, 헨리에타 스튜어트

그녀는 갑자기 옆구리를 움켜쥐며 숨을 헐떡거렸다. 그러면서 차에 독이 들어 있다고 소리쳤다. 시녀가 준 치커리 차를 마신 뒤에 벌어진 일이었다. 그로부터 9시간 뒤, 오를레앙 공작 부인 헨리에타 스튜어트는 극심한 고통에 시달리다가 끝내 26세의 나이로 숨을 거두었다.

영국의 찰스 1세와 프랑스의 앙리에트 마리(Henriette Marie) 사이에서 태어난 헨리에타는 영국에서 내전이 벌어져 아버지가 참수형을 당하고 청교도혁명을 주도한 올리버 크롬웰(Oliver Cromwell)이 섭정하던 시기에 프랑스의 궁에서 자랐다. 헨리에타는 빼빼 마른 편이었지만 푸른 눈에 밤색 머리를 한 아름다운 소녀

◆ 헨리에타 스튜어트
(1644-1670)

였다. "그녀는 무척 우아하게 춤을 추고 천사처럼 노래했으며 스피넷 (15세기 말엽에서 18세기까지 쓰였던 건반이 달린 현악기) 연주 솜씨가 뛰 어났다"라는 기록이 남아 있다.

다정한 성격의 공주는 많은 사람에게 사랑받았다. 신하 중 한 사람이 이렇게 말했을 정도였다. "공주의 가장 큰 장점은 다른 사람을 기쁘게 하는 재능이었다. 그녀의 성격과 생각, 행동거지 하나하나가 더할 나위 없이 매력적이었으며 지금껏 남성과 여성 모두에게 이토록 사랑받은 공주는 없었다." 사람들은 그녀가 외할아버지인 프랑스 왕 앙리 4세와 친할머니인 스코틀랜드 여왕 메리가 갖고 있던 매력을 고 스란히 지녔다고 칭찬했다.

1660년 그녀의 오빠 찰스가 왕으로 추대되어 영국으로 돌아가 자 가난한 망명객 신분에서 벗어난 헨리에타는 왕족들에게 인기 있는 신붓감이 되었다. 그리고 곧 루이 14세의 동생인 오를레앙 공작 필리 프가 그녀의 신랑으로 발탁되었다. 그에 대해 이런 기록이 남아 있다. "키는 작지만 날씬하고 잘생겼으며 왕자라기보다는 공주에 가까운 외 모였다. 그는 자신의 외모로 여성의 마음을 사로잡는 것보다 온 세상 이 자신을 칭송하도록 만드는 데 더욱 신경을 썼다. … 허영심이 많은 그는 다른 사람보다 자신을 더 사랑하는 듯 보였다." 또한 그는 여자 옷을 즐겨 입었다고 한다.

루이 14세 때 기록 작가로 활동했던 생시몽(Saint Simon) 공작은 훗날 그를 이렇게 묘사했다. "배가 살짝 나온 그는 너무 높은 하이힐을 신어서 언제나 나무 기둥 위에 올라선 듯 보였다. 늘 여자처럼 치장하 고 다녔으며 온몸에 반지나 팔찌 같은 보석을 둘렀다. 길고 검은 가발 을 썼는데 머리카락은 파우더를 뿌려서 돌돌 말았고 앞에 리본을 달았 다. 평소에 향수를 잔뜩 뿌렸으며 몹시 청결했다. 티가 나지 않게 연지를 발랐다는 의심도 받았다."

　　그는 17세가 되었을 때 왕대비의 연인 쥘 마자랭(Jules Mazarin) 추기경의 잘생긴 조카 때문에 "이탈리아의 부도덕에 오염"되었으며, 그때부터 동성 애인들을 두었다. 그러나 20세가 되자 헨리에타에게 반했고 그녀와 결혼하기만을 고대했다. 사랑에 빠진 그의 모습을 지켜보던 사람들은 이 일을 계기로 그의 동성애 성향이 바뀌기를 바랐다.

　　헨리에타는 그와 사랑에 빠지지 않았지만 진심으로 그를 좋아했다. 그들은 성장기를 함께 보냈으며 공주는 그의 유쾌한 성격이 마음에 들었다. 두 사람은 1661년 3월에 결혼했고 헨리에타는 공식적인 왕제비(王弟妃)가 되었다. 그러나 헨리에타의 친한 친구이자 라파예트 백작 부인인 마리 마들렌 피오슈 드라베르뉴(Marie Madeleine Pioche de La Vergne)는 "왕제의 불타는 사랑은 세상 어떤 여성에게도 향하지 않았다"라고 썼다. 필리프는 결혼한 지 몇 달 만에 아내에 대한 사랑이 식어버렸다. 그리고 필리프(Philippe)라는 이름의 '로렌의 기사'와 격정적인 사랑에 빠졌는데, 이 마음이 죽는 날까지 수십 년간 지속되었다. 그러나 사람들은 로렌의 기사가 "천사처럼 아름다운" 외모와는 다르게 "간악하고 거침없는 성격"이라고 입을 모았다.

　　필리프는 양성애자였지만 헨리에타와 결혼해서 자녀를 8명이나 낳았다(그중 여자아이 두 명만 살아남았다). 두 번째 부인에게서는 3명의 자녀를 두었다. 1670년 그의 두 번째 부인이 한 말을 들어보면, 그는 건강한 아이를 많이 출산하길 바라는 마음으로 중요 부위에 묵주와 성인이 새겨진 목걸이를 걸고 짤랑거리는 소리를 내며 관계를 가졌다고 한다. 헨리에타와 잠자리를 할 때도 그랬을 가능성이 있다.

　　필리프는 사람들이 자신보다 헨리에타를 더 좋아하자 아내를 질투하기 시작했다. 그의 친형인 루이 14세조차도 그녀에게 매혹되었다. 자라는 동안에는 헨리에타가 마르고 볼품없다고 생각했지만 동생과 결혼한 그녀를 보자 마음이 바뀐 듯하다. 그녀를 향한 왕의 속마음이 확연하게 드러난 터라 궁에 머물던 사람들 중 상당수는 필리프의 첫 번째 아이가 사실 그의 조카라고 생각했다. 친형과 부인 사이의 염문설보다 필리프를 더욱더 씁쓸하게 만든 사실은 왕이 자신보다 헨리에타에게 관심을 둔다는 점이었다. 그녀에 대한 열정은 결혼 직후 식어버렸지만 대신 분노가 부글부글 끓기 시작했다.

한편 변덕스러운 왕의 마음은 헨리에타의 시녀였던 루이즈 드 라발리에르(Louise de La Vallière)에게로 옮겨갔다. 왕은 그녀를 정부로 삼았다. 헨리에타는 아마도 왕에게 복수하려는 마음으로 남편의 연인이자 유명한 양성애자인 기쉬 백작 아르망 드그라몽(Armand de Gramont)과 불륜을 저질렀을 것이다. 당대 기록에 따르면 복잡한 관계로 얽힌 사람들이 여기저기에서 상대방에 대한 원망을 쏟아냈다고 한다. 기쉬 백작은 연인이면서 연인의 남편이기도 했던 필리프와 말다툼을 벌였다. 이후 필리프는 프랑수아 드라로슈푸코(François de la Rochefoucauld)와 사랑에 빠졌는데, 헨리에타가 또다시 자기 연인과 은밀한 관계가 되자 아내를 더욱 증오하게 되었다.

이후 몇 년 동안 헨리에타는 연애와 비밀 편지, 하인들의 배신, 남편을 피해 굴뚝에 숨은 연인, 사악한 음모 등이 복잡하게 얽힌 삶을 살았다. 마치 화려한 무대에서 멋진 의상을 입고 우스꽝스럽게 연기하는 배우 같았다. 남편이 자신의 돈을 로렌의 기사에게 주었기 때문에 그녀는 하인에게 급여를 주기도 버거워서 전당포에 보석을 맡기고 돈을 빌렸다. 심지어 필리프는 기사에게 집에서 가장 좋은 방을 내주고 살림을 맡겼다. 헨리에타는 비참하게도 기사에게 이런저런 지시를 들어야 하는 입장이 되었다.

1669년 겨울이 되자 헨리에타는 루이 14세와 영국 왕 찰스 2세에게 자신의 굴욕적인 처지를 털어놓았다. 1670년 1월에 루이 14세는 기사를 잡아 가두고 동생과 관계를 끊는 조건으로 엄청난 연금을 약속한 다음 그를 로마에 보내버렸다. 절망에 빠진 필리프는 헨리에타를 원망했다. 또한 형과 아내가 몰래 대화를 나누다가 자신이 나타났을 때 어색하게 입을 다무는 모습을 자주 목격하면서 둘이 무언가를 꾸민다고 의심하기 시작했다. 그를 지켜보던 한 신하는 이렇게 말했다. "왕제는 밉살스러운 아내가 갑자기 왕에게 중요한 인물이 되자 화를 냈을 뿐만 아니라 짐작이기는 하지만 자신은 알 수 없는 음모에 그녀가 연루된 것이 틀림없다고 생각했다."

루이 14세는 동생이 자기의 동성 연인들에게 속마음을 숨김없이 털어놓는다는 사실을 알았기 때문에 당연히 필리프에게는 국가 기밀을 말할 수 없었다. 왕은 헨리에타를 통해서 찰스 2세에게 전달할 비밀조약 문서를 작성하고 있었다. 그 사실을 알고 질투가 폭발한 필리프는 그녀 혼자 영국에 가는 것을 반대하면서 자신이 동행하겠다며 고집을 피웠다. 하지만 그는 결국 시무룩한 표정으로 헨리에타의 뒷모습을 지켜볼 수밖에 없었다.

1670년 5월 헨리에타가 마차에 올라 해안으로 출발할 때 필리프는 그녀를 차가운 눈으로 쏘아보며 이렇게 말했다. "점성술사가 예언했는데, 내가 부인을 한 명 이상 둘 거라고 하더군." 그리고는 그녀의 좋지 않은 건강 상태를 언급하면서 야멸차게 한마디 덧붙였다. "확실히 지금 부인은 오래 살지 못할 거야. 예언이 맞을 것 같군."

1667년 초 헨리에타는 옆구리가 뜨끔거리는 증상을 느꼈다. 절친한 친구인 라파예트 백작 부인에 따르면 그녀는 통증 때문에 서너 시간가량 바닥에 누워 있었지만 어떤 자세를 취해도 몸이 불편했다고 한다. 1670년 4월로 접어들면서 그녀의 상태가 악화되었다. 증상이 나타날 때는 우유로 끼니를 때웠다. 다른 음식을 먹으면 속이 불편했기 때문이다. 그러다가 기력을 되찾은 헨리에타는 5월 25일 수행원 200명과 함께 배를 타고 도버 항구에 도착했다. 그녀는 사랑하는 오빠를 다시 만난다는 사실 못지않게 못마땅한 남편에게서 멀어졌다는 사실이 기뻤다. 당시 영국 주재 프랑스 대사인 샤를 콜베르(Charles Colbert)는 "왕제비는 매우 건강했다"라고 기록했다.

헨리에타는 6월 16일에 파리로 돌아왔다. 그리고 6월 24일에 왕실은 파리 서쪽 약 5킬로미터 거리에 있는 생클루궁으로 향했다. 후덥지근한 더위를 피하려고 좀 더 쾌적한 곳으로 간 것이다. 당시 왕의 사촌인 안 마리 루이즈(Anne Marie Louise)는 이렇게 말했다. "그녀는 마치 시체에 옷을 입히고 볼연지를 바른 듯한 모습으로 왕비의 방에 갔다. 그녀가 자리를 뜨자 왕비를 비롯해 그 자리에 있던 모두가 그녀의 얼굴에 죽음이 드리워져 있다고 말했다."

며칠 뒤 헨리에타가 복통을 느끼기 시작했을 때, 그녀는 라파예트 백작 부인을 생클루궁으로 초대했다. 우리에게는 무척 다행스러운 일이다. 백작 부인이 놀랍도록 세세하게 헨리에타의 마지막 순간을 기록했기 때문이다. "나는 토요일 밤 10시 생클루에 도착했다. 정원에서 그녀를 만났을 때 그녀는 '내 안색이 나빠 보이지? 사실 몸이 좋지 않아'라고 말했다. 헨리에타의 복통은 곧 나아졌으며 다음 날 오후 가마슈 부인[시녀]이 일전에 부탁해놓은 치커리 차를 왕제비와 내게 가져왔다"(치커리는 상추처럼 생긴 잎채소로 잎은 샐러드에 넣고 뿌리는 커피 대용으로 쓰였는데 아마도 헨리에타가 그렇게 마셨을 것이다). 라파예트 부인은 계속해서 이렇게 기록했다.

왕제비의 침실 시녀인 구르동 부인이 차를 주었다. 왕제비는 차를 마신 다음 찻잔을 반대편 손에 옮겨 쥐더니 받침 위에 내려놓으면서 다른 손으로는 옆구리를 눌렀다. 그리고 몹시 고통스러운 표정으로 "옆구리가 너무 아파! 괴로워! 참기 힘들어!"라고 소리쳤다. 그녀의 얼굴이 붉게 달아올랐다가 이내 납빛으로 변해서 우리는 모두 깜짝 놀랐다. 그녀는 쉴 새 없이 비명을 질렀으며 더는 서 있기 어렵다면서 자리를 뜨고 싶어 했다. … 우리는 그녀를 부축했다. 그녀는 몸을 거의 접다시피 하면서 어렵게 걸음을 옮겼다. 여전히 통증을 호소하는 그녀의 눈에는 눈물이 고여 있었다.

침대에 누운 헨리에타는 더 크게 울부짖으며 몸부림을 쳤다. 그녀를 살펴본 의사는 가스 때문에 통증이 생겼다고 진단했다. 백작 부인은 계속해서 기록했다.

왕제비는 명치에서 끔찍한 고통이 느껴진다고 했다. 그녀는 자신이 마신 차에 독이 들었으니 살펴보라고 명했다. 또한 아마도 실수로 재료가 바뀌었을 것이며 자신은 중독된 것이 확실하니 해독제를 먹어야 한다는 말도 했다.

백작 부인은 그녀의 남편을 옆에서 찬찬히 살펴보았다.

그는 왕제비의 말에 놀라거나 당황한 기색 없이 개에게 차를 먹여서 시험해봐야 한다고 말했다. 그리고 기름과 해독제를 써야 한다는 왕제비의 생각에 동의했다. 시녀장인 데스보르

드 부인과 가장 신뢰받는 하인은 그녀가 직접 차에 물을 섞어서 마셨다고 대답했다.

궁에서 개 한 마리를 찾아내어(개의 주인이 얼마나 두려워했을지 상상이 간다) 치커리 차를 주었다. 개는 모든 사람이 보는 가운데 거리낌 없이 받아 마셨다. 어쩌면 꼬리를 흔들었을지도 모른다.

필리프의 시종은 헨리에타에게 오래전부터 해독제로 써온 살무사 가루를 가져다주었고 의사는 구토를 비롯해 그녀가 침대보를 더럽힐 만한 치료를 했다. 백작 부인은 이런 기록을 남겼다. "온갖 치료를 마치고 고통 없이 탈진한 듯한 모습에 우리는 안도했다. 하지만 그녀는 지금도 아까만큼 아픈데 이제 소리칠 기력조차 없으며 어떤 치료법도 듣지 않았다고 말했다."

베르사유와 파리에서 서둘러 달려온 왕실 의사들은 그녀가 가스 때문에 통증을 느낀다는 진단에 동의했다. 백작 부인의 말이다. "우리는 그녀가 위독하지 않다고 생각하면서 침대 주위에 모여 이야기를 나누었다. 그녀의 통증이 가라앉고 있어서 안도의 한숨을 쉬었다. 한편으로는 그녀가 처한 상황이 왕제와 화해하는 데 도움이 되었으면 좋겠다고 생각했다. 왕제는 아내에게 애틋한 마음이 든 것처럼 보였다." 하지만 자신이 낫고 있다는 말에 헨리에타는 고개를 저었다. "지금 확실히 말할 수 있는 것은 만약 내가 기독교인이 아니었으면 너무 고통스러워 자살했을지도 모른다는 사실이에요."

헨리에타의 얼굴은 시체처럼 변하기 시작했다. 의사들이 안색을 살피려고 그녀의 얼굴에 촛불을 가져다 댔을 때 불편하지 않으냐고 필리프가 묻자 그녀는 이렇게 답했다. "아, 아니요. 이제 아무것도 저를 성가시게 할 수 없어요. 내일 아침이면 죽은 목숨일 테니까요."

다음은 라파예트 부인이 기록한 내용이다.

> 저녁 이후 아무것도 먹지 못한 그녀에게 수프를 주었다. 그
> 녀는 수프를 삼키자마자 치커리 차를 마신 것과 같은 통증을
> 느꼈다. 얼굴에 죽음이 비쳤고, 그녀는 두려운 티도 내지 못
> 한 채로 끔찍한 고통을 당했다. 그녀가 발작을 일으키고 있을
> 때 왕[루이 14세]이 도착했다. … 왕은 이제 희망이 없다는 이
> 야기를 듣고 눈물을 흘리며 작별 인사를 했다. 그녀는 마음이
> 아프니 울지 말라고 간청하면서 내일 그가 가장 먼저 듣게 될
> 소식은 자기의 죽음일 것이라고 덧붙였다.

소식을 전해 들은 영국 대사 몬터규(Montague) 경이 그 자리에
도착하자 그녀는 이런 반응을 보였다.

> 영국의 왕인 자기 오빠에 대해 언급하면서, 자기가 죽으면 오
> 빠가 무척 슬퍼할 것이라고 말했다. … 그녀는 세상 누구보다
> 오빠를 사랑했다는 말을 전해달라고 부탁했다. 그러자 대사
> 는 그녀에게 독을 먹었는지 물었다. 그녀가 어떻게 답했는지
> 는 모르겠지만, 자신이 고통스럽게 죽었다는 사실을 오빠에
> 게 전해서는 안 되며 무엇보다 복수하려고 해서는 절대 안 된
> 다고 말한 것만큼은 확실하다. 그녀는 왕[루이 14세]에게 잘못
> 이 없으며 이 방에서 비난을 받을 사람은 없다고 말했다.

기운이 빠진 그녀는 정신을 잃었다가 깨어나기를 거듭했다. 그
러다 보니 심장에 점점 무리가 갔다. 의사들이 발에 있는 정맥을 가르

고 뜨거운 물에 담가 피를 뽑으려고 하자 그녀가 말했다. "원하는 대로 하세요. 시간 낭비하지 말고요. 속이 답답하고 정신이 점점 혼미해지니까요." 하지만 피는 거의 나오지 않았다. 그녀는 자신이 따뜻한 물에 발을 담그고 있는 동안 죽을 것이라고 생각했다. 신부가 그녀에게 십자가를 주자 그녀는 거기에 간절히 입을 맞췄다. 생명과 함께 말할 기운마저 소진되고 있었다. 그녀의 입술이 경련을 일으키듯 한두 번 들썩였으며, 결국 그녀는 고통이 시작된 지 9시간 만인 새벽 2시 30분에 세상을 떠났다.

필리프는 사람들에게 손가락질을 받았다. 찰스 2세는 며칠 전만 해도 건강해 보였던 여동생이 죽었다는 소식을 듣고는 "왕제가 범인이야!"라고 소리쳤다. 헨리에타를 아꼈던 버킹엄 공작은 영국 공주를 살해한 프랑스에 전쟁을 선포해야 한다고 주장했다. 런던 사람들은 "프랑스를 타도하라!"라고 외치며 소요를 일으켰다. 찰스 2세는 폭도들로부터 프랑스 대사관을 보호하기 위해 경비병을 파견했다.

당대의 검시

루이 14세는 자기 동생 또는 로렌의 기사를 범인이라고 생각했다. 그는 그녀가 죽은 바로 다음 날 부검을 시행했다. 그 자리에는 프랑스 의사 17명과 영국 의사 2명, 영국 대사 몬터규 경이 참석했으며 거기에 더해 영국 사람을 포함한 100여 명이 모였다. 검시에 참석했던 생 모리스(SaintMaurice) 후작은 이런 기록을 남겼다. "왕제비의 배는 그녀가 죽은 뒤부터 무척 기이한 모습으로 부풀었다. 맨 처음 몸을 절개했을 때 엄청난 악취가 풍겨 검시에 참여한 사람들이 모두 뒤로 물러났다.

그들은 마스크를 쓴 뒤에야 끔찍한 냄새가 나는 시신에 다가갈 수 있었다. … 몸속에서 엄청난 양의 담즙이 발견되었으며 간이 심하게 손상된 상태였다."

독살을 당했다면 손상되어야 했을 위는 "어두운 입술 모양의 상처 하나"를 빼면 건강해 보였다. 영국 의사 알렉산더 보셔(Alexander Boscher)가 위에 난 구멍을 좀 더 자세히 관찰하려 하자 책임자였던 프랑스 의사는 "신경 쓰지 마시오. 이 구멍은 내가 부검 가위로 절개할 때 실수로 낸 것일 뿐이오"라고 말했다.

의사들은 과열된 담즙의 불균형이 헨리에타에게 당시 '콜레라 모르버스'(cholera morbus)라고 부르던 장염을 일으켜 목숨을 앗아갔다고 결론지었다.

현대의 진단

헨리에타의 시신은 1793년 생드니의 왕실 지하 납골당이 약탈당했을 때 훼손되었다. 그러나 역사는 과거에 알렉산더 보셔가 무언가 발견했다는 사실을 증명한다. 당시 의사들은 부식성 독이 위에 구멍을 낼 수 있다는 사실을 알았고, 영국과 전쟁을 하게 될까 봐 두려웠던 프랑스 의사들은 헨리에타의 위에 난 검은 구멍을 쉬쉬했던 것이 분명하다. 그러나 그들은 독으로 손상된 구멍이 더 크고 둥글며 테두리가 고르지 못한 형태라서 헨리에타의 위에 난 어두운 입술 모양(오늘날 위궤양의 증상으로 알려진)과는 다르다는 사실을 몰랐다.

헨리에타는 3년 동안이나 간헐적 복통, 속 쓰림, 메스꺼움 같은 위궤양 증상을 보였다. 1670년 6월 29일 그녀가 치커리 차를 마셨을

때 궤양이 파열되어 위산이 체강(體腔, 동물의 체벽과 내장 사이에 있는 빈
곳)으로 흘러 들어간 것 같다. 그녀는 자기가 독을 먹었기 때문에 아픈
것으로 생각한 모양이다. 위산이 다른 장기에 염증을 일으키면서 그녀
는 마치 비소중독 증상처럼 메스꺼움, 구토, 설사를 경험했고 결국 죽
음에 이르렀다. 아마도 나중에 먹은 수프가 위속 궤양으로 새어나가
더 큰 고통을 주었을 것이다.

비극적이게도 그녀와 필리프 사이에서 태어난 딸인 스페인 왕
비 마리아 루이사(Maria Luisa) 역시 1689년 26세의 나이로 죽기 직전
비슷한 증상을 겪었다. 그녀는 수년 동안 주로 굴과 올리브, 오이를 먹
었으며 숨지기 전 몇 주 동안은 어머니처럼 겨우 우유밖에 삼킬 수 없
었다. 아마도 이런 음식들이 위에 난 궤양을 자극하지 않아서 그랬을
것이다. 그녀는 1689년 2월 10일 새벽 5시에 극심한 고통과 구토, 설
사 증세로 잠에서 깼으며 이틀 뒤에 죽었다. 마리아 루이사는 배신이
난무하는 스페인 궁에서 독살당할 것을 극도로 두려워한 나머지 루이
14세에게 해독제를 보내달라고 요청했다. 프랑스와 스페인 궁 안에 머
무는 사람들 모두 그녀가 근친상간으로 태어난 성불구 남편 카를로스
2세에게 왕위 계승자를 낳아주지 못해서 살해당했다고 믿었다. 그러
나 돌이켜 생각해보면 그녀가 위궤양에 잘 걸리는 어머니의 체질을 고
스란히 물려받았을 가능성도 있다.

만약 당시 유럽의 의료계가 오늘날처럼 사례들을 널리 연구하
고 퍼뜨렸다면 헨리에타의 검시에 참석했던 의사들은 그녀가 무엇 때
문에 죽었는지 정확하게 알았을 것이다. 그녀가 죽기 5년 전인 1665년
에 볼로냐의 유명한 초상화가였던 27세의 엘리자베타 시라니(Elisabetta
Sirani)는 갑작스러운 복통에 시달린 지 4시간 만에 사망했다. 볼로냐
최고의 외과의사가 다른 의사 7명 앞에서 부검을 하다가 위에서 둘레

조직이 딱딱하게 변한 구멍을 발견했는데, 그는 그것을 부식성 독이 만든 흔적으로 생각했다.

몹시 상심한 엘리자베타의 아버지는 지방 당국을 설득해 그녀의 하녀를 살인범으로 기소했다. 재판에서 의사 2명은 엘리자베타가 독살당했다고 주장했지만, 다른 의사 2명은 위에 난 구멍이 궤양 때문이라고 생각했다. 결국 하녀는 무죄 추정의 원칙에 따라 풀려났다. 그동안 궤양이 파열되어 죽은 주인 때문에 얼마나 많은 하인이 독살범으로 몰려 사형을 당했을지 궁금할 따름이다.

필리프는 루이 14세가 골라준 똑 부러지는 성격의 엘리자베스 샤를로테와 의무적으로 혼인했으며, 왕은 로렌의 기사가 궁에 돌아오도록 허락했다. 새로운 왕제비는 친구들에게 헨리에타가 독살당한 것이 분명하지만 필리프는 그에 대해 아는 바가 없다고 말했다. 그녀는 그가 쓸데없이 수다스러운 사람이기 때문에 그가 정말 헨리에타를 죽였다면 어느 순간엔가 자랑스럽게 떠벌릴 것이라고 여겼다. 하지만 그는 헨리에타가 죽자 혼란스러워하는 듯 보였다.

엘리자베스 샤를로테는 로렌의 기사를 비롯해 필리프의 다른 남자 연인들과 비교적 잘 지내려고 노력했는데, 그들은 심지어 그녀의 돈, 화장품, 드레스, 보석 등을 훔치기까지 했다. 어쩌면 그녀는 그들이 자신에게 치커리 차를 줄까 봐 두려워했을지도 모른다.

15장

루이 14세의 정부,
마리 앙젤리크 드퐁탕주

기침과 하혈이 이어졌다. 루이 14세의 아름다운 정부이자 퐁탕주의 여자 공작인 마리 앙젤리크 데스코라이유(Marie-Angélique de Scorailles)는 파리 수녀원에서 죽어가고 있었다. 심한 통증으로 몸과 마음이 피폐해진 그녀는 누군가가 자신을 중독시켜 서서히 죽이려 한다고 생각했다. 하지만 근처 감옥에 갇힌 독살범들이 이미 자백했다는 사실은 모르고 있었다.

귀족이지만 가난했던 루지유 백작의 딸 마리 앙젤리크는 태어날 때부터 미모가 빼어났다. 집안사람들은 자신들의 지위를 지금보다 더 높여줄 큰 자산이라는 생각으로 그녀를 아꼈으며, 뷔시 백작 로제 드라뷔탱은 그녀를 다리로 삼아 궁

◆ 마리 앙젤리크 드퐁탕주
(1661-1681)

과 돈독한 관계를 맺으려 했다. 한마디로 그들은 그녀를 루이 14세의 정부로 만들고 싶었다. 1678년 10월 그녀는 집안의 뜻에 따라 왕제의 두 번째 부인인 엘리자베스 샤를로테의 시녀가 되었다. 왕의 눈에 잘 띄는 자리였다. 왕제의 첫 번째 부인은 앞 장의 주인공인 헨리에타였다. 이후 그녀는 가문 소유의 영지인 퐁탕주의 이름을 따서 마드무아젤 드퐁탕주(Mademoiselle de Fontanges)로 알려졌다.

왕은 당시 몇 명의 정부를 두었는데 그들은 모두 만족스러운 대접을 받고 있었다. 첫 번째 정부는 온화한 성격의 루이즈 드라발리에르다. 그녀는 1661년부터 재치 있고 화려한 몽테스팡 후작 부인에게 밀려나기 전인 1667년까지 왕과 연인 관계를 유지했다. 몽테스팡 부인은 가장 멋진 궁에서 샛별처럼 떠올랐다. 베르사유에 있는 그녀의 공간에는 방이 20개나 있었다. 당시 왕비의 방은 겨우 11개뿐이었다. 보석으로 치장한 그녀는 왕에게 사랑을 받는다는 사실과 왕이 자신의 손에 쥐여준 권력을 뽐냈다.

그러나 루이 14세는 늘 이리저리 눈을 돌렸기 때문에 몽테스팡 부인이라고 해서 안심할 수는 없었다. 여러 여성이 몽테스팡 부인을 밀어낼 생각으로 잇달아 왕의 침대에 몸을 던졌으나 그녀는 어떻게 해서든 자리를 유지했다. 하지만 1678년 아홉 번째 아이(2명은 남편의 자식이고 7명은 왕의 자식)를 출산한 뒤에는 예전 몸매를 되찾지 못했다. 이탈리아 작가 프리미 비스콘티(Primi Visconti)는 몽테스팡 부인이 마차에서 내리는 모습을 지켜보다가 엄청나게 살이 찐 외모에 충격을 받았다. 그는 자기 허리 굵기만 한 그녀의 허벅지를 보고 화들짝 놀라서 헉 소리를 질렀다.

그다음에 등장한 여인이 마리 앙젤리크였다. 그녀의 빼어난 외모는 궁에 있던 많은 사람의 가슴을 설레게 했다. 한 대사는 "나는 이토록 아름다운 금발 여인을 수년 동안 궁에서 본 적이 없다. 그녀의 놀랄 만한 외모와 대담하고 섬세한 성격은 화려하고 세련된 베르사유에서조차 깜짝 놀랄 만큼 매혹적이다"라고 했다. 왕은 제수의 아름다운 시녀들 사이에서도 군계일학인 그녀를 보자마자 홀딱 반했으며 1679년 초에 그녀를 정부로 삼았다. 그러자 몽테스팡 부인은 금식기도와 고해성사를 하면서 위안을 찾는 척했다. 영국의 재치 있는 저술가 호러스 월폴(Horace Walpole)은 버림받은 왕의 정부들이 흔히 그렇게 하듯이 "그녀는 시들어버린 아름다움을 예수 그리스도께 바쳤다"라고 표현했다. 그러나 속이 부글부글 끓었던 그녀는 연기를 계속할 수 없었다. 때로는 울음을 터뜨리며 무너졌고, "마드무아젤 드퐁탕주가 저지른 엄청난 죄"를 비난하기도 했다. 당시 궁에 머물던 사람들은 왕과 정부들이 서로를 비난하며 다투는 소리를 자주 들었다.

몽테스팡 부인은 허영과 자존심 그리고 종잡을 수 없는 성격 때문에 궁 안에서 친구를 별로 사귀지 못했지만 모두 그녀를 재치 있는 입담꾼이라고 생각했다. 반면 앙젤리크와 대화를 나눈 사람들은 그녀가 입을 열었을 때 실망했다고 말했다. 어떤 사람은 "천사처럼 아름답고 돌처럼 멍청하다"라고 묘사했으며, 궁에 살았던 귀족 여성 마르트 마르그리트 드켈뤼스(Marthe Marguerite de Caylus)는 이렇게 평가했다. "왕은 순전히 얼굴에 반한 것이다. 그는 그녀가 지껄이는 어리석은 말을 듣고 민망해했다. … 미모에는 익숙해져도 멍청함에는 적응이 안 되는 법이다."

비록 왕이 그녀가 바보 같다는 사실을 눈치챘다고 해도 미모만큼은 부인할 수 없었다. 1680년 새해 첫날 보석으로 치장한 그녀는 군중 앞에 여신 같은 모습으로 등장했다. 루이 14세는 그녀의 드레스에 어울리는 겉옷을 입기 시작했는데, 둘 다 같은 리본으로 옷을 장식했다. 궁 안 사람들은 1월 16일 루이 14세와 루이즈 드라발리에르 사이에서 태어난 13세 딸이 결혼할 때 앙젤리크가 참석하지 않아서 깜짝 놀랐다. 하지만 그들은 곧 왕의 정부가 유산했다는 사실을 알았다. 당시 유산, 사산, 영아 사망 등은 흔한 일이었으므로 모두 그녀가 금세 빛나는 모습을 되찾을 것이라고 여겼다.

2월 27일에 그녀는 여전히 사랑스러운 모습으로 등장했다. 그러나 사람들은 그녀가 전과 다르게 병약해 보일뿐더러 춤도 거의 추지 않았다고 입방아를 찧어댔다. 4월 6일 왕은 그녀에게 퐁탕주 여공작의 지위를 부여하고 매년 은화 8만 리브르라는 거금을 주기로 약속했다. 그러자 몽테스팡 부인은 배신감에 치를 떨었다. 그토록 오랜 시간을 함께하고 자식까지 낳았는데도 왕은 그녀를 공작 부인으로 만들어주지 않았다. 그렇게 하려면 마음에 들지 않는 그녀의 남편에게 공작 지위를 내려야 했기 때문이다. 그런데 재치나 지성이라고는 눈곱만큼도 없고 멍청한 데다 왕에게 아이 하나 낳아주지 못하는 젊은 여자가 몽테스팡 부인이 평생토록 바라던 영예를 얻은 것이다.

여자 공작이 된 앙젤리크는 술이 달린 접이식 나무 의자까지 받았다. 당시에는 몇몇 운 좋은 사람들만 왕실 가족이 참석한 자리에서 엉덩이를 대고 앉을 수 있었다. 가발과 제복을 착용한 하인이 뽐내듯 의자를 들고 다녔으며 그녀가 앉으려고 할 때마다 펼쳐서 대령했다. 파레 후작 부인은 당시 분위기를 이렇게 전했다. "몽테스팡 부인의 심술이 폭발하기 직전이었다. 그녀는 그리스신화에 나오는 마녀 메데이아처럼, 왕 앞에서 둘 사이에 낳은 자식을 찢어 죽이겠다고 협박했다."

비록 몽테스팡 부인은 어린 정부가 공작령을 하사받은 것에 대해 분노를 터뜨리기는 했지만 한편으로는 "해고의 냄새"가 난다면서, 아마도 왕이 자신을 들이기 전 루이즈 드라발리에르를 침대에서 쫓아낼 때 주었던 것과 같은 은퇴 선물일 수도 있다고 생각했다. 뷔시 백작은 "사랑을 지속하려면 재치가 필요한데, 그런 이치를 알기에 퐁탕주는 너무 어리다"라고 적었다. 유산으로 얻은 합병증이 쉽게 낫지 않으면서 앙젤리크의 유일한 무기였던 성적 매력은 점점 줄어들었다. 피가 멎지 않아 고생할 때가 많았고 온몸이 점점 부어올랐다. 그녀는 왕과 사랑을 나눌 수도 즐겁게 대화할 수도 없었기 때문에, 적어도 둘 중 하나는 하기를 바랐던 남자에게 점점 필요 없는 존재가 되어갔다. 7월 3일 누군가의 기록에 따르면 왕은 그녀에게 극도로 무관심했으며 왕의 사랑을 잃어버린 그녀는 자주 울었다고 한다.

7월 17일 그녀는 자신의 여자 형제가 원장으로 있는 셀 수녀원으로 떠났다. '세비녜 부인'으로 알려진 서간문 작가 마리 드라부탱샹탈(Marie de Rabutin-Chantal)은 각기 6마리에서 8마리의 말이 끄는 6대의 마차가 위풍당당하게 행렬하는 모습을 보면서 건강 때문에 그것을 누리지 못하는 자가 가진 부의 덧없음에 대해 생각했다. "핏기 하나 없이 창백한 얼굴의 미인은 이미 가지고 있는 4만 에퀴[1에퀴는 6리브르]의 은화와 술이 달린 의자가 아니라 자신이 갖지 못한 건강과 왕의 사랑을 갈망하며 슬픔에 잠겨 있었다."

병상에 누워 시름시름 앓던 앙젤리크는 9월부터 독을 언급하기 시작했다. 그녀는 버림받고 복수심에 불탔던 몽테스팡 부인을 대신해 몇몇 사람이 그녀와 왕을 죽이려고 음모를 꾸몄으며 범인들이 솔직하게 자백했다는 사실을 몰랐다(이 일은 소수의 고위층만 알고 있었다).

'독약 사건'으로 알려지게 될 그 일은 1676년 사랑스럽고 젊은 브랑빌리에 후작 부인이 아버지와 두 형제를 독살한 죄로 사형당하면서 시작되었다. 그녀는 이런 일이 부자나 귀족뿐 아니라 모든 계층에서 흔하게 벌어지고 있다는 암시를 남겼다. 수사에 들어간 파리 경찰은 놀라운 사실을 알아냈다. 범죄자 수백 명이 돈이 되는 일이라면 가리지 않는 점쟁이들과 결탁해서 흑마술과 독약 거래가 이루어지는 암시장을 운영하고 있었던 것이다. 그들은 손금과 타로점을 봐주고 사랑의 묘약을 팔았다. 일부는 더 심한 사기를 쳤다. 마법사를 사칭하던 한 남자는 손님에게 금 12조각을 어떤 나무 밑에 묻으면 몇 배로 불어난다고 말했다. 하지만 그 말을 믿었던 어리숙한 사람이 금을 찾으러 다시 갔을 때 눈에 보인 것은 빈 구덩이뿐이었다. 자칭 마법사는 이미 자취도 없이 사라진 뒤였다.

일부 점쟁이들은 낙태 시술을 했으며 소원을 이루기 위해 아기를 제물로 바치는 악마 숭배 의식을 거행했다. 그들은 또 적이나 배우자를 괴롭히고 싶은 사람들에게 독약을 팔았다. 제때 죽지 않는 부유한 친척들을 암살하려고 독약을 구하는 사람들도 있었다. 1680년 2월 22일 주술사 라부아쟁(La Voisin)이 사형당했다. 그녀의 딸인 22세의 마리 몽부아쟁(Marie Montvoisin)은 조사를 받으면서 어떤 귀족 여인들이 어머니를 찾아와 왕의 정부를 독살하고 자신들이 그 자리에 오르고 싶다는 마음을 내비쳤다고 밝혔다.

마리 몽부아쟁에 따르면 1661년 23세의 루이 14세가 루이즈 드 라발리에르를 정부로 삼았을 때 적어도 두 명의 공작 부인이 독약을 얻기 위해 찾아왔다고 한다. 만약 그들이 수프에 독을 넣었다면 그 독은 아무런 효과가 없었다고 봐야 한다. 루이즈가 오래도록 건강하게 살았기 때문이다.

1667년에는 몽테스팡 부인이 루이즈의 자리를 차지하기 위해 일을 꾸몄다. 그녀는 독살이 아니라 다른 방법을 시도했다. 친한 친구였던 루이즈가 왕과 함께하는 저녁 식사 자리에 자기를 초대했을 때, 그녀는 왕이 자신의 매력에 빠질 수 있도록 포도주와 음식에 '사랑의 묘약'을 부었다. 그 약은 두꺼비와 박쥐의 몸 일부분 그리고 죽은 아기의 피와 뼈, 장기를 섞어 만든 혼합물이었다.

마리 몽부아쟁은 왕의 자비를 얻고자 지금껏 거행해온 악마 숭배 의식의 실체를 털어놓았다. 파문당한 신부인 기부르(Guibourg)는 버려진 예배당에서 벌거벗은 몽테스팡 부인의 사타구니에 성배를 고정한 상태로 의식을 진행했다.

> 몽테스팡 부인을 위한 의식을 거행하던 중에 한번은 어머니가 조산아로 보이는 아기를 데려온 적이 있습니다. … 기부르 신부가 아기를 우묵한 접시에 두고 목을 가르더니 흘러내리는 피를 잔에 담았습니다. … 신부는 피와 제병 앞에서 몽테스팡 부인과 왕의 이름을 넣어 악마에게 복을 비는 주문을 외웠습니다. … 다음 날 어머니는 내장과 피를 비롯해서 악마에게 봉헌된 성체를 가져와 증류했으며 나중에 몽테스팡 부인이 가져갈 수 있도록 유리병에 담아두었습니다.

몽테스팡 부인의 매력 때문이든 사랑의 묘약 때문이든 왕은 루이즈를 버리고 그녀를 정부로 삼았다. 하지만 몽테스팡 부인은 한시도 마음을 놓지 못했다. 궁에 있는 여성들이 왕을 노골적으로 유혹했으며 한창때인 왕은 마다한 적이 거의 없었기 때문이다. 마리 몽부아쟁은 이렇게 진술했다. "몽테스팡 부인은 매번 다른 문제로 속상해했습니다. 왕의 관심에서 멀어질까 봐 두려워했고 그럴 때마다 어머니에게 달려와 해결책을 요구했습니다. 그러면 어머니는 왕에게 쓸 가루를 만드는 의식을 거행하고자 신부를 불러들였습니다."

앙젤리크가 궁에 들어와 왕을 사로잡았던 1678년, 그녀보다 나이가 두 배나 많고 곧잘 화를 내며 출산으로 몸이 부어 있던 몽테스팡 부인은 왕과 자신의 연적을 둘 다 독살하기로 마음먹었다. 그리고 라부아쟁에게 10만 에퀴의 은화를 사례금으로 제안하면서 이 일에 끌어들였다. 소문에 따르면 라부아쟁은 이렇게 외쳤다고 한다. "아, 사랑의 복수란 정말 대단하지 않은가!"

마리 몽부아쟁은 어머니의 지인인 로마니(Romani)가 비단 장수인 척하며 앙젤리크에게 접근할 계획을 세웠다고 진술했다. 독이 묻은 비단을 건네어 옷을 해 입도록 할 의도였다. 만약 그녀가 천을 받지 않으면 멋진 장갑에 독을 묻혀서 주기로 했다. 그것까지 거절하기는 어려울 것이라고 판단했기 때문이다. 이처럼 그들은 그녀를 서서히 죽음으로 몰아가려고 했다.

하지만 왕은 단번에 죽이려고 했다. 당시에는 신하들이 왕에게 청원서를 제출하도록 정해진 날이 있었다. 죄수를 사면해달라거나 억울한 상황을 바로잡아달라거나 소송에 개입해달라는 등의 요청을 담은 내용이었다. 왕이 청원서를 읽는 동안 청원자들이 무릎을 꿇고 결정을 기다린 적도 있었지만 대부분은 청원서를 탁자 위에 두고 물러나면 나중에 왕이 정독하는 식이었다. 라부아쟁과 그녀의 공범들은 죄수세 명을 풀어달라는 청원서를 쓰고 거기에 치명적인 독을 묻혔다. 왕이 청원서를 펼치자마자 독이 든 기체를 들이마시고 그 자리에서 죽게 하려는 의도였다.

연줄을 통해서 왕을 가장 먼저 알현할 기회를 얻은 라부아쟁은 1679년 3월 5일 일요일에 생제르맹궁으로 출발했다. 하지만 그로부터 나흘 뒤에 성과 없이 돌아왔다. 왕에게 직접 청원서를 건넬 수 있을 만큼 가까이 다가가지 못했기 때문이다. 왕의 하인이 그것을 만지다가 대신 죽을까 봐 탁자에 놓지도 못했다. 그녀는 3월 13일 월요일에 다시 궁에 가기로 마음먹었다. 그런데 3월 10일에 한 무리의 사제들이 그녀를 징계하기 위해 찾아왔다. 그녀는 마녀로 몰려서 체포될까봐 두려운 나머지 청원서를 불태웠다. 하지만 3월 12일에 붙잡히고 말았다. 그녀는 죄를 자백하면서 이 일의 배후에 궁에 사는 귀부인이 있다고 암시했지만 이름은 대지 않았다.

수사가 계속되는 동안 몽테스팡 부인이 연루되었다는 것을 알게 된 왕은 충격을 받았다. 그는 13년 동안 함께하면서 자식까지 낳은 정부를 경찰이 심문하도록 내버려두지 않았다. 만약 루이 14세가 아기의 피와 박쥐의 날개를 먹었다는 사실이 새어나간다면 온 유럽의 웃음거리가 될 것이 뻔했다. 그래서 왕은 수사를 중지하고 사람들의 입을 막았다. 누구든 그녀의 이름을 언급하면 잡아다가 사형을 집행하거나 멀리 귀양을 보냈다.

비록 왕이 몽테스팡 부인을 궁에 두기는 했지만 그녀를 방문할 때는 늘 동생을 대동했으며 그녀 앞에서는 결코 먹거나 마시지 않았다. 그동안 그녀와 저녁을 먹은 뒤에는 두통 때문에 잠들었다가 깼던 이유를 그제야 깨달았기 때문이다. 왕은 자기가 역겨운 약을 먹었다는 사실을 알고 진저리를 쳤다. 어쩌면 자기가 사랑했던 여인에게 실망해서 더 욕지기가 났을 것이다.

몽테스팡 부인이 왕에게 사랑의 묘약을 주었다는 사실은 조사 과정에서 명백히 드러났다. 하지만 그녀가 왕과 앙젤리크를 죽이려고 음모를 꾸민 사실은 밝혀지지 않았다. 라부아쟁의 딸이 그런 이야기를 했을 무렵은 당사자인 라부아쟁이 죽은 뒤였다. 또한 몇 개월 동안 갇혀 있었던 관련 범죄자들이 투옥 환경을 개선하거나 감형을 받으려고 진술 내용을 자주 바꿨다. 무엇보다 독살의 수단이라고 주장하는 것들의 효과가 무척 모호했다. 독이 묻은 드레스를 입거나 장갑을 낀다고 해서 사람이 죽는 것은 아니다. 부식성 물질은 피부발진을 일으킬 수 있지만 그 이상으로 해를 끼치지는 않는다. 그리고 편지에서 올라오는 치명적인 기체가 정작 그것을 준비한 독살범을 죽이지 않았다는 사실도 이치에 어긋난다. 하지만 수사에 관여한 사람들은 그런 일이 일어날 수 있다고 믿는 듯했다.

앙젤리크는 1680년 1월경에 유산 합병증으로 고생하기 시작했다. 이때는 상스러운 독살범 무리가 10개월 동안 감옥에 갇혀 있던 시기에 해당한다. 그러나 살인과 독살의 세계는 워낙 파리 전체에 넓게 퍼져 있었기 때문에 사람들은 다른 누군가가 그녀에게 손을 뻗을 수도 있다고 믿었다.

1년 반 동안 계속해서 병상에 누워 있던 앙젤리크는 스무 번째 생일을 갓 넘긴 1681년 6월 28일에 세상을 떠났다. 그녀가 죽었다는 소식을 들은 왕은 부검을 원치 않는다고 단호하게 말했는데, 아마도 몽테스팡 부인이 정말 그녀를 독살했을 경우 그 사실이 사람들 앞에서 드러날까 봐 염려했기 때문일 것이다. 하지만 엄청난 재물이 그녀와 함께 눈앞에서 사라지는 것을 보고 비탄에 빠진 가족들은 자신들이 보는 앞에서 시신을 부검해달라고 고집부렸다.

당대의 검시

의사 6명이 부검을 실시한 결과 앙젤리크는 흉부에 체액이 넘치고 오른쪽 폐에 고름이 가득한 상태였다. 그녀의 간과 심장은 무슨 뜻인지는 명확하지 않지만 "말라 있다"라고 묘사되었다. 위벽이 고르지 않으면 독살의 징후로 볼 수 있는데, 그런 언급은 전혀 없었다.

현대의 진단

비록 앙젤리크의 시신이 프랑스혁명 기간에 훼손되기는 했지만 그녀가 보였던 특이한 증상에 호기심을 느낀 후대 의사들은 그녀의 사망 원인을 알아내려고 노력해왔다. 20세기 초 한 의사는 그녀가 결핵에서 비롯된 흉막폐렴으로 죽었다고 결론지었다. 그러나 최근 한 전문가는 그녀가 유산한 뒤 출혈이 그치지 않아 고생했다는 사실을 고려할 때 태반 일부가 자궁에 남아 있었을 것이라고 주장했다. 이것이 감염을 일으켰고 궁극적으로는 폐에 농양이 생기게 했다는 것이다. 그녀가 어떤 병으로 죽었는지는 알 수 없지만 독살이 아닌 것만큼은 확실하다. 적어도 독살에 관해서만큼은 몽테스팡 부인의 노력이 수포로 돌아갔음을 알 수 있다.

베르사유궁에 있던 이탈리아 작가 프리미 비스콘티는 "왕의 쾌락을 위해 순교한" 이 여인은 아이를 유산한 것 때문에 죽었다고 결론지었다. 많은 사람이 그녀가 독살을 당했으며 사건의 배우에는 노화로 미모를 잃고 질투에 불탔던 몽테스팡 부인이 있다고 생각했다. 이후로 궁 안의 사람들은 음식에 손대기 전 한참을 살펴보았다. 비스콘티는 "이제는 누구도 친구를 믿지 못했다. 너무 많이 먹어서 속이 불편해도 곧바로 자신이 중독되었다고 믿었다"라고 적었다. 소화가 잘 안 되기라도 하면 스스로 구토와 설사를 하거나 다급하게 해독제를 찾았다. 수많은 요리사가 살인미수로 고발을 당해서 감옥에 갇혔다. 한 작가는 "만약 파리의 형편없는 요리사를 죄다 잡아들인다면 감옥이 금세 꽉 찰 것"이라고 말했다.

16장

오스트리아의 궁정음악가,
볼프강 아마데우스 모차르트

열이 나서 눕기는 했지만 크게 걱정하지는 않았을 것이다. 어렸을 때부터 천연두, 황달, 발진티푸스, 편도선염, 위장장애, 패혈증, 인두염, 상기도감염 등 병치레가 잦았으며 자리를 털고 일어난 뒤에는 음악으로 세상을 놀라게 했기 때문이다.

　　하지만 이번에는 달랐다. 1791년 11월 20일 고열과 부종에 시달리다가 쓰러진 볼프강 아마데우스 모차르트는 12월 5일에 결국 숨을 거두었다. 위대한 작곡가가 고통 속에서 숨지자 사람들은 모차르트의 라이벌인 안토니오 살리에리가 질투심에 불타서 그를 독살했다고 수군거리기 시작했다. 모차르트의 시신에서는 역겨운 냄새가 풍겼으며 얼굴과 몸은 잔뜩 부어

◆ 볼프강 아마데우스 모차르트
(1756-1791)

서 형체를 거의 알아볼 수 없었다.

18세기 후반 사람들은 음악계가 선사하는 기쁨 덕분에 실망할 틈이 없었다. 당대 최고의 작곡가들이 궁의 몇 안 되는 자리를 차지하고자 치열하게 다투던 시기였다. 그들은 황금 레이스와 다이아몬드 단추, 새틴 바지와 비단 재킷으로 첨예한 야망, 치사한 중상과 속임수, 배반과 음모를 가리고 다녔다.

모차르트는 어린 시절부터 그런 삶을 잘 알았다. 아버지 레오폴트는 잘츠부르크궁에서 부악장 혹은 음악 감독으로 일했으며 두 아이에게 음악을 가르쳤다. 한 명은 '나네를'(Nannerl)이라고 부르던 1751년생 마리아 아나(Maria Anna)였고 다른 한 명이 바로 모차르트였다. 그는 아버지의 엄격한 교육을 받아 세 살 때부터 하프시코드를 연주했으며 다섯 살 무렵에는 작곡을 시작했다.

모차르트가 여섯 살 때, 레오폴트는 아내와 아이들을 데리고 유럽의 화려한 궁에서 순회공연을 하며 두 아이의 재능을 이용해 돈을 벌었다. 나네를의 연주 솜씨도 무척 뛰어났지만 모차르트는 매력적이고 자신감 넘치는 연주와 탁월한 재능으로 사람들을 깜짝 놀라게 만들었다. 아홉 살이 되자 읽지 못하는 악보가 없었고, 주제에 관계없이 즉흥적으로 연주할 수 있었으며, 듣기만 하고도 정확히 음을 맞출 수 있었다. 그는 혀를 내두를 만큼 놀라운 기억력을 가지고 있어서 다양한 악기와 목소리로 구성된 작품을 듣고 집에 와서는 그대로 옮겨 적었다. 열한 살이 될 때까지 그가 작곡한 가곡, 춤곡, 교향곡을 합치면 100곡이나 되었다. 그동안 이른 나이에 이처럼 어마어마한 곡을 쓴 음악가는 아무도 없었다.

레오폴트의 교육법이 너무 가혹했던 터라 여린 소년이 어떻게 버텨냈는지 궁금해하는 사람도 많았다. 그는 피아노뿐만 아니라 바이

올린과 다른 악기들의 연주법을 배웠고 여느 궁정음악가들처럼 외국어도 공부했다. 모차르트는 병치레가 잦았지만 음악에 대한 열정으로 쉼 없이 정진했다. 아버지는 아내와 딸을 집에 남겨둔 채 어린 모차르트를 데리고 유럽을 여행했다. 모차르트는 공연과 작곡을 하고 유명한 작곡가들과 만나면서 소양을 넓혔다. 레오폴트는 각 지역의 궁에서 아들이 연주할 만한 자리를 물색했지만 뜻대로 되지 않았다. 음악가가 안정적으로 살아가는 길은 재능에 걸맞은 봉급을 받는 것뿐이었다. 당시에는 저작권이나 로열티의 개념이 없었기 때문에 작곡을 해도 오직 첫 번째 공연에 대해서만 돈을 받았다. 결국 그의 아버지는 아무런 성과도 거두지 못한 채 아들과 함께 집으로 돌아왔다.

어린 시절 모차르트의 엄청난 재능을 생각하면 그가 자리를 구하는 데 어려움을 겪었다는 사실이 쉽게 이해되지 않는다. 그러나 그럴 만한 이유가 몇 가지 있었다. 우선 그는 유럽 왕실 사람들에게 아부하는 법이 없었으며 때로는 대놓고 무시했다. 그는 모든 사람이 평등하며, 오직 재능만이 고귀함을 결정한다고 믿었다. 점점 더 왕족을 싫어하게 된 그는 1781년 아버지에게 보낸 편지에 오스트리아의 여제 마리아 테레지아의 아들인 막시밀리안 프란츠(Maximilian Franz) 대공을 만났는데, 그의 눈에서 멍청함이 뚝뚝 떨어졌다고 적었다. 그가 너무 건방졌던 나머지 아버지가 일하는 잘츠부르크궁의 시종장은 그의 엉덩이를 발로 걷어차면서 궁 밖으로 내쫓았다.

다른 이유는 국적 때문이다. 당시 궁에서는 이탈리아인 음악가를 고용하는 것이 유행이었다. 다른 나라 사람에게 음악을 맡기는 것은 프랑스인 대신 폴란드인을 요리사로 두는 것이나 마찬가지였다.

게다가 모차르트의 음악은 혁명적이고 난해했다. 그는 부자와 귀족들을 즐겁게 해주는 상투적이고 편한 음악이 아니라 사람들의 영혼을 흔드는 새로운 음악을 하고 싶었다. 많은 사람이 그의 음악을 이해하지 못했고 이해하려는 노력조차 하지 않았다. 모차르트의 첫 번째 오페라, 〈후궁으로부터의 도주〉(*The Abduction from the Seraglio*)를 듣고 당황한 요제프 2세는 그에게 한마디 했다. "모차르트, 음표가 너무 많군." 그러자 모차르트는 당돌하게도 "딱 필요한 만큼입니다, 폐하"라고 대꾸했다. 또한 모차르트는 주로 기악곡을 작곡했다. 물론 성악곡도 작곡했지만 가수보다 음악 자체를 돋보이게 만들었기 때문에 청중뿐만 아니라 오페라 가수들의 기분까지 상하게 했다.

레오폴트는 아들에게 돈을 벌 수 있는 대중적인 음악을 작곡하라고 강요했다. 그는 빚과 가난에 시달렸지만 방이 8개에 마구간까지 딸린 집에 살면서 화려한 마차를 가지고 있었다. 아들이 유럽의 왕족들을 위해 연주하는 동안 돈도 많이 벌었다. 몇몇 사람들은 그의 집에 비싼 담뱃갑, 우아한 시계, 상아 지팡이, 은 접시와 금 식기 같은 선물이 쌓여 있는 것을 보고 마치 "교회의 보물" 같다고 말했다.

25세가 된 모차르트는 예술가로서나 자연인으로서나 아버지의 통제에서 벗어나 자신의 날개를 마음껏 펼칠 때가 왔다고 생각했다. 1781년 3월에 그는 인구 30만 명에 달하는 오스트리아 제국의 수도이자 음악원을 비롯해 수많은 연주회장이 있으며, 재능 있는 음악가의 모임이 열리는 빈으로 갔다. 그는 마침내 마음의 고향을 찾았다. 모차르트는 음악원과 공연장, 부유한 후원자들의 집에서 연주하며 돈을 벌었다. 또한 피아노 개인 교습(모차르트에게 직접 피아노를 배운다니, 상상이나 할 법한 말인가!)과 작곡을 했다. 하지만 재능이 부족한 음악가들보다 일은 더 많이 하고 돈은 적게 벌었다.

빈에서 모차르트의 주요 경쟁자는 세 개 언어로 오페라를 만든 이탈리아 출신 작곡가 안토니오 살리에리였다. 그는 모차르트가 경력을 쌓던 시기에 빈의 오페라계를 장악하고 있었으며 1788년에는 궁정 악장으로 임명되었다. 모차르트는 아버지에게 쓴 편지에서 자기가 변변한 자리를 얻지 못하도록 살리에리와 그의 추종자들이 사사건건 방해한다고 불평했다. 예를 들어 1781년에는 요제프 2세가 조카의 약혼녀인 뷔르템베르크 공녀 엘리자베트(Elisabeth)의 피아노 선생으로 자기를 고용할 줄 알았는데 그 자리를 살리에리가 차지하자 몹시 씁쓸해하면서 이렇게 썼다. "황제가 모든 걸 망쳤어요. 그는 오직 살리에리밖에 모릅니다."

그럼에도 모차르트와 살리에리는 서로를 음악적으로 존경한 듯하다. 1785년에는 칸타타를 함께 작곡했으며 살리에리는 1788년에 자신의 오페라 대신 모차르트의 〈피가로의 결혼〉을 제작하기도 했다. 모차르트에 따르면 살리에리가 1791년 오페라 〈마술피리〉를 보면서 이렇게 반응했다고 한다. "그는 공연에 온전히 집중했으며 서곡부터 마지막 합창까지 곡이 끝날 때마다 '브라보'나 '벨로'(bello) 같은 감탄사를 외쳤다."

모차르트는 진중하고 근엄한 살리에리와 전혀 다른 성격이었다. 그에게 피아노를 배운 제자 한 명은 "그는 키가 작고 얼굴이 창백했다. 상냥한 인상에 눈빛이 밝게 빛났지만 다소 우울한 분위기가 서려 있었다"라고 썼다. 1984년에 개봉한 영화 《아마데우스》는 장난기가 많고 저속한 농담을 즐기며 남을 웃기기 좋아하는 모습을 통해 모차르트의 조증을 잘 보여준다. 1782년에 그는 B플랫 장조의 카논 〈내 엉덩이를 핥아줘〉(*Lick My Ass Right Well and Clean*)를 작곡하기도 했다.

모차르트에게 피아노를 배웠던 오스트리아 소설가 캐롤라인 피클러(Karoline Pichler)는 어느 날 그가 했던 행동을 이렇게 묘사했다. "듀엣곡을 연주하고 있었는데, 그가 느닷없이 지겹다고 하더니 종종 그랬던 것처럼 정신이 나가서는 벌떡 일어나 탁자와 의자를 뛰어넘으며 고양이처럼 야옹거리고 산만한 사내아이처럼 재주를 넘었다."

　흥미로운 점은 그의 아버지 레오폴트 역시 아들보다 더 아이처럼 굴었다는 사실이다. 아들이 자신의 손을 벗어나 빈으로 가자 부루퉁하게 삐쳐서 억울해했다. 그는 아들에게 자주 편지를 보내어 "게으르고 낭비가 심하며 배은망덕할 뿐 아니라 무능한 놈"이라는 비난을 퍼부었다. 1781년 9월 모차르트는 자포자기하는 마음으로 이런 편지를 보냈다. "제발 절 좀 믿어주세요. 이제 저도 그만한 자격이 있잖아요. 여기서 제 한 몸 건사하기도 힘들어요. 기분 나쁜 편지는 아무런 도움이 되지 않는다고요."

　1782년 레오폴트가 늘 두려워했던 일이 벌어졌다. 아들의 결혼이었다. 모차르트 수년 전 어머니와 여행하는 도중 독일의 만하임에서 콘스탄체 베버(Constanze Weber)와 그녀의 가족을 만났다. 당시 모차르트는 베버의 네 자매 중 첫째 알로시아(Aloysia)에게 푹 빠졌다. 그러자 그들을 본 적도 없는 레오폴트는 욕심 많은 가족이 자신의 재능 있는 아들을 빼앗아 가려 한다면서 크게 화를 냈다. 시간이 흐른 뒤 베버 가족은 빈으로 이사를 왔는데 이들과 재회한 모차르트는 이제 셋째 딸 콘스탄체와 사랑에 빠진 것이다.

　모차르트에게 약혼했다는 편지를 받은 레오폴트는 분명 이성을 잃었을 것이다. 다시는 아들을 자기 마음대로 다룰 수 없게 되었기 때문이다. 이후 1787년에 레오폴트가 세상을 떠날 때까지 두 사람은 불편한 관계를 유지했다. 모차르트는 아버지가 죽기 전 병문안은커녕 장례식에도 가지 않았다.

　레오폴트는 아들이 궁에서 공식적인 자리를 얻는 것이 소원이었는데 그의 간절한 바람은 역설적이게도 그가 죽은 직후에 이루어졌다. 요제프 2세가 모차르트를 궁정음악가로 고용해서 미뉴에트를 작곡하도록 한 것이다. 말년에 모차르트는 네 편의 오페라를 작곡하면서 엄청난 수입을 얻었다. 그러나 그는 화려한 옷과 콘스탄체에게 줄 선물을 마구 사들이고, 값비싼 음식을 먹으며 도박을 하는 데 돈을 펑펑 썼기 때문에 늘 빚에 쪼들렸다. 1791년 가을에 그는 돼지고기 커틀릿, 거세한 수탉, 철갑상어 같은 산해진미를 즐기며 지칠 줄 모르는 열정으로 멋진 음악을 작곡하는 일에 대한 기록을 남겼다. 가까운 사람들은 그가 결국 열병에 걸렸다는 사실에 놀라지 않았을 것이다. 그만큼 자기 몸을 혹사했기 때문이다.

하지만 이번에는 전과 다르게 병이 낫지 않았다. 모차르트의 몸이 기괴할 정도로 부어올라 움직일 수 없게 되자 콘스탄체와 그녀의 동생 소피아(Sophia)는 그가 볼일을 편하게 보고 누군가가 그의 몸을 씻길 때 수월하도록 뒤쪽이 뚫린 옷을 만들어 입혔다. 12월 4일이 되자 모차르트는 헛소리를 하기 시작했다. 의사 두 명이 2리터에서 3리터 정도의 피를 뽑은 탓에 체력이 더 떨어졌다. 다음 날 모차르트는 몸을 떨며 갈색 거품을 토하고 나서 결국 숨졌다.

미망인이 된 콘스탄체는 친구들에게 남편이 열병으로 죽었다고 말했다. 그러나 어린 두 아들과 함께 유산은커녕 산더미 같은 빚을 떠안게 된 그녀는 동정심을 유발하기 위해서 독살에 대한 소문을 부채질했다. 그녀는 수상한 사람이 마스크를 쓰고 찾아와 레퀴엠(Requiem, 죽은 사람의 영혼을 위로하기 위한 미사 음악)을 의뢰했으며 모차르트가 이 곡을 쓰면서 시름시름 앓기 시작했다고 말했다. 전해지는 말에 따르면 모차르트는 이렇게 말했다고 한다. "나는 분명 죽게 될 거야. 누군가 내게 아쿠아 토파나를 먹이고 내가 죽게 될 정확한 시점을 계산해서 곡을 의뢰한 게 분명해. 나는 자신을 위한 위령곡을 쓰는 셈이지." 하지만 이는 지나치게 부풀려진 이야기였다. 사실은 모차르트가 죽기 몇 달 전 프란츠 폰발제크(Franz von Walsegg)라는 괴짜 백작이 찾아와 최근에 죽은 부인을 위한 위령 미사곡을 작곡해달라고 의뢰했다. 그런데 아마추어 음악가였던 백작이 자기가 그 곡을 만든 것으로 하고 싶었기 때문에 비밀이 새어나가지 않도록 신경을 썼던 것이다.

어쨌든 콘스탄체는 황제에게 부조금을 받았으며 죽은 남편의 작품으로 음악회를 열었다. 병에 걸려 평범하게 죽은 사람보다는 의문의 죽음을 당한 사람의 음악이 더 흥미로운 법이라 콘스탄체는 금세 부자가 되었다.

많은 사람이 모차르트의 최대 적수인 살리에리를 의심했다. 모차르트의 가장 마지막 편지는 그가 1791년 10월 14일 프라하에서 쓴 것인데, 왕실 사람들이 머물던 그곳에서 그는 살리에리와 소프라노 카테리나 카발리에(Caterina Cavalier)를 자기 마차에 태워 오페라 극장에 갔다. 어쩌면 살리에리는 마차에서 술병에 무언가를 넣거나 저녁 식사 자리에서 방금 본 오페라에 대해 이야기를 나누는 동안 포도주에 손댔을지도 모른다.

살리에리는 모차르트를 살해했다는 의심의 눈초리에서 결코 벗어나지 못했다. 그가 모차르트의 둘째 아들 프란츠(Franz)에게 음악을 가르쳤지만 소문은 잠잠해지지 않았다. 프란츠는 살리에리의 가르침 덕분에 유명한 작곡가가 되었다. 살리에리는 말년에 치매로 정신이 오락가락해지자 자신이 모차르트를 죽였다고 인정했지만 정신이 온전할 때는 완강하게 부인했다. 1823년 루드비히 판베토벤의 제자인 이그나즈 모셀레스(Ignaz Moscheles)가 빈 외곽의 병원에 입원한 73세의 살리에리를 찾아간 적이 있다. 살리에리는 조바심을 내며 그에게 말했다. "내가 비록 이런 상태이기는 하지만 명예를 걸고 말하겠네. 그 바보 같은 소문은 사실이 아니야. 자네도 알 테지만 사람들은 내가 모차르트를 죽였다고 믿는다네. 하지만 아니야. 그건 악의적으로 지어낸 말일 뿐이야. 터무니없는 말이라고! 이보게. 자네가 사람들에게 말 좀 해주게. 머지않아 죽을 이 늙은이의 말을 전해달란 말일세."

모차르트의 죽음에 프리메이슨이 연루되었다는 소문도 있다. 1784년부터 프리메이슨 단원이었던 그가 오페라 〈마술피리〉를 공연하면서 조직의 비밀을 누설하자 프리메이슨이 그를 독살했다는 것이다. 하지만 프리메이슨 동료들은 그를 비난하기는커녕 그를 위해 집회를 열었다. 〈마술피리〉의 대본을 쓴 작가 에마누엘 쉬카네더(Emanuel Schikaneder)도 프리메이슨이었지만 그로부터 21년간 어떠한 살해 위협 없이 평온한 삶을 살았다.

현대의 진단

독살설을 신봉하는 사람들이 들으면 맥이 빠질 만한 이야기가 있다. 당시 빈에서 모차르트와 같은 병으로 죽은 사람이 무척 많았다는 사실이다. 모차르트의 사망 기록을 보면 사인은 "급성 속립진열"(Acute military fever)이다. 어떤 병인지 정확하게 알 수 없기 때문에 연구자들은 적어도 118가지나 되는 가능성을 떠올릴 수밖에 없었다. 그중 하나가 류머티즘열인데 보통 숨이 가빠지는 증상을 유발하지만 당시 모차르트의 의료 기록에는 그런 내용이 언급되지 않았다. 게다가 그 병은 주로 어린아이에게 일어나며, 어른이 걸리면 몸이 붓는 게 아니라 관절통을 겪게 된다.

몸이 붓고 악취가 나는 증상으로 미루어 모차르트의 신장에 문제가 생긴 것은 분명하다. 신장이 제 기능을 잃으면 소변에서 노폐물이 걸러지지 않고 혈관에 쌓여 땀이나 침 같은 분비물로 빠져나간다. 그래서 온몸에 소변 냄새가 진동한다. 그러나 모든 신장질환이 모차르트에게 나타난 것처럼 끔찍한 부종을 일으키는 것은 아니다.

모차르트의 모든 증상을 설명할 수 있는 병이 하나 있다. 말 연쇄상구균(Streptococcus equi) 감염이다. 이 균은 신장의 미세 여과기인 사구체를 공격해 온몸으로 노폐물이 퍼지게 한다. 이름에서 알 수 있듯이 주로 말이나 소가 걸리는 질병이다. 그러나 탄저균과 마찬가지로 동물뿐만 아니라 사람에게도 전염될 확률이 높다. 마차를 타고 여기저기를 돌아다녔던 모차르트는 말을 접할 기회가 많았으며 살균하지 않은 우유를 마셨을지도 모른다.

남아 있는 부검 기록만으로는 모차르트의 사인을 정확하게 진단하기 어렵다. 그를 담당했던 의사는 당시 유행했던 급성 속립진열이라고 확신했다. 몸이 붓고 썩은 냄새를 풍겼기 때문에 의사조차 감염이 두려워 부검을 꺼렸을 수 있다. 무덤의 정확한 위치를 알 수 없어서 유골을 조사하는 것도 불가능하다. 당시 요제프 2세가 장례식을 간소하게 치르는 정책을 펼쳤기 때문에 모차르트의 유해는 긴 장례 행렬 없이 도시 밖에 있는 성 마르크스 공동묘지로 옮겨졌다. 그래서 가족이나 친구도 무덤의 위치를 보지 못했다. 게다가 요제프는 중산층이 죽었을 때 무덤 구덩이 하나에 관 다섯 개를 매장하고 10년 뒤 다시 파내라는 내용의 칙령을 내렸다.

하지만 묘지 관리인이었던 요제프 로트마이어(Joseph Rothmeyer)는 자신이 유명한 작곡가의 관이 묻힌 장소에 표시를 해두었다고 주장했다. 모차르트가 죽은 지 10년 뒤인 1801년에 로트마이어는 그가 모차르트의 것이라고 자랑스럽게 표시해두었던 유해를 파냈으며, 그 유해는 오늘날 잘츠부르크에 있는 모차르트 박물관에 안치되어 있다. 하지만 문제가 있었다. 아래턱이 없는 두개골에 골절 흔적이 선명했는데, 모차르트는 머리에 골절상을 입은 적이 없기 때문이다. 일부 역사학자들은 모차르트가 사실 머리에 심한 타격을 입고 죽었다는 주장을 폈다. 그러나 2006년 모차르트 박물관에서 두개골의 미토콘드리아 DNA를 모차르트의 외할머니와 조카의 대퇴부 뼈에서 추출한 것과 비교한 결과 그들의 주장은 억측에 불과한 것으로 밝혀졌다.

볼프강 아마데우스 모차르트의 사인을 정확하게 밝힐 수는 없지만 그가 자신의 아름다운 음악 속에서 여전히 숨 쉬고 있는 것만은 분명하다. 우리는 그가 남긴 수많은 작품에 감동하면서 이른 죽음을 안타까워할 따름이다. 가슴을 울리는 불멸의 음악은 우리의 손길이 닿지 못하는 곳에서 맴돌고 있다.

17장

프랑스의 황제, 나폴레옹 보나파르트

살과 근육, 장기를 칼로 베어내는 듯한 복통이었다. 한시도 통증이 가시지 않았으며 이런 증상이 몇 주 동안 지속되었다. 1821년 4월 15일 그는 이런 유언을 남겼다. "나는 영국의 소수 집권층과 그들이 고용한 살인자 때문에 예상보다 빨리 죽어가고 있다. 영국은 절대로 나에 대한 복수를 늦추지 않을 것이다." 그로부터 2주나 더 고통을 받은 뒤 그는 이렇게 덧붙였다. "머지않아 내가 죽으면 시신을 부검하라. … 내 위를 샅샅이 조사하고 세부 사항을 정확하게 기록하라. … 나는 모든 지배 가문에게 마지막 순간의 공포와 수치를 기록으로 남기겠노라."

고통에 시달리는 이 사람은 갑작스

♦ 나폴레옹 보나파르트
(1769-1821)

럽게 세상에 등장해서 한때 가장 강력한 힘을 가졌던 나폴레옹 보나파르트다. 그는 대서양에서 러시아까지, 차가운 발트해와 사파이어색을 띤 이오니아해까지 뻗어 있으며 인구가 7천만 명에 이르는 대제국을 건설하고 다스렸다. 하지만 지금은 대서양 한가운데 있는 바위 위, 쥐가 들끓고 곰팡이가 핀 두 칸짜리 집이 그가 가진 전부였다. 그리고 머지않아 그의 제국은 가로 76센티미터, 세로 183센티미터, 높이 61센티미터짜리 나무 상자로 쪼그라들었다.

그가 죽은 뒤 유럽의 통치자들은 샴페인을 터뜨렸을 것이다. 루이 16세의 인기 없는 동생이며 나이 들고 소심한 프랑스의 루이 18세는 불안하게 왕좌를 지키고 있었다. 프랑스 국민 다수는 나폴레옹이 혁명 정신과 함께 돌아오길 바랐다. 영국은 엄청난 돈을 지불하면서까지 그를 유배지에 묶어두었다. 그가 섬을 탈출해서 군대를 모으고 영국을 공격할까 봐 염려했기 때문이다. 독일, 오스트리아, 스페인, 이탈리아, 러시아의 왕들도 그가 이대로 매장되기를 바랐다. 물론 그가 자연사했다면 말이다. 만약 살해당했다는 소식이 전해지면 분명 나폴레옹의 이름으로 혁명이 일어날 것은 불 보듯 뻔했다.

알렉산드로스대왕 이후로 누구보다 서구 세계를 크게 뒤흔든 이 남자는 이탈리아반도의 중심부에서 서쪽으로 멀리 떨어진 코르시카섬, 그것도 별 볼 일 없는 귀족 가문에서 태어났다. 법률가였던 나폴레옹의 아버지 카를로 부오나파르테(Carlo Buonaparte)가 1785년에 38세의 나이로 위암에 걸려 세상을 떠나자 홀로 남겨진 미망인이 여덟이나 되는 자녀를 돌봤다. 어머니와 형제들에게 헌신적이었던 그는 출세해서 집안을 일으키겠다는 뜻을 품고 열심히 노력한 결과 16세 때 프랑스 육군 사관학교를 졸업하고 포병 장교가 되었다.

나폴레옹은 진급을 거듭하다가 1796년 27세의 나이로 육군 대장이 되었다. 그는 이탈리아 북부의 전투에서 병력이 4배나 많은 적국을 상대로 13개월 만에 입이 떡 벌어질 만한 승리를 얻었다. 대담하고 결단력이 있었던 그는 총알이 휙휙 날아다니는 전쟁터에서도 전혀 동요하지 않았다. 한번은 그가 타고 있던 말이 총에 맞아 쓰러지자 말의 사체를 넘어 전진하면서 다른 말에 올라탔다. "운명이 다했다면 두려워한들 무슨 소용인가!"

그가 승리할 수 있었던 가장 큰 요인은 상상력이었다. 그는 한밤중에 계속 행군하는 것처럼 예상치 못한 행동으로 적을 당황하게 만들었다. 힘과 끈기는 초인이라고 부를 만했는데, 예를 들어 그는 짧은 낮잠만으로 24시간을 버텼다. 또한 모든 부하의 이름을 기억하고 그들과 생사를 함께하면서 마음속에 엄청난 충성심을 불어넣었다.

나폴레옹은 프랑스와 굳건한 동맹을 맺은 두 공화국에 이탈리아를 맡긴 뒤 1797년에 파리로 돌아왔다. 프랑스 사람들은 그리스신화의 아킬레우스가 연상되는 이 새로운 영웅을 크게 환영했다. 조각 같은 얼굴에 회청색 눈동자, 밝은 갈색 머리의 그는 사람들 눈에 퍽 잘생겨 보였다. 키는 당시로써 평균에 속하는 169센티미터였으며 몸에 군살이 없었다. 활기가 넘치는 그는 지루함을 참지 못하는 성격이라 한시도 가만히 있지 못했다. 그는 몇 시간 동안 쉬지 않고 승마를 즐겼으며 누군가와 대화를 하는 중에도 서성거렸다.

이후 나폴레옹은 이집트로 향했고 그곳을 수월하게 정복했다. 그런 다음 함께 간 학자들과 지역을 탐색하며 도로와 병원, 학교 등을 건설하기 시작했다.

1799년 10월 파리로 돌아온 그는 프랑스의 현금 보유액이 16만 7천 프랑이며 빚은 4억 7천 400만 프랑이나 된다는 사실을 알았다. 공무원들은 몇 달째 봉급을 받지 못했고 실업률은 급증했으며 곳곳에 강도가 출몰했다. 엉망진창이 된 프랑스 정부를 올바른 방향으로 이끌 강력한 지도자가 필요한 상황이었다. 그래서 나폴레옹은 우여곡절 끝에 쿠데타를 일으켜 정권을 잡은 뒤 자신을 프랑스의 제1통령으로 임명했다. 그는 은행과 복권을 이용해 자금을 마련하고 소득세와 재산세를 좀 더 신속하게 거둘 수 있도록 세무부서도 설립했다. 그리고 지출을 현명하게 관리해서 예산 부족을 막았다.

당시 프랑스의 법은 몹시 복잡했고 심지어 서로 모순되는 조항들도 있었다. 법이란 모든 시민이 쉽게 이해할 수 있을 만큼 명확해야 한다고 생각한 나폴레옹은 "나폴레옹법전"으로 알려진 새로운 법체계를 수립했다. 법 앞에서 평등, 재산의 불가침성, 봉건적 특권 종식 등을 명시했는데, 당시로써는 무척 급진적인 내용이었다.

나폴레옹은 도로를 건설하고 작물의 수확량을 늘렸다. 특히 그가 정권을 잡은 뒤 프랑스의 비단 생산량은 거의 세 배로 껑충 뛰었다. 그는 유대인 거주 구역을 없애고 유대인들에게 원하는 곳에서 살면서 일할 자유와 더불어 투표권을 주었다. 또한 최초의 전문 소방대를 창설하고 무료 백신 접종과 배심원이 참석하는 공개재판을 도입했다. 오래되어 모호한 주소 체계도 정비해서 길의 한쪽 편 건물들에는 홀수 번호를, 맞은편에는 짝수 번호를 붙였는데, 이런 방식은 오늘날까지 사용되고 있다.

1804년 12월 나폴레옹은 스스로 프랑스의 황제가 되었다. 하지만 그는 세계에서 가장 힘 있는 사람이 된 뒤에도 자신이 소박한 코르시카 출신이라고 입버릇처럼 말했으며 황제의 자리를 "벨벳으로 덮은 나무토막"이라고 불렀다. 즉위식에 참석한 많은 사람이 몇 시간 동안 지속된 행사에서 새 황제가 하품을 하는 모습을 보고는 무척 당황했다고 한다.

나폴레옹 황제는 경제와 행정 부문에서 놀라운 성과를 거두었다. 단시일에 고용과 물가가 안정되었으며 범죄도 대폭 줄어들었다. 교육 제도를 정비해서 많은 아이가 학교에 갔다. 나폴레옹이 다스리는 프랑스는 지난 백 년보다 빠르게 번영했다. 그는 스페인, 독일, 네덜란드, 벨기에, 스위스, 이탈리아의 나머지 지역, 폴란드, 달마티아 등 자신이 점령한 지역에 정의, 번영, 효율적 행정을 함께 전했다. 하지만 그런 정책이 얼마나 계몽적이냐에 관계없이 보잘것없어 보이는 프랑스인에게 점령당한 지역 주민들은 그의 통치에 반발했다.

나폴레옹은 1796년에 매혹적인 크리올 사람 조제핀(Joséphine)과 결혼했는데 그녀가 아이를 낳지 못하자 1810년에 이혼했다. 두 달 뒤 그는 오스트리아 황제 프란츠 2세의 예쁘지만 우둔한 딸 마리 루이즈(Marie Louise)와 결혼하고 곧바로 아들을 얻었다.

나폴레옹은 오스트리아, 러시아, 스웨덴, 덴마크와 동맹을 맺었다. 하지만 평화를 원치 않던 영국은 그에게 늘 골칫거리였다. 영국 정부는 1781년 보잘것없는 혁명가들이라고 깔보던 미국에게 요크타운을 빼앗기고 나서 몹시 수치스러워했으며 나폴레옹과 평화 협정을 맺는 것은 왕실의 체면에 다시 한번 먹칠을 하는 일이라고 여겼다. 영국이 보기에 스스로 왕관을 쓴 황제는 신성모독 그 자체였다. 특히 나폴레옹이 오랫동안 혈통을 유지해온 왕조를 자신의 형제자매로 갈아 치우자 더욱 경악했다. 그래서 영국은 나폴레옹의 동맹국들에게 조약을 깨고 등을 돌리도록 설득했다.

나폴레옹은 1812년 러시아 침공에 실패하면서 인생의 전환기를 맞이했다. 45만에서 60만 명으로 추정되는 병력을 직접 이끌고 쳐들어갔지만 살아남은 수는 4만에서 7만 명 사이였다. 다음 해에는 오스트리아, 스웨덴, 러시아, 대영제국, 스페인, 포르투갈 연합군과 맞서 싸웠지만 패하고 말았다. 나폴레옹이 파리로 돌아왔을 즈음 도시는 적에게 포위되었고 부인과 아들은 장인이 오스트리아로 데려갔다. 결국 1814년 4월 6일 그는 조건 없이 황제의 자리에서 물러났다.

이후 나폴레옹은 토스카나 지역의 엘바섬으로 쫓겨났다. 산지가 많은 이 섬은 길이 29킬로미터 폭 19킬로미터였으며 거주민은 1만 2천 명이 전부였다. 이곳을 다스리도록 허가받은 나폴레옹은 자신만의 독창성을 살려 섬의 문제들을 해결해나갔다. 그는 농부들이 새로운 작물을 재배하도록 독려했다. 또한 도로를 건설하고 선박을 건조했으며 철광산을 개발하기도 했다. 길에서 썩어가는 쓰레기를 처리하는가 하면 새로운 법을 발포하고 교육 체계를 개편했다. 그렇게 섬에서 10개월을 보낸 뒤 나폴레옹은 700여 명의 부하를 데리고 섬을 빠져나갔다. 프랑스 남부에 상륙한 그는 황제의 깃발 아래 모여든 무리와 함께 북쪽으로 진격했다. 1815년 3월 20일 마침내 나폴레옹은 파리에 도착했고 루이 18세는 도망쳐버렸다.

나폴레옹이 다시 통치를 시작했지만 행운의 여신은 더 이상 그의 편이 아니었다. 석 달 뒤인 1815년 6월 18일 벨기에의 워털루전투에서 프랑스군이 궤멸하자 나폴레옹의 백일천하는 끝이 났다. 이후 그는 프랑스 백성이 자신에게 등을 돌렸다는 사실을 깨달았다. 루이 18세에게 총살을 당할까 봐 두려웠던 나폴레옹은 결국 영국에 항복했다. 그러면서 내심 그들이 작은 농장 하나를 내주고 평범하게 살도록 허락해줄 것이라는 희망을 품었다.

하지만 영국은 그에게 윌트셔의 농장을 내어주는 일 따위는 계획도 하지 않았다. 기대와 달리 나폴레옹은 세인트헬레나섬에 유배되었다. 길이 16킬로미터 폭 8킬로미터의 작은 섬으로 유럽에서 멀리 떨어져 있어 도망칠 엄두가 나지 않는 곳이었다. 그는 장교 3명과 하인

12명을 데려갈 수 있었다. 그가 군주와 부자로 만들어주었던 친척 중에서는 그를 따라가겠다고 자원한 사람이 하나도 없었다.

나폴레옹이 탄 배는 71일 동안 항해한 끝에 섬의 중심지인 제임스타운의 작은 항구에 닻을 내렸다. 배에 타고 있던 한 여성은 "악마가 다른 세상으로 이동하다가 이 섬을 싸질러놓은 게 분명해"라는 소리를 들었다. 군의관인 월터 헨리(Walter Henry)는 세인트헬레나섬이 "마치 깊은 바다 표면 위로 거대한 검은사마귀가 돋아난 것처럼, 우리가 상상할 수 있는 것 중에서 가장 추악하고 음침한 바위"라고 말했다. 이 섬은 인도에서 남아프리카로 가는 배들이 식수나 보급품을 얻기 위해 들르는 기항지였다. 1815년 당시 인구는 요새에서 근무하는 1천 명을 포함해 전부 4천 명이었다. 거기에 나폴레옹을 호위하는 군사 2천 명이 더해졌다. 나폴레옹의 새로운 집인 롱우드 하우스는 벽에 밝은 노란색을 칠한 1층짜리 건물이며 방이 23개였다. 그곳에서 나폴레옹의 하인과 영국군을 포함해 대략 50명이 머물렀다.

이후부터 나폴레옹의 가장 큰 적은 러시아의 차르나 영국의 웰링턴(Wellington) 공작이 아니라 사람을 어리석게 만드는 지루함이었다. 비록 그가 책을 1천 500권이나 가져오기는 했지만 그는 자신이 온전히 몰두하기 위해서는 6만 권이 필요하다고 주장했다. 그는 회고록을 남기고자 하루에 6시간 가까이 비서에게 구술하며 받아 적도록 했다. 매일 저녁 8시가 되면 수를 놓은 녹색 상의와 검은색 비단 바지를 입은 하인이 "폐하, 식사를 대령했습니다"라고 알렸다. 나폴레옹은 측근 및 그들의 부인들과 자리를 잡고 격식을 갖추면서 은그릇과 세브르(프랑스의 세브르에서 생산되는 고급 도자기)에 담긴 음식을 먹었다. 식사 중에 커다란 쥐가 방을 가로질러도 그 자리에 모인 사람들은 예의 있게 못 본 척했다.

나폴레옹은 평생 동안 무척 건강하게 살았다. 규칙적으로 운동하고 술은 적당히 마셨으며 아침마다 따뜻한 물로 몸을 문질러 닦았다. 무엇보다 그가 건강을 유지할 수 있었던 비결은 의사를 멀리하는 것이었다. 나폴레옹은 사혈이나 구토, 설사를 유도하는 치료를 거의 받지 않았다. 그리고 의사를 만날 때마다 어김없이 이렇게 물었다. "그동안 얼마나 많은 환자를 죽였소?"

세인트헬레나섬에 도착한 첫해부터 나폴레옹은 말을 타거나 제임스타운의 항구 쪽으로 가서 사람들과 대화를 나눌 자유를 얻었다. 그런데 1816년 10월 영국 총독 허드슨 로(Hudson Lowe)는 미국의 나폴레옹 지지자들이 그를 빼내고자 구조대를 조직했다는 소식을 들었다. 당시 나폴레옹의 형제 조제프(Joseph)가 미국 뉴저지의 보든타운에 살고 있어서 더욱 경계심을 느꼈다. 총독은 세상에서 가장 중요한 죄수가 탈출할 경우 자신이 감당해야 할 불명예를 두려워한 나머지 나폴레옹을 구속하기 시작했다.

총독의 조치에 모욕을 느낀 나폴레옹은 재미 삼아 그를 상대로 전쟁을 벌였다. 총독이 부하에게 하루 두 번씩 눈으로 직접 나폴레옹을 확인하라고 명령하자 나폴레옹은 방에서 나오지 않았다. 그는 정원에서 영국군의 빨간 제복이 보일 때마다 가림막을 설치했다. 그리고 하인들에게 자신과 똑같은 옷을 입혀서 총독의 부하들이 누가 누구인지 알아볼 수 없도록 했다. 때로는 자기와 체형이 비슷한 사제에게 자신의 상의를 입히고 모자를 씌워서 창가에 등을 대고 앉게 한 다음, 정원에 있던 총독의 부하가 창가로 다가오면 뒤로 돌아 씩 웃으면서 자신이 속았다는 것을 알아채게 했다.

총독은 나폴레옹을 "보나파르트 장군"이라고 불렀다. 하지만 나폴레옹은 자신을 황제라고 부르지 않으면 절대로 대답하지 않았으며 편지는 뜯어보지도 않고 돌려보냈다. 총독이 포도주 한 상자를 롱우드 하우스로 보냈을 때 나폴레옹은 그 속에 독이 들어 있을 것이라고 의심하는 티를 내면서 고대로 돌려보냈다. 그는 이 새로운 전쟁 속에서 벌어지는 충돌과 작은 승리에 소소한 재미를 느꼈다. 이제 그는 허드슨 로를 괴롭히는 것으로 삶의 목적을 찾고 지루한 나날을 이겨낼 수 있었다.

세인트헬레나섬의 환경은 그가 건강을 유지하는 데 그다지 좋은 편이 아니었다. 눅눅한 기후 때문에 벽지에는 종종 푸른곰팡이가 피었다. 게다가 총독은 나폴레옹이 말을 타거나 집 밖을 걸을 때 영국 장교들을 붙여서 그의 행동을 제한했다. 붉은 군복을 입은 감시자를 달고 다니기 싫었던 나폴레옹은 승마와 산책을 그만두었다. 운동을 중단하자 급격하게 살이 찌면서 발이 퉁퉁 부었고 두통과 잇몸 출혈, 기침 등 여러 질환에 시달렸다.

1817년 9월 20일 그는 난생처음으로 몸통에서 오른쪽 팔꿈치가 닿는 부위에 무지근한 통증을 느꼈다. 그때부터 메스꺼움, 구토, 불면증, 변비, 우울증이 그를 괴롭혔다. 1819년 10월에서 1820년 6월 사이에는 잠시 완화되었으나 7월이 되면서 조금 무리하기라도 하면 극심한 피로감을 느낄 만큼 상태가 악화되었다. 맥박이 불규칙하게 뛰고 손발은 얼음장 같았다. 1821년 봄이 되자 통증이 복부 전체로 퍼져 부축을 받지 않고는 걸을 수 없게 되었으며, 음식도 거의 삼키지 못해서 고기 육즙만 빨아 먹었다.

섬에 도착했을 때까지만 해도 몸이 탄탄했던 나폴레옹은 몇 달 만에 체중이 10킬로그램 가까이 줄었다. 그를 진단한 이탈리아 의사 프랑수아 카를로 안톰마르키(François Carlo Antommarchi)가 그에게 약을 먹으라고 호소했지만 나폴레옹은 코웃음을 치며 말했다. "약은 아껴두

시게. 나는 병을 두 개나 얻고 싶지 않아. 하나는 이미 걸렸고 또 하나는 자네 때문에 걸릴 테지.”

4월 2일 그는 영국 의사 아치볼드 아노트(Archibald Arnott)에게 말했다. “이 부위에서 날카로운 통증이 느껴지는군. 마치 면도날로 베는 것 같아. 유문[幽門, 위의 아래쪽에서 샘창자와 경계를 이루는 부분]에 문제가 있어 보이는가? 선친께서 그렇게 돌아가셨지. 아버지에게 병을 물려받은 건 아닐까?” 1785년 나폴레옹 아버지의 시신을 부검한 의사는 위에서 “연골처럼 다소 단단하며, 커다란 감자 혹은 길쭉하게 자란 배 모양의 종양”을 발견했다고 말했다. 아노트 박사는 배 속에 가스가 찼을 뿐이며 약만 먹으면 증상이 사라질 것이라고 말했다. 하지만 나폴레옹은 약을 거부했다.

4월 15일 나폴레옹은 자기가 영국의 소수 집권층이 고용한 암살자에게 독살될 것이라는 유언을 남겼다. 사실 이때 그는 자신이 위암으로 죽어간다는 사실을 알고 있었다. 다만 사악한 로 총독을 곤란하게 만들고 싶었던 것 같다. 나폴레옹은 마지막까지 재치를 잃지 않고 이렇게 덧붙였다. “죽는 것은 두렵지 않으나 영국이 내 시신을 웨스트민스터사원에 안치할까 봐 걱정이로다.”

4월 말이 되자 그는 정신착란 증세를 보이며 커피 찌꺼기처럼 보이는 물질을 토해냈다. 이는 위장 출혈 증상으로 볼 수 있다. 그는 주기적으로 혼수상태에 빠졌으며 4월 26일에는 7년 전에 폐렴으로 죽은 조제핀을 보았다고 말했다. “우리는 곧 다시 만날 거라고 그녀가 말했어. 그녀는 약속했지. 다시는 헤어지지 않겠다고 말이야. 자네도 그녀를 봤지?” 5월 4일 밤 그는 프랑스와 군대 그리고 조제핀에 대한 이야기를 웅얼거렸다. 다음 날 혼수상태에 빠진 그는 결국 51세의 나이로 세상을 떠났다.

당대의 검시

세인트헬레나섬에서 매일 황제 곁을 지켰던 충직한 시종 루이 마르샹(Louis Marchand)은 보조 두 명과 오드콜로뉴(화장수의 하나로 알코올 수용액과 향유를 섞어 만든다)로 나폴레옹의 시신을 닦고 그가 지도를 연구하던 당구대 위에 뉘었다. 오후 3시에 역사적인 부검이 시작되었다. 안톰마르키는 영국인 외과의 7명과 나폴레옹의 측근 10명이 참석한 가운데 시신에 손을 댔다.

검시 기록에 따르면 그의 상태는 다음과 같았다. "작은 손가락 하나가 들어갈 법한 1인치 크기의 궤양 하나가 유문 부위 위점막을 뚫었다. 위의 내벽 거의 전체에 걸쳐 암이 퍼져 있었고 단단한 종양 부위도 암으로 진행 중이었는데 특히 유문 근처에서 이런 현상이 나타났다. … 위는 커피 찌꺼기처럼 보이는 액체로 가득 찼다."

몇 달 전 나폴레옹의 위궤양이 터져 손가락이 들어갈 만한 구멍을 만들었다. 위산과 음식물이 온몸으로 퍼지면 몇 시간 안에 죽지만 간이 위와 붙어 일종의 코르크 마개 같은 역할을 하면서 죽음을 막아주었다. 마치 150여 년 전 오를레앙 공작 부인 헨리에타에게 벌어진 일과 비슷했다. 비록 파열된 부위는 막혀 있었지만 궤양은 암으로 발전했다. 연구 결과 위궤양을 제때 치료하지 않으면 6~9퍼센트는 악성으로 진행된다고 한다.

나폴레옹은 자신이 세인트헬레나섬에서 가장 좋아했던 장소인 작은 숲에 묻혔다. 그의 유해는 1840년에 발굴되어 프랑스로 옮겨졌다. 그런데 그의 제복은 썩었지만 시신은 완벽하게 보존되어 마치 잠든 것처럼 보였기 때문에 많은 사람이 이를 비소중독 징후라고 생각하게 되었다.

현대의 진단

1960년대에 스웨덴의 치과의사이자 나폴레옹 애호가인 스텐 포르슈퓌드(Sten Forshufvud)는 나폴레옹의 질병을 연구하는 동안 비소중독의 30가지 증상 중 22가지를 발견했다. 프랑스인들이 파리 군사 박물관에 안치된 나폴레옹의 시신을 순순히 내주지 않았지만, 대신 나폴레옹이 세인트헬레나섬에 머물던 시기의 머리카락은 꽤 많이 얻을 수 있었다. 당시 수행원을 비롯해 거주민과 방문객들이 나폴레옹에게 머리카락을 달라고 간청하곤 했으며, 그가 죽자 시종 마르샹이 그의 머리를 밀고 많은 사람에게 머리카락을 선물로 주었기 때문이다.

　　포르슈퓌드 박사가 여러 곳에서 수집한 머리카락을 검사한 결과 비소 함량이 정상치의 100배까지 나타났다. 그는 이것이 독살의 증거라고 주장했다. 하지만 이후 전 세계 연구기관에서 나폴레옹이 코르시카에 머물던 시기의 머리카락까지 검사한 결과 모든 표본에서 비소가 대량으로 검출되었다. 첫째 부인 조제핀도 그랬고 그의 아들인 나폴레옹 2세도 마찬가지였다.

　　부인과 아들이 비소를 처방받아 복용했을 수도 있고 특히 조제핀은 비소가 들어간 화장품까지 사용했을 수도 있지만, 평소 의사를 멀리했던 나폴레옹의 머리카락에서 엄청난 양의 비소가 검출된 이유는 무엇일까? 어쩌면 깐깐하다고 할 만큼 위생 관념이 뚜렷했던 그가 어렸을 때부터 머릿니를 예방하려고 비소 성분의 물약을 발랐을지도 모른다. 하지만 세인트헬레나섬에 머무는 동안 비소 수치가 높아지지 않았다는 사실은 무척 흥미롭다. 바람이 불 때마다 곰팡이 낀 벽지에 묻어 있던 비소 가루가 날렸을 것이기 때문이다.

　　나폴레옹은 죽기 전 몇 달 동안 통증에 시달리면서 유럽이 그가 등장하기 전의 참담한 불평등 시대로 후퇴하는 것은 아닌지 걱정했다. 자신이 가져온 진보와 자유가 세상에 여전히 남아 있는지 소리 내어 묻기도 했다. 과연 자유와 평등에 익숙해진 사람들이 인간의 소중한 기본권을 쉽게 포기하고 군주에게 돌려주겠는가? 답은 "아니요"였다. 그가 죽은 뒤 수십 년 동안 일어났던 크고 작은 혁명들이 이를 증명한다. 무엇보다 그의 정신은 전 세계에 영향을 끼친 "나폴레옹 법전"에 담겨 후대에 전해지고 있다.

은밀하고 신속하게,
현대의 독살 사건

1장

독살설을 잠재운
발견들

1821년 나폴레옹이 죽은 후로 큰 변화가 생겼다. 왕족의 죽음을 둘러싼 독살 의혹이 점점 줄어들다가 거의 사라진 것이다. 왕권이 약화되면서 왕을 죽일 이유도 없어졌기 때문이다. 과거에는 왕이 손짓 한 번만으로 누군가의 머리를 벨 수 있었다. 하지만 영국에서는 1689년부터, 유럽의 다른 나라들에서는 나폴레옹전쟁 이후부터 아무리 왕이라 해도 함부로 사람을 죽일 수 없게 되었다. 또한 내키는 대로 세금을 올리거나 나라의 재정을 함부로 쓰거나 멋대로 전쟁을 일으키는 일도 불가능해졌다. 왕이 통치하던 시대는 끝났다. 비록 입헌 군주들이 자리를 지키고 있었지만 사실상의 통치 권한은 의회가 쥐고 있었다.

의학의 발전도 독살 의혹을 없애는 데 한몫했다. 의료 장비가 발달하면서 어떤 병에 걸렸고 사망 원인은 무엇인지를 분명하게 밝힐 수 있었다. 오늘날 의사들이 진료실에서 사용하는 기본 도구들 중 상당수는 발명된 지 그리 오래되지 않은 것들이다. 청진기는 1816년 파리 의사 르네 라에네크(René Laënnec)가 발명했다. 환자의 몸에 손을 대어 심장의 박동과 폐의 움직임을 살펴왔던 그는 가슴이 큰 십 대 소녀를 진찰하게 되자 고민에 빠졌다. 사람들의 눈에 부적절한 처신으로 보일 수 있었기 때문이다. 궁여지책으로 종이를 말아서 한쪽을 소녀의 가슴에 대고 반대쪽에 귀를 가져다 댔다. 그러자 심장 소리가 무척 잘 들렸다. 이 일을 계기로 그는 한쪽 귀에 댈 수 있는 긴 나무 관을 개발해서 환자를 진찰할 때 사용했다. 이후 1851년에는 아일랜드 의사 아서 리어드(Arthur Leared)가 양쪽 귀로 들을 수 있는 청진기를 만들었다.

왕실 의사들은 환자의 상태를 파악할 때 열을 재는 것이 무적 중요하다는 사실을 알고 있었다. 하지만 정확하게 잴 수 있는 방법이 없었다. 1612년에 산토리오 산토리오(Santorio Santorio)라는 베네치아 의사가 환자의 입속에 넣어 체온을 재는 도구를 만들었다. 하지만 그것은 너무 크고 정확도가 떨어졌으며, 무엇보다 체온을 읽는 데 온종일 걸렸다. 1867년이 되어서야 영국 의사 토머스 올버트(Thomas Allbutt) 경이 실용적인 체온계를 만들었다. 크기 15센티미터 정도의 그 체온계는 단 5분 만에 체온을 정확히 잴 수 있었다.

영국 의사 윌리엄 하비(William Harvey)가 1628년 『심장과 혈액의 움직임에 대하여』(On the Motion of the Heart and Blood)를 쓰기 전까지 사람들은 혈액이 순환한다는 사실을 몰랐다. 역설적이게도 그는 온 세상을 뒤흔들 만한 발견 때문에 직업을 잃을 뻔했다. 사람들은 거리에서 대놓고 그를 비웃었으며 많은 사람이 그의 병원을 찾지 않았다. 이후로 하비의 혈액순환 이론을 인정하는 사람이 늘어났지만 혈압 측정은 오스트리아 의사 사무엘 지그프리트 칼 폰바슈(Samuel Siegfried Karl von Basch)가 혈압계를 만든 1867년이 되어서야 가능해졌다.

이에 덧붙여 수백 년간 마법의 연금술이었던 화학이 과학의 한 분야로 자리매김했다. 비록 첨가물에 따라 신뢰도가 달라지기는 했지만 18세기 중반부터 비소를 감별하는 검사법이 나오기 시작했다. 1833년에 영국 화학자 제임스 마시(James Marsh)는 유산을 얻으려고 조부를 독살한 혐의로 기소된 존 보들(John Bodle)의 재판에서 고인의 장기와 현장에 남아 있던 커피를 분석했다. 약제사는 보들에게 흰색 비소를 팔았다고 증언했다. 마시는 고인의 장기와 남아 있는 커피를 섞고 거기에 보글보글 끓어오르는 황화수소 가스를 통과시켰다. 그 결과 독살의 증거인 노란 비소 황화물이 생겨났다. 그는 재판정에서 자신이 발견한 것을 보여주었지만 결정이 너무 작은 터라 증거로 채택되지 않았다. 그래서 보들은 무혐의로 풀려났다.

그러나 마시는 그가 유죄라고 확신했으며 실제로 20년 뒤 보들은 자기가 할아버지를 죽였다고 시인했다. 이후로 마시는 재판에서 유용하게 사용할 수 있는 비소 검사법 연구에 몰두했고 마침내 1836년 '마시시험법'이라고 알려진 방법을 고안했다. 비소가 포함된 시료에 황산이나 염산 그리고 금속 아연을 넣으면 산과 아연의 혼합물에서 아르신을 포함한 수소 가스가 생기는데, 이것을 유리관으로 유도해 점화하면 불꽃 옆의 유리판에 검은색의 비소 침전물이 생긴다. 이 검사법은 오랜 기간 동안 조금씩 개량되면서 1970년대까지 사용되었다. 십수 년 뒤인 1851년 과학자들은 식물에서 얻은 알칼로이드성 독극물을 포함해 온갖 독성을 검출할 수 있는 방법을 생각해냈다. 이렇듯 과학의 발전으로 죽은 자들은 많은 이야기를 들려줄 수 있게 되었다.

빅토리아 시대에는 현미경 덕분에 의학이 비약적으로 발전했다. 그때까지 현미경의 발달사는 길고도 특이했다. 1609년 갈릴레오 갈릴레이는 수백 년 동안 사용된 확대경보다 훨씬 큰 배율의 현미경을 발명했다. 그런데 흥미롭게도 현미경의 기능을 향상시킨 사람은 과학자가 아니라 옷감을 파는 상인이었다. 네덜란드 포목상인 안톤 판레이우엔훅(Anton van Leeuwenhoek)은 옷감의 품질을 꼼꼼하게 확인하려고 돋보기보다 더 크게 사물을 볼 수 있는 렌즈를 만들었다. 호기심이 생긴 그는 자신이 만든 도구로 연못의 물을 살펴보다가 그가 명명한 "극미동물들"이 활발하게 헤엄치는 모습을 보고 충격을 받았다. 훗날 그가 런던 왕립 학회에 보낸 편지는 최초의 박테리아 관찰 기록이다.

안타깝게도 왕립 학회는 그의 발견을 진지하게 받아들이지 않았다. 학회 간사였던 헨리 올든버그(Henry Oldenburg)는 1676년 10월 20일 레이우엔훅에게 이런 편지를 보냈다. "10월 10일에 보내준 귀하의 편지를 읽어보았습니다. 귀하가 '현미경'이라 부르는 기구로 빗물 안에서 헤엄치는 무수한 '작은 동물들'을 관찰하여 기록한 내용은 무척 흥미로웠습니다. 눈에 보이지 않는 생명체들의 구조와 움직임을 기발하게 묘사한 내용을 보면서 어떤 회원은 '빗물' 안에 조사자에게서 흘러나온 영혼의 정수가 담겨 있는 것은 아닌지 상상하기도 했습니다. 저는 귀하의 관찰 결과와 관찰 도구의 정확도에 대해 판단을 보류하는 입장입니다. 하지만 회원들의 투표 결과(이런 말씀을 전해서 유감스럽지만, 웃는 분들이 많았습니다) 저희의 저명한 학회지에 귀하가 보내주신 내용을 싣지 않기로 했습니다. 부디 독창적인 '창안자'이신 귀하의 '작은 동물들'이 건강하고 번성하기를 바랍니다."

하지만 그로부터 1년 뒤 학회는 몇 명의 방문단을 꾸려서 레이우엔훅을 찾아갔다. 그들 역시 물에서 헤엄치는 극미동물들을 관찰했기 때문이다.

연못의 물의 관찰한 뒤로 레이우엔훅은 타액과 치아 사이에 낀 치석에도 흥미를 느꼈다. 1683년 9월 17일 그는 왕립 학회에 보낸 편지에서 이렇게 언급했다. "저는 살아 움직이며 작고 귀여운 극미동물

3부 은밀하고 신속하게, 현대의 독살 사건

들을 경이에 찬 눈으로 바라봅니다." 평생 이를 닦지 않은 노인의 입속을 관찰한 뒤에는 "믿을 수 없을 만큼 규모가 큰 극미동물의 집합이 있었다. … 게다가 다른 극미동물의 수가 너무 많아 물 전체가 마치 살아 있는 것처럼 보였다"라고 했다. 안타깝게도 그 깜찍한 생명체가 사실은 끔찍한 살인자가 될 수 있지 않겠냐는 질문을 누군가가 던지기까지는 그로부터 200년이 걸렸다.

1830년부터 사혈과 구토 및 설사 유발처럼 위험한 치료법은 더 이상 통용되지 않았지만, 체액설과 불결한 기운에 대한 터무니없는 이론들은 1870년대가 지나고 나서야 비로소 역사의 쓰레기통에 버려졌다. 그렇게 되기까지 현미경 애호가인 독일의 병리학자 루돌프 피르호(Rudolph Virchow)의 공이 컸다. 그는 체액 이론을 질병이 신체 세포의 변형 때문에 발생한다는 '세포병리학'으로 대체했다.

이후 연구자들의 탁월한 성과가 이어졌다. 1876년 독일 의사 로베르트 코흐는 최초의 전염병을 유발하는 박테리아인 탄저균을 발견했다. 프랑스 의사 알렉상드르 예르생(Alexandre Yersin)은 1894년 림프절페스트균을 발견하고 자신의 이름을 따서 예르시니아 페스티스(Yersinia pestis)라고 명명했다. 1880년에는 프랑스 의사 샤를 루이 알퐁스 라브랑(Charles Louis Alphonse Laveran)이 말라리아 병원체를 발견했는데, 말라리아가 모기를 통해 전염된다는 사실은 1898년 영국 의사 로날드 로스(Ronald Ross) 경이 증명했다.

이처럼 새로운 방법들 덕분에 질병을 정확하게 진단하고 사망 원인을 분명하게 밝힐 수 있었다. 무지에서 비롯된 공포가 퍼뜨린 독살 소문은 과학이 발전할수록 잠잠해졌다.

2장

왕실에서 민간으로,
독의 민주화

19세기에 접어들자 왕실 안에서는 독살에 대한 공포가 줄어들었다. 의학과 과학의 발전 덕분이다. 하지만 사회 전체에는 도리어 전보다 독이 만연했다. 독을 구하기가 수월해졌다는 것이 가장 큰 이유다. 더 이상 누군가를 죽이기 위해 메디치 가문 사람들처럼 자신만의 제조소를 가질 필요가 없었다. 밀가루나 설탕과 구별하기 어려운 비소 성분의 쥐약 정도는 돈 몇 푼만으로도 구할 수 있게 되었으니 말이다. 누가 사갔는지 기록해야 할 법적 의무가 없어서 어린아이조차도 독약을 쉽게 살 수 있었다.

　　'제임스의 파우더'와 '파울러의 해법'처럼 조지 3세를 미치게 만들었던 비소 성분의 의약품들이 1950년대까지도 가정에서 쓰였다. 비소는 여전히 연고와 관장제의 재료였고 때로는 증기 형태로 흡입하기도 했다. 1908년에 네오살바르산이라는 새로운 약이 등장하면서 매독 치료제의 성분이 비소로 바뀌었으며 이후 비소는 1945년에 페니실린이 널리 보급될 때까지 매독을 치료하는 데 사용되었다.

산업화가 진행되면서 이전에는 부자와 귀족들의 사치품이었던 화장품을 노동자 계급도 쓰기 시작했다. 이제 수은, 비소, 납을 비롯해 여러 가지 독성물질을 함유한 화장품은 여왕과 공작 부인의 전유물이 아니었다. 1860년 "상쾌하고 무해한 화장품"이라고 광고했던 레어드 사의 피부 미백제 '블룸 오브 유스'가 엄청나게 많은 아세트산납 성분을 포함하고 있어서 마비, 체중 감소, 메스꺼움, 두통, 무기력증을 유발한다는 사실이 밝혀졌다. 그 외에도 수많은 피부 관리 제품에 수은, 납, 석탄산이 들어 있었다. 베리(Berry) 박사가 만든 '주근깨 연고' 역시 이 염화수은을 함유하고 있었다. '매켄지 박사의 무해한 비소 알약'은 이름만으로도 성분을 알 수 있다.

독은 중산층 가정의 실내장식과 옷에도 침투했다. 1775년 화학자 칼 셸레(Carl Scheele)는 아비산구리로 밝은 초록색의 염료를 만들었는데, '셸레그린'이라는 이름의 염료를 입힌 벽지는 당시 큰 인기를 끌었다. 세인트헬레나섬의 나폴레옹 저택에도 사용되었을 정도였다. 1814년에는 독일 슈바인푸르트의 화학자들이 아세트산구리와 아비산구리로 '에메랄드그린'이라는 색을 띤 염료를 개발했다. 이처럼 19세기에는 비소를 함유한 초록색 염료가 옷과 가구, 페인트, 비누, 식용 색소, 실내장식용 섬유, 아이들의 장난감 등에 사용되었으며 그 결과 셀 수 없는 죽음을 초래했다.

1864년 한 과학자는 평균 크기의 거실에 바른 벽지에서 100명을 죽일 수 있을 만큼 엄청난 양의 비소를 검출했다. 특히 초록색 벽지로 도배한 방에서 지내던 아이들이 시름시름 앓거나 심지어 목숨을 잃는 일도 생겨났다. 1858년 영국 가정에서 사용한 비소 함유 벽지의 면적을 합하면 259만 제곱킬로미터에 이르렀다. 1880년대가 되자 사람들은 위험성을 깨닫고 벽지를 제거하기 시작했는데 그 일을 하던 인부들이 비소 가스 때문에 기절하기도 했다. 집주인들은 창문을 열어 환기를 하고 브랜디를 주면서 그들이 정신을 차리도록 도왔다. 하지만 벽지를 제거하는 것만으로는 충분하지 않았다. 여닫을 때마다 비소 가루가 떨어지는 녹색 베니션블라인드 역시 교체해야 했을 것이다. 가구에 붙은 천도 갈아야 했으며 카펫과 전등갓도 마찬가지였다.

옷에도 문제가 많았다. 런던의 한 의사가 무도회 드레스에 사용된 셸레그린색 천을 분석한 결과 1야드(약 91센티미터)에 60개 이상의 비소 알갱이가 느슨하게 붙어 있었다. 후프스커트(탄력 있는 철사 따위로 속을 넓힌 치마) 위에 두르려면 천이 20야드 정도 필요하기 때문에 드레스에는 1천 개가 넘는 비소 알갱이가 묻어 있다고 봐야 한다. 그정도면 200명을 죽이고도 남을 만큼의 양이다. 무도회에 참석한 미녀가 춤을 추면서 빙글빙글 돌고 사뿐사뿐 걷는 동안 비소 알갱이가 공기 중에 뿌려졌다. 그녀는 말 그대로 "죽여주는 미녀"였다.

런던의 한 발레단에서 단원들이 초록색의 요정 의상 때문에 중독된 사건도 있었다. 무용수들이 피루엣(한 발을 축으로 팽이처럼 도는 춤 동작)을 하다가 구역질을 하며 뛰쳐나가는 모습을 상상할 수 있다. 재봉사들을 비롯해 독성물질을 다루는 사람들은 자주 아팠다. 1861년 드레스와 모자에 다는 인조 꽃에다 비소 가루를 뿌리는 일을 했던 19세의 마틸다 슈어러(Matilda Scheurer)는 몇 달 동안 위험 징후를 보이다가 끝내 사망했다. 눈동자와 손톱이 초록색으로 변한 그녀는 심한 구토와 경련에 시달렸고 입에 거품을 물었다. 부검 결과 위와 간 그리고 폐에서 비소가 발견되었다.

오늘날에도 19세기의 초록색 복식을 다루는 박물관 큐레이터들은 움직일 때마다 떨어지는 비소 가루를 들이마시지 않기 위해 마스크와 장갑을 착용한다.

당시 사람들이 사용했던 양초에도 비소가 들어 있었다. 표면을 부드럽고 윤이 나도록 만들고자 밀랍에 비소를 섞은 것이다. 따라서 초에 불을 붙이면 비소가 공기 중으로 퍼져나갔다.

살충제가 발명되기 전에는 비소를 먹인 끈끈이로 파리를 잡았다. 비소에 중독된 파리가 맥주잔에 빠지면 사람들은 그것을 건져내고 맥주를 들이켰다. 사람들은 종종 맥주를 마시고 토했는데, 파리가 잔에 빠진 것 말고도 더 큰 이유가 있었다. 농부들이 해충의 피해를 막으려고 밀 종자를 비소 용액에 담가두었기 때문이다. 그 외에도 식료품점 상인들은 비소를 발라서 과일에 윤을 냈으며 양조장에서는 비소가 함유된 포도당을 맥주에 첨가했다.

제임스 마시가 살인자의 유죄 판결을 끌어내기 위해 고안해낸 마시시험법은 점점 쓸모가 없어졌다. 빅토리아 시대에는 어디에서든 비소를 찾을 수 있었기 때문이다. 설탕으로 착각하고 차에 넣는 등 사람들은 무의식중에 비소를 들이마시거나 입에 넣었다.

왕족들 역시 화장품, 의약품, 연고에 들어 있는 독성 때문에 고통을 받기는 했지만 적어도 위생 수준은 빅토리아 시대에 이르러 크게 향상되었다. 규칙적으로 목욕을 하는 문화가 형성되었으며 1880년대의 궁과 저택에는 수도와 수세식 변기가 설치되었다. 요강에서 오물이 넘치고 곳곳에 세균이 우글대던 시대는 지나갔다. 의사들은 여전히 많은 병을 치료할 수 없었지만 적어도 황당한 치료법으로 환자의 목숨을 빼앗는 일은 사라졌다. 갈수록 사망률이 감소하고 진단의 정확도가 높아졌다. 궁에서 누군가 아플 때마다 독살을 의심하던 사람들은 비로소 안심할 수 있었다.

3장

현대판 메디치,
정치적 독살의 부활

지금도 독살을 조심해야 하는 사람들이 있다. 러시아의 블라디미르 푸틴 대통령에게 공개적으로 반기를 들 생각이라면 르네상스 왕들이 했던 것처럼 음식을 조심해야 한다. 다만 러시아 반체제 인사들은 식탁 위에서 유니콘의 뿔을 흔드는 대신 방사능을 측정하는 가이거계수기를 사용해야 할 것이다. 업보란 참 무서운 법이라 푸틴은 전 세계 지도자 중 유일하게 옛날 왕들처럼 음식 감별사를 고용한 것으로 알려져 있다. 그는 보안팀을 통해 음식을 검사하는 대신 개인 주방장과 같이 일하는 의사를 따로 두었다. 두 사람 모두 푸틴에게 식사를 내가기 전에 음식을 조금씩 맛본다. 그들은 아마 자신이 토하고 쓰러지거나 피부가 섬뜩한 초록빛으로 변하지 않기를 기도할 것이다.

　러시아의 암살자들은 핵무기급 위력을 가진 도구를 개발했다. 장기를 망가뜨리는 방사성물질이다. 이것들 중 일부는 최신 검사법으로도 검출할 수 없다. 어떤 독이 사용되었는지 알아낼 수 없었던 르네상스 시대로 돌아간 셈이다.

러시아는 격동의 시기를 겪으면서 정치적 암살의 진가를 알게 되었다. 독이 제국의 먼지 낀 역사 속으로 사라져가던 1916년에 유명한 사건이 일어났다. "미친 수도승"이라고 불렸던 그레고리 라스푸틴 (Gregory Rasputin)의 죽음이었다. 전해지는 말에 따르면 라스푸틴이 니콜라스 2세 황제와 알렉산드라 황후의 신임을 얻어 국정을 좌우하자 그를 눈엣가시처럼 여긴 사람들이 그에게 코끼리도 쓰러뜨릴 만큼의 청산가리를 넣은 포도주와 케이크를 먹였다고 한다. 하지만 독에 대한 내성을 키우려고 평소 항독제인 테리아카를 꾸준히 복용해온 덕분인지 그는 그저 목구멍이 가려운 증상만을 호소했을 뿐이었다. 결국 그들은 총을 쏘아서 목적을 이루었다.

1921년 소련은 독극물 제조 연구소 '카메라'를 설립했다. 그들의 목표는 희생자가 인지할 수 없고 흔적이 남지 않는 무색, 무취, 무미의 독을 만드는 것이었다. 정치 활동가의 시신에서 독이 검출되면 다시는 그 독을 사용하지 않았다. 소련 정부는 16세기 메디치 가문 사람들이 했던 것처럼 카메라가 새로 개발한 독을 사형수들에게 시험했다. 최근 벌어진 사건들을 보면 이 연구소가 1991년 공산주의의 몰락과 함께 사라지지 않았다는 사실을 알 수 있다. 전직 러시아군 정보 요원이자 『KGB의 독 제조 공장에서』(Inside the KGB's Poison Factory)를 쓴 보리스 볼로다르스키(Boris Volodarsky)에 따르면 '카메라'의 연구진은 희생자의 키, 몸무게, 식습관을 포함한 여러 가지 정보를 고려해서 독을 선택했다고 한다. 그들이 말하는 "최적의 복용량"은 목표물을 죽이되 흔적이 남지 않아 검시관이 죽음의 원인을 자연사나 의문사로 결론짓게 하는 투여량을 의미했다.

러시아인들은 독극물 연구소에서 얻은 정보를 100년 가까이

유용하게 써왔다. 1936년 압하스 지역의 공산주의 지도자인 43세 네스토르 라코바(Nestor Lakoba)가 저녁 식사 중 정적인 라브렌티 베리야(Lavrentiy Beria)에게 독살당했다. 공식적인 사인은 심장마비였다. 전해지는 말에 따르면 사건을 은폐하기 위해서 장례식을 마친 뒤 베리야가 라코바의 시신을 불태웠다고 한다.

근대 유전학의 선구자인 니콜라이 콜초프(Nikolai Koltsov)는 1927년 인간의 기질이 "각각 주형(DNA를 복제할 때 바탕으로 쓰이는 분자) 역할을 해서 복제에 이용되며 거울상과 같은 두 개의 가닥으로 구성된 거대유전분자"를 통해 다음 세대로 전달된다고 주장했다. 이는 공산당의 노선과 어긋난 이론이었지만 콜초프는 자신의 주장을 바꾸지 않았다. 그래서 히틀러의 인종 차별 사상을 조장한다고 비난받기도 했다. 결국 그는 1940년에 독살되었는데 의사들은 사망 원인을 뇌졸중이라고 발표했다.

우크라이나의 정치 활동가 레프 레베트(Lev Rebet)와 스테판 반데라(Stepan Bandera)는 각각 1957년과 1959년 얼굴에 청산가리 가스를 맞았다. 그들은 독살이 아니라 심장마비로 죽은 것처럼 보였다. 하지만 암살범인 보그단 스타신스키(Bohdan Stashynsky)가 1961년에 서독으로 망명한 뒤 자신이 그들을 죽였다고 시인했다.

독살로 얼룩진 러시아의 흑역사

크렘린궁 최고 지도자들조차도 독살 위협에서 벗어나지는 못했다. 2012년 메릴랜드 대학교 역사 임상병리학 콘퍼런스에 참석한 의사들은 러시아 공산당의 창시자 레닌이 정치적 후계자인 스탈린에게 독살을 당했다고 결론지었다. 레닌은 그때까지 몇 번의 뇌졸중을 겪었지만 점점 회복하고 있었다. 그런데 스탈린의 친구 한 명이 다녀가고 나서 몇 시간 뒤에 뇌졸중이라기보다는 중독에 가까운 증상을 보였다. 결국 그는 심한 발작을 겪은 뒤 사망했다. 그의 대뇌 동맥은 뇌졸중을 일으키기에 충분할 만큼 석회화되었는데, 부검의가 핀셋으로 건드렸을 때 마치 돌을 두드리는 것 같은 느낌을 받았다고 한다. 그런데도 소련 정부는 다른 지도자들이 죽었을 때 통상적으로 행하던 독극물 검사를 레닌에게는 하지 않았다.

　　뿌린 대로 거둔다고 했던가. 최근 조사 결과 소련의 무자비한 지도자 스탈린도 뇌졸중으로 사망했다는 기록과 달리 독살당했을 가능성이 제시되었다. 부검 기록을 보면 광범위한 위출혈이 있었는데 이는 혈액 응고를 막는 와파린에 대한 반응이었다. 와파린은 무색 무미의 의약품으로 많은 양을 사용할 경우 죽을 수도 있다. 하지만 그의 공식 의료 기록에서 위출혈에 대한 언급은 모조리 삭제되었다. 스탈린의 마지막 식사에는 짧은 기간 스탈린의 뒤를 이었던 게오르기 말렌코프(Georgy Malenkov)와 말렌코프의 뒤를 이은 니키타 흐루쇼프(Nikita Khrushchev) 그리고 비밀경찰의 수장이며 1936년에 네스토르 라코바를 독살했던 라브렌티 베리야가 동석했다. 흐루쇼프는 회고록에 베리야가 자신이 스탈린을 죽였다고 자랑했다는 내용을 남겼다.

　　러시아에서 가장 악명 높은 독살범은 불가리아의 반공산주의 작가 게오르기 마르코프(Georgi Markov)를 암살한 사람이다. 1978년 9월 7일 49세의 마르코프가 런던 워털루 다리 위에서 버스를 기다리고 있을 때 누군가가 우산으로 그의 오른쪽 허벅지 뒷부분을 찔렀다. 그런 다음 체격이 육중한 남자가 사과하듯이 중얼거리며 택시에 올라탔다. 마르코프는 곧 열이 났고 그날 저녁 병원에서 검사를 받았지만

4시간 뒤에 숨졌다. 법의학자들은 그의 허벅지에서 리친(피마자에 들어 있는 독성 단백질)의 흔적이 남아 있는 작은 크기의 탄알을 발견했다. 탄알은 밀랍에 싸여 있었는데 이것이 인간의 체온으로 녹으면서 혈관으로 침투했고 서서히 온몸에 독이 퍼졌던 것이다. 영국이 이 사건을 조사한 결과 불가리아 비밀경찰이 소련의 KGB와 협력해서 목표 대상을 공격한 것으로 드러났다.

러시아의 창의적인 독살 사례 중에는 전등을 도구로 쓴 것도 있었다. 아나톨리 숍차크(Anatoly Sobchak)는 1991년에서 1996년 사이에 상트페테르부르크의 시장을 지낸 정치인이다. 그가 신임하는 보좌관이자 정치적 제자가 블라디미르 푸틴이었다. 1999년 숍차크는 푸틴의 대통령 출마를 강하게 지지했다. 그런데 푸틴 입장에서는 그의 지지가 꼭 달가운 것만은 아니었다. 그는 푸틴을 "새로운 스탈린"이라고 불렀는데 비록 칭찬하려고 한 말이지만 푸틴은 그런 호칭을 좋아하지 않았다. 그뿐만 아니라 숍차크는 푸틴이 공식적으로 밝히기를 꺼렸던 젊은 시절의 활동을 애정 어린 시선으로 언론에 공개했다.

2000년 2월 17일 숍차크와 만난 푸틴은 선거운동을 해야 하니 칼리닌그라드로 즉시 떠나라고 요청했다. 숍차크는 그 말에 순순히 따랐다. 그런데 2월 20일에 그는 갑작스러운 심장마비로 세상을 떠났다. 우연의 일치인지 그의 젊고 건장한 경호원 두 명도 동시에 심장마비를 일으켰다. 그들은 목숨을 건졌지만 중독 치료를 받아야 했다. 러시아의 법의학자들은 누군가가 숍차크의 침대맡 독서등에 독을 묻혔다고 판단했다. 등에서 나는 열기로 기화된 독이 방 전체에 퍼져 바로 옆에 있던 목표물을 죽였을 것이며 경호원들은 인사를 하려고 얼굴만 살짝 내민 덕분에 그 정도로 끝났을 것이다. 기화된 독은 시간이 흐르면서 흔적 없이 증발했다.

에미르 카탑(Emir Khattab)이 당한 일은 '불쾌한 편지'(poison-pen letter)라는 용어에 새로운 의미를 더한 사례였다. 1967년에 사우디아라비아에서 태어난 그의 본명은 타미르 살레 압둘라(Thamir Saleh Abdullah)였다. 카탑은 18세 때 소련의 아프가니스탄 침공에 맞서 싸우기 위해 집을 떠났으며 폭탄을 제조하던 중 오른쪽 손가락을 잃었다. 그는 아제르바이잔, 타지키스탄, 보스니아, 다게스탄, 체첸에서 이슬람 반군들과 함께 싸웠고 부유한 군벌이 되었다.

1999년 러시아인이 거주하는 아파트에 폭탄 공격이 이어져 293명이 죽었으며 1천 명이 넘는 부상자가 나왔다. FSB(소련 KGB의 후신인 러시아 연방 보안국)는 카탑을 배후로 지목했다. 이 일로 분노 여론이 들끓었으며 덕분에 푸틴은 권력을 강화했다. 또한 체첸을 다시 침공할 구실이 생기면서 제2차 체첸 전쟁이 시작되었다. 카탑은 자신이 폭탄 테러와 아무런 관계가 없다고 부인했지만 체첸에서 러시아 병력에 손실을 준 일은 자랑스러워했다. 그는 치밀하게 계획을 세우고 좁은 골짜기에서 러시아 군대를 급습해 수십 명을 죽였다. 정면공격과 직접 만든 대인지뢰에 수백 명이 더 당했을 수도 있다.

카탑은 평소 철저하게 암살을 대비했다. 이 사실을 알았던 FSB는 그를 죽이기 위해 기발한 방법을 생각해냈다. 그들은 첩자 두 명을 카탑의 무리에 침투시켰다. 첩자들은 그 속에서 자금 이동, 무기 구매, 우편물 배달 등의 임무를 맡으며 사람들의 신임을 얻었다. 카탑은 처음에 그들을 경계했지만 시간이 지나자 신뢰하게 되었다. 첩자들은 아제르바이잔에 있는 우체통에서 우편물을 가져다주었는데 카탑은 매달 모국에서 어머니가 보내는 편지를 기다렸다. 카탑을 위해 1년 동안 일한 그들은 인근 국가에서 온 이슬람 전사에게서 편지를 가로챈 다음 사린으로 추정되는 독을 잔뜩 묻혀 다시 밀봉하고 2002년 3월 20일 카탑에게 전달했다.

카탑은 천막 안으로 편지를 가져가서 봉투를 열었다. 러시아 특수국 정보원에 따르면 30분 뒤 창백한 얼굴로 나온 그는 손가락이 없는 오른팔로 얼굴을 문지르더니 경호원의 품에 쓰러졌다고 한다. 상태가 나아지자 그는 부하들에게 붙잡아두었던 운반책들을 풀어주라고 지시했다. 하지만 그들이 떠나고 나서 카탑은 덤불에 쓰러졌고, 얼마 지나지 않아 숨졌다. 두 달 후 첩자 중 한 명인 이브라힘(Ibragim)이 머리에 총알 다섯 발을 맞고 죽은 채로 발견되었다.

사린은 중추신경계를 공격해 폐를 망가뜨린다. 카탑은 아마도 질식으로 사망했을 것이다. 1499년에 알렉산데르 6세에게 그리고 1679년에 루이 14세에게 독이 묻은 편지를 보내어 죽이려 했던 자들이 이 사실을 안다면 꽤나 감탄할 것이다.

53살의 러시아 국회의원이자 탐사 저널리스트 유리 셰코치킨(Yuri Shchekochikhin)은 러시아인 293명이 사망한 1999년 아파트 폭파 사건의 주모자가 테러리스트인 아미르 카탑이 아니라고 생각했다. 셰코치킨은 블라디미르 푸틴이 체첸 침공에 대한 국민의 지지를 얻기 위해서 모든 것을 계획했다고 믿었다. 셰코치킨은 폭파 사건을 조사하기 위해 조직된 독립 위원회 소속이었는데, 그들의 활동은 러시아 정부가 정보를 제공하지 않아서 종료되었다.

셰코치킨은 뉴욕 은행을 통한 FSB의 자금 세탁 활동을 조사하다가 FBI가 비슷한 수사를 하고 있다는 사실을 알았다. 그는 정보를 교환하기 위해 그들과 만나기로 했다. 그러나 미국으로 떠나기 전 몸에 해로운 무언가를 먹고 갑작스럽게 숨졌다. 러시아 당국은 그의 의료 기록을 "기밀"로 분류했다. 가족들은 그의 몸에 이상이 생긴 원인을 밝혀내려고 공식 의료 기록을 요청했지만 결국 거부당했으며 독립적으로 조사하기 위해 신체 조직을 채취하는 것도 금지되었다. 그가 원인을 모르는 병에 시달렸던 16일 동안 저널리스트 동료 중 몇몇이 그의 신체 조직을 몰래 떼어 외국의 전문가에게 보냈으나 전문가는 그의 사인을 명확하게 밝혀내지 못했다. 하지만 그가 앓았던 증상들은 방사성물질에 중독되었을 때 나타나는 것과 일치했다.

죽음을 부르는 "정치적 요리"

2004년 우크라이나 대통령 후보였던 50세의 빅토르 유셴코는 친서방 성향이며 나토 가입을 추진하던 인사였다. 반면 선거 상대였던 빅토르 야누코비치는 러시아와 가까운 관계였다. 치열하다 못해 때로는 폭력적이기까지 했던 선거운동이 막바지에 이른 9월 5일, 유셴코는 우크라이나 정부 고위층들과 함께 수프를 먹은 뒤 갑자기 몸에 이상을 느꼈다. 이후 여러 차례 치료를 받았으나 차도가 없자 오스트리아 빈의 병원으로 옮겨졌다.

　　의사들은 급성췌장염이라고 진단했다. 유셴코의 얼굴에 난 염소여드름은 부어오른 뒤 움푹 패면서 바이러스감염증을 일으켰다. 또한 혈액 속에서 TCCD(사염화다이옥신)가 정상인의 6천 배나 검출되었는데 만약 독을 먹은 직후에 측정했다면 수치는 5만 배에 이르렀을 것이라고 추정된다. 고엽제의 성분이기도 한 TCCD는 19세기 말에 유기물질을 태웠을 때 나오는 부산물로 만들었다. 맛과 향이 없으며 청산가리보다 독성이 17만 배나 강하다.

　　의사들은 유셴코가 구토와 설사를 통해 상당량의 독을 즉시 배출했다고 말했다. 그의 얼굴에는 보기 흉한 혹들이 났는데, 아이러니

하게도 이는 생명을 구하는 데 도움이 되었다. 다이옥신의 일부가 그 속에 갇혀서 간과 다른 장기로 퍼지지 않았기 때문이다. 2009년 저명한 영국 의학 학술지 『란셋』(*The Lancet*)에 실린 스위스와 우크라이나의 공동 연구 논문에 따르면, 유셴코의 몸에서 검출된 독은 "순도가 매우 높은 것으로 보아 분명 실험실에서 만들어졌을 것"이라고 한다.

희생자는 자신을 중독시킨 배후로 러시아를 지목했다. 하지만 러시아는 그가 의사들과 짜고 검사 기록을 조작했거나 동정 여론을 불러일으켜 선거에서 이기고자 자작극을 꾸몄다고 비난했다.

저녁 식사 때 함께 있었던 이들 중 전직 우크라이나 국가 안보국의 부국장이었던 볼로디미르 사츄크(Volodymyr Satsyuk)는 러시아로 도망쳤고 러시아 정부는 그에게 시민권을 부여함으로써 그의 본국 송환을 막았다. 비록 본래의 잘생긴 얼굴을 되찾기까지 수년간 치료를 받아야 했지만 유셴코는 결국 대통령에 당선되었다. 그는 "나는 우크라이나의 '정치적 요리'를 잘못 먹었고 그 요리 때문에 죽을 뻔했다"라고 말했다.

독살보다 확실한 방법

2004년 9월 푸틴에게 비판적인 태도를 보였던 44세의 저널리스트 안나 폴릿콥스카야(Anna Politkovskaya)는 이슬람 테러리스트가 러시아의 캅카스 지역 북부 도시 베슬란의 한 학교를 점거하고 1천여 명을 인질로 잡고 있다는 내용의 속보를 준비하고 있었다. 다른 저널리스트들과 함께 사고 지역으로 이동하려고 했던 그녀는 베슬란행 비행기가 결항했다는 사실을 알게 되었다. 그때 본인이 공항 책임자라고 주장하는 한 남자가 그녀에게 접근해서 비행기를 타게 해주겠다고 제안했다. 그의 안내를 받아 미니버스에 올라타자 운전자는 그녀가 비행기에 탈 수 있도록 FSB가 도와주었다고 말했다. 그녀가 차를 돌려 공항으로 돌아가자고 하지 않은 점이 무척 의아하다. FSB가 러시아 지도자들의 불미스러운 이야기를 보도해온 그녀에게 우호적일 리 없기 때문이다.

또한 그녀는 승무원이 권하는 음식을 먹지 말았어야 했다. 그녀는 기사에 다음과 같이 적었다. "나는 차를 달라고 했다. … 21시 50분에 그 차를 마셨다. 22시가 되자 급격하게 의식이 흐려졌다. 나는 승무원을 불러야겠다고 생각했다. 이후 기억들은 드문드문 끊어져 있다. 승무원이 흐느끼며 '곧 착륙할 거예요. 조금만 참아요!'라고 외쳤다."

폴릿콥스카야가 병원에서 정신이 들었을 때 간호사 한 명이 그녀가 몹시 위험한 상태였다고 설명하면서 귀에 대고 이렇게 속삭였다. "그들이 당신을 독살하려고 했어요." 폴릿콥스카야는 의사들에게 "윗선의 지시"로 혈액과 소변 샘플이 폐기되었다는 말을 들었다. 그녀는 2004년에 출간한 『푸틴의 러시아』(Putin's Russia)에서 이렇게 말했다. "우리는 구소련의 구렁텅이 속으로, 무지가 죽음을 부르는 정보의 진공 속으로 다시 곤두박질치고 있다. 우리에게 남은 것은 인터넷뿐이다. 그 속의 정보는 여전히 자유롭게 이용할 수 있다. 만약 당신이 저널리스트로 계속 일하고 싶다면 푸틴에게 철저히 복종해야 한다. 그렇지 않으면 총알이든, 독약이나 재판이든 푸틴의 감시견인 특수 공무원들이 당신에게 딱 맞는 죽음을 선사할 것이다."

독의 단점은 효능이 불확실하다는 것이다. 전통적으로 사용해왔던 비소뿐만 아니라 비교적 최근에 발명된 독도 마찬가지다. 로마 황제 네로가 못마땅한 모친을 독살하려다가 실패해서 결국 칼로 찔렀던 것처럼, 러시아인들 역시 안나 폴릿콥스카야를 죽이기 위해 또다시

차 한잔에 기댈 수는 없었던 것 같다. 암살범들은 모스크바의 아파트에서 장바구니를 들고 엘리베이터를 기다리는 그녀에게 총을 쐈다. 범인 다섯 명이 붙잡혀 유죄 선고를 받았지만 그들 중 누구도 배후를 밝히지 않았다. 그녀가 살해된 날은 2006년 10월 7일인데 공교롭게도 그날은 푸틴의 생일이기도 했다.

세상에서 가장 위험한 차

전직 FSB 요원인 알렉산드르 리트비넨코(Alexander Litvinenko)는 영국으로 망명해서 푸틴에게 몹시 비판적인 기사와 책을 썼다. 그는 푸틴이 공포를 조장해서 권력을 강화하려고 1999년의 아파트 폭파 사건을 비롯해 러시아 영토에 대한 테러를 기획했다고 비난했다.

푸틴이 안나 폴릿콥스카야의 암살 명령을 내렸다며 그를 비난한 지 2주가 지난 2006년 11월 1일에 리트비넨코는 런던의 한 호텔에서 전직 KGB 요원 안드레이 루고보이(Andrey Lugovoy)와 드미트리 콥툰(Dmitri Kovtun)을 만났고 이후 구토와 설사 증세를 보였다. 그런데 온갖 검사를 해봐도 그의 몸에서 비정상적인 물질의 흔적이 발견되지 않았다. 영국 원자 무기 연구소가 감마선 분광법으로 혈액과 소변을 검사했지만 정체를 알 수 없는 작고 뾰족한 물체를 찾아냈을 뿐 방사능의 흔적은 발견하지 못했다.

그런데 한 의사가 그 물체에 대해서 동료들이 나누는 대화를 듣게 되었다. 과거 영국의 원자폭탄 개발 프로그램에 참여했던 그는 뾰족한 물체가 폴로늄-210의 존재를 증명해줄 수 있다고 생각했다. 청산가리보다 100만 배나 독성이 강한 이 물질은 세포를 파괴하는 방사능 입자를 방출해서 면역계를 무너뜨리고 끔찍한 장기 부전을 일으킨다. 검사 결과 리트비넨코의 표본에서 치사량의 200배가 넘는 폴로늄-210이 검출되었다. 이전까지 폴로늄-210에 중독된 사례가 보고된 적이 없었던 터라 표준 독성 검사에서는 드러나지 않았던 것이다. 만약 그 의사가 우연히 동료들의 대화를 듣지 못했다면 암살자들의 바람대로 되었을 듯하다.

폴로늄-210은 정부가 관리하는 핵 원자로에서만 생산되기 때문에 리트비넨코가 복용한 물질의 출처는 러시아 핵 발전소까지 거슬러 올라가게 되었다. 수사관들은 리트비넨코가 전직 KGB 요원들을 만난 호텔에서 폴로늄이 비정상적으로 많이 검출된 찻주전자를 수집했다. 또한 리트비넨코를 데려다준 친구의 차에서도 방사능 수치가 너무 높게 나타나서 결국 폐차를 해야 했다. 그의 집 역시 방사능 오염이 심각한 수준이라 가족 모두 6개월 동안 집을 떠나야 했다.

11월 23일 리트비넨코가 숨졌을 때 그의 몸에서 방사능이 너무 많이 나와 냉장 보관소로 옮기기 전 이틀 동안 시신을 병원 침대에 그대로 두었다. 의사들은 일주일을 기다렸다가 방호복을 입고 부검했다. 암살자 중 한 명인 안드레이 루고보이도 사건을 저지른 뒤 러시아로 돌아가서 방사능 중독 치료를 받았다.

2007년 5월 영국 정부는 루고보이를 살인죄로 기소하고자 러시아에 공식 송환 요청을 했다. 그러나 러시아는 국민을 송환하는 것이 헌법에 위배된다며 거절했다. 2007년부터 하원의원으로 활동 중인 루고보이는 면책 특권까지 누리고 있다. 2016년 1월 영국은 철저히 조사한 결과 루고보이와 콥툰이 리트비넨코를 중독시켰으며 FSB와 블라디미르 푸틴의 지시에 따랐을 가능성이 높다고 밝혔지만 러시아는 이를 강하게 부인하고 있다.

놀랍고도 쏩쓸한 사실은 2015년 루고보이의 젊은 아내가 모스크바에 찻집을 열었다는 것이다. 과연 손님들이 그곳을 찾을까 싶다.

위험한 수프

러시아인 알렉산드르 페레필리치니(Alexander Perepilichny)는 스위스가 러시아 재무부와 관련된 2억 3천만 달러의 돈세탁 음모를 수사할 때 스위스를 도우면서 영국에 은신하고 있었다. 2012년 11월 44세의 페레필리치니는 점심 식사 후 속이 거북하자 집 주변을 가볍게 뛰기로 했다. 런던 외곽에 있는 그의 집은 평소 경비가 철저했다. 하지만 그는 집 근처에서 의식을 잃고 쓰러진 채 발견되었다. 그 모습을 본 사람이 구급차를 불렀지만 결국 그는 30분 뒤 사망했다.

페레필리치니는 죽기 얼마 전 수백만 달러 지급을 보장하는 보험에 가입하기 위해서 신체검사를 꼼꼼하게 받았으며 검사 결과 건강 상태가 무척 양호했다. 그가 독살당했다는 증거를 발견한 곳이 바로 보험사였다. 지역 경찰은 일반적인 독극물 검사를 수행했으며 위에 남아 있던 것들을 다 폐기했다. 그들은 의심할 만한 점이 없다고 결론지었다. 그러나 보험사는 페레필리치니가 살해당했다면 비용을 지불할 필요가 없었기 때문에 자체적으로 독물학자를 고용하고 위에 남은 극소량의 음식물을 가져다가 좀 더 광범위한 검사를 했다. 독물학자는 게르세미움에서 추출한 희귀하고 치명적인 독의 흔적을 발견했는데 그 식물은 중국의 외딴 지역에서만 발견되며 스트리크닌(신경 자극제로 쓰며 쓴맛이 있는 흰 결정성의 유독물) 계열의 독성을 함유하고 있다. 전하는 바에 따르면 페레필리치니는 점심으로 러시아식 수영(마디풀과의 여러해살이풀) 수프를 한 그릇 먹었는데 이때 식재료를 다른 것으로 바꿔치기하기는 쉬웠을 것이다.

수석 검시관은 페레필리치니의 생명을 위협했던 일과 그가 접촉한 용의자들의 정보를 달라고 영국 정부에 요청했다. 하지만 정부는 국가 안보를 이유로 정보를 공개할 수 없다고 답했다.

죽을 고비를 두 번 넘긴 사람

크렘린궁(러시아 공산당 또는 정부를 이르는 말)의 독에서 두 번이나 살아남은 사람이 있다. 푸틴에게 반기를 든 활동가 블라디미르 카라 무르자는 러시아의 인권 탄압을 제재하는 '마그니츠키법'이 제정되도록 워싱턴에서 활발하게 로비 활동을 벌였다. 그 법은 러시아 변호사이자 회계사인 세르게이 마그니츠키(Sergei Magnitsky)의 이름을 딴 것이다. 마그니츠키는 조작된 혐의로 투옥되어 심한 구타를 당한 뒤 제대로 치료를 받지 못해서 2009년에 사망했다.

2012년 12월 미국의 버락 오바마 대통령이 법안에 서명하자 러시아 정부는 크게 분노했다. 카라 무르자와 입법 활동을 함께했던 동료이며 푸틴을 대놓고 비판한 야권 지도자 보리스 넴초프(Boris Nemtsov)역시 2015년 2월 27일 크렘린궁 근처의 다리에서 총에 맞아 사망했다.

2015년 5월 26일 33세의 카라 무르자는 식당에서 점심을 먹고 2시간 뒤에 회의를 하던 도중 갑자기 몸에 이상을 느꼈다. 구토를 한 후 의식을 잃은 그는 병원으로 옮겨졌다. 이후 72시간 동안 뇌가 부어오르고 폐, 심장, 신장, 간, 소화기관이 망가지기 시작했다. 혼수상태가 한 주 동안 지속되었으며 생존 확률이 5퍼센트라는 진단을 받았다. 러시아 의사들은 투석을 해서 식별하기 어려운 독소를 걸러냈다. 그는 위태로운 상황을 가까스로 견뎌내고 살아남았으나 이후 1년간 심각한 신경 손상으로 고통을 받았다. 카라 무르자의 아내가 그의 혈액과 머리카락, 손톱 샘플을 프랑스의 독극물 연구소로 보냈다. 검사 결과 정상치의 수십 배가 넘는 중금속이 검출되었지만 어떤 독인지 정확하게 밝혀내지는 못했다.

카라 무르자는 생명의 위협에도 굴복하지 않고 계속 모스크바에서 크렘린궁의 부패에 맞서는 활동을 이어갔으며, 외국을 자주 방문해 러시아가 당면한 사안을 이야기했다. 그는 2017년 1월 9일 오바마 정부가 러시아 연방수사위원회를 이끌었던 푸틴의 측근, 알렉산드르 바스트리킨(Alexander Bastrykin)에게 제재를 가하자 무척 기뻐했다. 러시아의 중요 범죄 수사 기구였던 그곳은 푸틴을 반대하는 활동가들에게 날조된 혐의를 씌워왔다.

이후 2017년 2월 2일 카라 무르자가 인척의 아파트에 머물고 있을 때였다. 갑자기 호흡이 가빠지고 심장박동이 빨라지면서 메스꺼움과 구토 증세가 나타났는데 이는 이미 경험했던 경고 증상이었다. 그는 이제 어떻게 대처해야 할지 알았다. 곧바로 지난번에 중독을 잘 치료해준 병원을 찾아갔으며 동일한 의사에게 진찰을 받았다. 의료진은 그를 '인위적 혼수상태'로 유도하고 혈액을 교체했다. 이번에는 어떤 독을 사용했는지 알아보기 위해서 카라 무르자의 혈액과 머리카락, 손톱 샘플을 프랑스와 이스라엘로 보냈다. 하지만 지금까지도 밝혀내지 못했다. "식별 불가능한 물질 때문에 발병한 급성중독 증상"이 그에게 내려진 모호한 진단이었다.

2017년 2월 19일 카라 무르자는 퇴원 후 몸을 추스르기 위해 아내와 아이들이 사는 워싱턴으로 갔다. 그는 이렇게 회상했다. "의사가 그러더군요. 또다시 이런 일이 벌어진다면 더는 살아남지 못할 거라고요. 하지만 제 생각에는 이런 일이 한 번으로 끝나지는 않을 듯합니다." 그리고 이렇게 덧붙였다. "저는 절대 용감한 사람이 아닙니다. 그저 끈질길 뿐이지요."

아라파트의 미심쩍은 죽음

러시아의 정치인들만 석연치 않은 죽음을 맞이한 것은 아니다. 팔레스타인 자치 정부의 수반을 지냈던 아라파트는 2004년 10월 25일 요르단강 서안에 있는 수도 라말라의 관저에서 점심을 먹고 있었다. 그는 75세였지만 건강이 무척 양호했다. 밖에는 그가 폭력 사태를 선동했다고 주장하면서 1년 동안 그를 가택연금에 처한 이스라엘 군대가 지키고 있었다. 식사를 마치고 4시간이 지나자 그는 복통을 느꼈고 이어서 구토와 설사를 했다. 그런데 열은 나지 않았다. 이는 무언가에 중독되었을 때 나타나는 증상이었다.

　　17일 뒤 그가 파리 근교의 병원에서 감염과 뇌졸중처럼 보이는 증세로 숨지자 독살에 대한 소문이 무성해졌다. 그러나 병원은 수집했던 모든 생체 샘플을 폐기했을 뿐만 아니라 시신을 부검하지도 않았고 방부 처리조차 하지 않았다.

　　2012년 알자지라 방송국이 9개월에 걸쳐 아라파트의 죽음을 철저히 조사했지만 희귀한 혈관 장애나 전신감염을 일으킨 원인에 대해 의학적으로 정확하게 규명할 수 없다는 결론을 내렸을 뿐이다. 스위스 로잔 대학의 방사선물리학 연구소는 그의 아내 수하(Suha) 여사가 보관 중이던 아라파트의 개인 소지품에서 폴로늄의 흔적을 발견했다. 이는 사망 당시 그의 몸속에 비정상적으로 많은 양의 폴로늄이 있었다는 뜻이다. 게다가 연구소는 발견된 폴로늄의 60~80퍼센트가 자연적으로 생겨날 수 없다는 사실도 확인했다. 그러나 그것을 죽음의 원인이라고 못 박기에는 부족한 면이 있었다.

연구소는 알렉산드르 리트비넨코가 폴로늄-210에 중독되었을 때 탈모 증상이 나타났지만 아라파트의 머리카락은 멀쩡했으며 일부 증상들은 방사능 중독과 일치하지 않았다고 지적했다. 이스라엘 국제 대테러 연구소 소속의 화학, 생물학, 방사선학 전문가 엘리 카르몬(Ely Karmon) 박사는 폴로늄의 반감기가 138일이라는 점을 고려하면 8년이 지난 시점에 그처럼 높은 수치가 나타날 수는 없다고 말했다. 또한 원래부터 놀랄 만큼 높은 수치였다면 병원에서 그의 곁에 머물며 옷가지를 만졌던 부인 역시 중독되었어야 한다고 주장했다.

2012년 11월에 팔레스타인 정부는 독살 의혹을 규명하기 위해서 아라파트의 무덤 발굴을 허가했다. 조사단은 그의 신체 표본을 연구소 세 곳에 보냈다. 폴로늄은 신체의 연한 조직에서 뚜렷하게 발견되는 경향이 있지만 남아 있는 장기가 없었으므로 조사단은 비장, 간, 신장보다 훨씬 적은 양의 폴로늄이 남아 있는 뼈만 조사했다. 2013년 11월 6일 알자지라는 스위스의 법의학팀이 아라파트의 갈비뼈와 골반에서 정상치보다 18배 높은 폴로늄을 발견했다고 보도했다. 그러나 스위스 연구자들은 이것만 가지고는 폴로늄 중독으로 단정할 수 없다고 명시했다.

프랑스 연구소는 평균보다 훨씬 많은 양의 폴로늄이 검출되었다는 점을 인정했지만, 아라파트는 자연사했다고 결론 내렸다. 공식 보고서에 따르면 러시아 연구소 역시 20개의 샘플 중에서 폴로늄에 노출되었을 가능성이 가장 낮은 샘플 4개만 검사하고는 폴로늄 중독의 증거가 없다고 발표했다.

스코틀랜드 로버트고든 대학교의 명예교수이며 살인 피해자의 신체 증거 분석을 전문적으로 해온 법의학자 데이비드 바클레이(David Barclay)는 수수께끼를 담고 있는 수프와 혼란스러운 상황들을 다시 되짚어보았다. 모든 보고서를 면밀히 살펴본 그는 자연사한 사람에게서 발견되는 폴로늄의 양이 칼슘 1그램당 25~50밀리베크렐인데 이는 자연에서 라돈이 붕괴할 때 발생하는 양이지만 아라파트의 갈비뼈에서는 900밀리베크렐이 검출되었다고 지적했다. "그렇다면 발굴 당시에도 정상적인 수준의 18배에서 36배에 해당하는 폴로늄이 시신에 있었을 것이다. 주목해야 할 점은 그마저도 8년 동안 21차례 반감기를 거친 뒤에 검출되었다는 사실이다. 그러니까 그가 사망했을 시점에는 정상치의 200만 배가 넘는 양이 혈액과 뼈에 있었을 것이다." 그는 이런 결과가 그에 몸속에 있던 폴로늄-210이 핵 원자로에서 만들어졌다는 사실을 증명해준다고 말했다. 분명 아라파트가 산책 중에 그만 한 양을 흡수할 수는 없었을 것이다.

바클레이는 폴로늄이 소변과 혈액, 땀뿐만 아니라 엄청난 양의 혈액을 공급하는 뼈에서 검출되었기 때문에 사후 오염으로 높은 수치가 나타난 것은 아니라는 점을 명시했다. "대다수 독극물 학자들과 특히 스위스의 과학자들은 누군가가 단지 청산가리나 스트리크닌(신경 자극제로 쓰며 쓴맛이 있는 흰 결정성의 유독물) 같은 것 때문에 죽었다고 말할 수 없을 것이다. 중독된 사람은 다리에서 아래로 뛰어내리거나 달리는 기차에 뛰어들 수 있다. 따라서 중독에 의한 죽음은 언제나 눈앞에 드러나지 않은 요인의 영향을 받는다. … 하지만 그가 죽기 전 며칠 동안 프랑스의 퍼시 병원에서 철저하고 광범위한 검사를 받았을 때는 아무런 이상 징후가 발견되지 않았다. 아라파트는 암이나 심장질환을 비롯해 별다른 질병이 없었다."

앞으로도 정치적인 이유 때문에 아라파트의 죽음은 의심을 받을 수밖에 없을 것이다.

영상으로 남은 독살 장면

정치적 독살 장면이 보안 카메라에 잡히는 일은 무척 드물다. 그런데 2017년 2월 13일에 그런 일이 실제로 벌어졌다. 영상의 주인공은 북한의 독재자 김정은의 형인 김정남이었다. 김정남이 말레이시아 쿠알라룸푸르 국제공항에서 걷고 있을 때 갑작스럽게 한 여성이 돌진해서 그의 얼굴에 무언가를 발랐고 곧바로 다른 여성이 같은 행동을 했다. 그들이 도망친 뒤 그는 엄청난 통증을 느꼈고 점점 숨쉬기가 거북해졌다. 김정남은 공항 관계자에게 다가가 도움을 청했다. 하지만 곧바로 의식을 잃었다. 결국 그는 구급차를 타고 병원으로 가는 도중에 숨졌다. 공격을 받은 지 불과 15~20분 사이에 벌어진 일이었다.

북한은 즉각 시신을 인도해달라고 요청했지만 말레이시아가 이를 거부했다. 두 나라가 실랑이를 벌인 끝에 결국 말레이시아에서 부검을 하게 되었다. 부검을 담당한 의사는 김정남이 맛과 냄새가 없으며 지구상에서 가장 강력한 신경독인 VX(venomous agent X)에 중독되어 사망했다고 밝혔다. VX는 효과가 무척 빠르게 나타나는 독성물질로 신경계를 교란해서 호흡기와 심장을 정지시킨다. 호흡이든 피부 흡수를 통해서든 단 한 방울로도 성인 한 명을 죽일 수 있다.

전문가들은 김정남을 암살한 여성들이 죽지 않았다는 사실에 놀랐다. 미들베리 국제학 연구소의 레이먼드 질린스카스(Raymond

Zilinskas) 소장은 치명적이지 않은 두 물질이 김정남의 얼굴에서 섞이면서 VX가 생성되었을 가능성을 제시했다. 이런 물질을 "이원혼합물"이라고 부르는데 이 방식을 활용하면 화학물질을 안전하게 보관하고 운반할 수 있다. 영국 언론은 현지 고위 경찰의 말을 인용해서 여성들 중 한 명이 김정남의 얼굴에 특정한 물질을 뿌리고 다른 여성이 그 위를 손수건으로 덮어 눌렀다고 보도했다.

VX는 1997년 화학무기 금지조약에 따라 개발·생산·비축·사용을 할 수 없지만 조약에 서명하지 않은 북한은 VX를 비축하고 있었다. 말레이시아 경찰은 두 가지 물질이 세관 검사를 면제받는 외교행낭을 통해 반입되었을 것으로 보고 있다.

범행을 저지른 인도네시아 국적의 25세 여성 시티 아이샤(Siti Aisyah)와 베트남 국적의 28세 여성 도안 티 흐엉(Doan Thi Huong)은 살인죄로 기소되었다. 둘 다 쿠알라룸푸르의 마사지 업소에서 일했던 것으로 알려졌는데 아이샤는 제임스라는 이름의 남자를 평범한 술집에서 만났다고 주장했다. 자신을 리얼리티 프로그램 제작자라고 소개한 그가 쇼핑몰이나 기차역, 호텔에서 평범한 사람들에게 장난을 치는 대가로 돈을 주었다는 것이다. 아이샤는 전에도 몇 번 그런 일을 했으며 그때마다 제임스에게 100달러에서 150달러를 받았다고 진술했다. 그녀는 당시에도 김정남의 얼굴에 기름을 뿌리는 줄 알았다고 말했다. 제임스라는 남자는 30세의 북한인 리지우로 밝혀졌다. 말레이시아 경찰은 장난인 줄 알았다는 주장을 받아들이지 않았으며 두 여성 모두 자신들이 암살에 가담한다는 것을 인식했다고 믿었다. 경찰이 사건에 연루되었다고 본 북한인 4명은 본국으로 돌아갔다.

수사관들은 김정은이 왜 땅딸막하고 머리가 벗어진 데다가 가련하기까지 한 형을 죽이라고 명령했는지 정확한 이유를 찾지 못했다.

김정남은 비록 장남이었지만 집안에서 인정을 받지 못했다. 북한 정권을 세운 그의 할아버지 김일성은 배우였던 김정남의 어머니를 탐탁지 않게 여겼으며 며느리로 인정한 적이 없었다. 김정남은 아버지 김정일이 한 무용수와 동거하면서 아들 두 명을 더 보는 동안 모스크바에 있는 친척 집과 스위스의 기숙학교를 전전했다. 현재 북한의 통치자 김정은이 그들 중 막내였다.

성장하는 동안 김정남은 북한의 차기 지도자감이 아님을 명확하게 보여주었다. 그는 탈북자에게 관대한 모습을 보였다. 2001년에는 가짜 여권을 가지고 일본에 입국하려다 체포되면서 차기 독재자가 될 마지막 기회를 날려버렸다. 심문을 받는 동안 그는 도쿄 디즈니랜드에 가고 싶었을 뿐이라고 자백했다. 김정남은 한곳에 정착하지 않았고 죽기 전에는 상당 기간 중국 정부의 보호 아래 마카오에서 지내며 도박을 즐겼다. 그에게는 두 명의 부인과 한 명의 정부 그리고 그들 사이에서 낳은 여섯 명의 자녀가 있는 것으로 알려졌다. 그는 그들을 방문하면서 정처 없이 떠돌았다.

김정은은 고모부를 비롯해 권력에 위협이 된다고 생각한 고위 관료들을 수없이 처형했다. 하지만 이복형은 왜 죽인 것일까? 왜 하필 그 시기에 일을 저질렀을까? 그것도 보안 카메라가 사방에 설치된 곳에서 말이다. 그 이유는 김정남의 배낭에서 12만 달러가 발견된 사실로 미루어 짐작할 수 있다. 그가 CIA 요원에게 2시간 동안 독재자 동생의 비밀을 누설한 대가로 받은 돈이기 때문이다. 김정은은 저녁 뉴스를 통해 '친애하고 존경하는 북한의 영도자'인 자신의 무자비함을 전 세계에 생생하게 보여주고 싶었다. 그것은 일본을 향해 미사일 한 발을 더 쏘는 것보다 훨씬 두려운 메시지다.

김정남은 김정은을 좋아하지 않았다. 그는 2012년 한 언론사와 인터뷰할 때 나라를 이끌기에는 동생이 너무 어리고 미숙하다면서 "개혁 없이는 북한이 무너지고 개혁이 일어난다면 정권이 무너질 것이다"라고 했다. 하지만 무너진 것은 김정남 자신이었다.

공주로 태어났다면 행복했을까?

"내가 몇백 년 전에 공주로 태어났다면 어떻게 살았을까?"

역사학자인 나는 종종 스스로 이런 질문을 던진다. 지금의 평범한 삶에 만족하지 못하기 때문이다. 티셔츠, 슬리퍼, 야구모자는 도저히 성에 차지 않는다. 우아함이라고는 찾아볼 수 없는 쇼핑몰과 커다란 상자 같은 상점들, 차량이 뒤엉켜 혼잡한 도로를 보노라면 고개를 절레절레 젓게 된다. 반면 아름다운 드레스와 반짝이는 보석, 화려한 궁전을 떠올리면 가슴이 두근거리고 촛불이 늘어선 연회장, 강 위에서 벌이는 요트 경기, 왕실의 화려한 볼거리들을 상상할 때마다 그 속으로 푹 빠져들게 된다.

하지만 나는 결코 바로크 시대 공주의 삶을 원하지 않는다. 타임머신을 타고 베르사유궁에서 열린 무도회에 참석하는 상상을 하는 것만으로도 두려워진다. 끔찍한 뭔가를 달고 현재로 돌아올 수 있기 때문이다. 그중 하나는 기생충일 것이다. 만약 그곳에 조금 더 머무른다면 화려한 생활을 즐기기는커녕 끔찍한 고통에 시달리거나 끝내는 목숨을 잃을지도 모른다.

의학의 발전으로 우리 대부분은 르네상스 시대 사람들에 비해 정말 오래 산다. 하지만 잘난 척할 처지는 아니다. 인류의 목표가 오래 도록 건강하게 사는 삶이라지만, 오늘날 우리의 생활 방식은 조상들 못지않게 생명을 갉아먹기 때문이다. 우리는 그들이 사용했던 납 화장품과 수은 관장제와 비소 크림을 비웃지만, 미래 세대는 분명 오늘날의 화학요법에 경악하면서 우리가 왜 암이나 자폐증 혹은 치매를 유발하는 물질이 담긴 제품을 사용했는지 의아하게 여길 것이다.

평균수명은 점점 늘어나고 있지만 인간의 몸은 참으로 경이로운 동시에 지극히 연약해서 어느 시점에는 결국 없어져버린다. 프랑스 왕의 정부였던 아녜스 소렐이 1450년 수은중독으로 죽기 전에 남긴 말을 기억하자. 몸의 장기가 기능을 다했을 때 그녀는 이렇게 속삭였다. "냄새나고 더럽고 보잘것없는 이 몸, 참으로 덧없구나!"

하지만 이것이 이야기의 끝은 아니다. 우리의 아름다움, 용기, 자기희생 그리고 사랑은 메아리가 되어 예술과 음악, 인류의 다양한 발견 속에 영원히 남을 것이다.

마음에 쏙 드는 독 고르기

독극물도 유행을 탄다. 고대에는 식물성 독이 인기를 얻었지만 르네상스와 바로크 시대의 암살자들은 중금속 성분의 독을 선호했다. 19세기 이후에는 과학기술이 발전하면서 화학물질과 방사성물질의 혼합물이 주목을 받고 있다.

중금속 성분의 독

◆ 안티몬
> 회색을 띠며 광택이 나는 준금속이다. 자연에서는 보통 황화물 형태로 존재한다.
> 중독 증상: 비소중독과 비슷하지만 그만큼 심하지는 않다. 치명적인 양이 혈관에 흡수되기 전에 구토가 난다. 수 세기 동안 의사들은 사

악한 체액을 배출하는 구토제로 안티몬을 사용했다.

◆ 비소

> 금속광택이 나는 결정성의 비금속 원소다. 회색, 검은색, 붉은색, 노
란색처럼 다양한 색이 존재한다. 붉은 비소는 계관석(鷄冠石, realgar)
이라고 불리며 노란 비소는 웅황(雄黃, orpiment)으로 알려져 있다. 독
살범들은 주로 감지하기 어려운 흰색 비소 가루를 물에 녹여서 음
식에 넣었다.

> 중독 증상: 심한 구토, 묽은 설사, 복통, 종아리 근육 경련, 입과 목구
멍의 쓰라림, 음식물을 삼키기 어려움, 계속되는 갈증, 약한 맥박, 차
고 축축한 피부, 신부전 등을 보이며 혼수상태에 빠져 결국 사망에
이른다.

◆ 납

> 푸르스름한 잿빛의 금속 원소다.

> 중독 증상: 변비, 사지 무력과 마비 증세, 뇌수종, 치아 손실, 창백한
안색, 피로, 부분 마비, 통풍, 우울증, 편집증, 조울증, 두통, 불면증,
발작, 시력상실, 성욕감퇴, 생식능력저하, 혼수상태 등이 나타난다.

◆ 수은

> 액체 형태의 수은인 퀵실버(quicksilver)와 광물 형태인 황화수은
(mercury sulfide), 퀵실버에서 추출하는 붉은색 광물인 진사(辰砂,
cinnabar) 등이 있다.

> 중독 증상: 타액과다, 구취, 입술과 잇몸의 염증, 치아와 잇몸 조직
손실, 신장손상 등이 나타난다. 수은을 입으로 섭취할 경우 액체 형

태의 퀵실버는 소화기에 흡수되지 않고 그대로 배출되기 때문에 중독되지 않지만 광물 형태의 황화수은은 무척 치명적이다. 어떤 형태의 수은이든 피부로 침투할 경우에는 인체에 몹시 해롭고 기화된 수은을 흡입하면 심각한 뇌손상을 입게 된다.

식물성 독

◆ 바꽃/투구꽃('늑대의 골칫거리'라고 불림)
> 미나리아재빗과의 여러해살이풀이며 250여 종이 있다.
> 중독 증상: 메스꺼움, 구토, 설사, 불에 덴 듯한 통증이 나타나고 입과 얼굴부터 저리기 시작해 사지로 퍼지며 발한, 호흡곤란, 두통, 혼돈 증상과 함께 심장과 폐가 마비되면서 결국 사망한다.

◆ 벨라도나('치명적 밤의 그림자'라고 불림)
> 가짓과에 속하는 여러해살이 초본식물이다. 외모에 신경을 쓰는 여성들이 동공을 크게 만들고자 즙을 내어 눈에 넣었기 때문에 이탈리아어로 "아름다운 여인"을 뜻하는 벨라도나(belladonna)라고 부르게 되었다.
> 중독 증상: 입과 목이 바싹 마르고 균형감각 상실, 진홍색 발진, 부정확한 발음, 시야가 흐려짐, 광과민성 증상, 배뇨곤란, 변비, 혼돈, 환각, 정신착란, 경련 등이 나타난다.

◆ 디기탈리스/여우장갑(foxglove)
> 현삼과의 여러해살이풀이다. 디기탈리스속(屬)에는 2년마다 아름다

운 보라색 꽃이 피는 여러해살이 초본식물 20여 종이 포함된다.

> 중독 증상: 혼돈, 불규칙한 심장박동, 메스꺼움, 구토, 설사, 시야 왜곡, 호흡곤란, 심차단(심방에서 심실로 넘어가는 방실 결절에서 전류가 정상적으로 전달되지 않는 현상)이 나타난다.

♦ 크리스마스로즈

> 미나리아재빗과의 상록 여러해살이풀로 20여 종이 여기에 속한다.
> 중독 증상: 이명, 현기증, 혼미, 갈증, 질식되는 느낌과 더불어 목구멍 및 혀가 부어오르고 구토를 하며 심장박동이 느려진다. 심하면 의식을 잃게 되고 심장마비로 사망할 수도 있다.

♦ 독미나리

> 산형과에 속한 여러해살이 초본식물로 독성이 무척 강하다.
> 중독 증상: 몹시 어지럽고 다리부터 마비 증상이 시작되어 결국 폐와 심장이 멎는다.

♦ 사리풀

> 벨라도나와 같은 가짓과에 속하며 잎과 씨에 독이 있다.
> 중독 증상: 벨라도나에 중독되었을 때와 비슷하며 영원히 깨지 못할 깊은 잠에 빠질 위험이 있다.

♦ 독버섯

> 버섯갓에는 수분이 많고 아래의 주름살 부분은 흰색을 띤다. 자루 속은 비어 있고 우윳빛 점액이 흘러나온다. 잘리거나 부러지면 종종 색이 변한다.

> 중독 증상: 탈진, 두통, 혼미, 심한 정신착란, 혈변, 복통, 구토, 간과 신장 손상, 심장발작, 혼수 증세가 나타나며 사망할 수 있다.

♦ 아편
> 양귀비 열매에 상처를 낸 뒤 그 자리에서 흘러나온 진을 굳혀 말린 물질이다.
> 중독 증상: 코가 심하게 가렵고 깊은 수면에 빠지며 심장과 폐가 서서히 마비되면서 죽음에 이를 수 있다.

♦ 주목나무
> 주목과의 상록 침엽수로 붉은 열매가 달린다.
> 중독 증상: 심장박동이 빨라지고 근육의 떨림 및 경련이 나타난다. 기절, 호흡곤란, 혈액순환 장애로 심장마비가 올 수 있다. 하지만 증상이 전혀 나타나지 않다가 섭취 후 몇 시간 안에 쓰러져 사망하는 경우도 있다.

동물성 독

♦ 칸타리스/스페인 파리
> 가룃과에 속한 곤충으로 유럽 전역에서 흔하게 볼 수 있는 에메랄드그린 빛깔의 딱정벌레다.
> 중독 증상: 소화기와 요로 전체에서 불에 덴 듯한 통증이 느껴지며, 경련, 신부전, 장기부전 증세를 보이고 심하면 사망에 이른다.

♦ 뱀, 전갈, 노랑가오리

> 입으로 섭취했을 경우에는 해가 거의 없다.

르네상스 이후의 독

♦ 청산가리

> 1782년 스웨덴 화학자 셸레가 처음 합성한 물질이다. 고편도(쓴맛이 나는 아몬드)와 자두, 살구, 체리, 사과의 씨에서 추출된다.

> 중독 증상: 고산병과 비슷한데 이는 몸의 세포가 생존하기 위해서 산소의 소비를 억제하기 때문이다. 무기력, 혼돈, 이상행동, 과도한 수면, 혼수상태, 가쁜 호흡, 두통, 어지럼증, 발작이 나타나며 심하면 사망에 이른다.

♦ 폴로늄-210

> 무척 불안정한 은색의 방사성 금속으로 1898년 마리 퀴리와 피에르 퀴리가 우라늄 광물 속에서 발견했다. 폴로늄은 마리 퀴리의 조국인 폴란드의 이름을 딴 것이다. 청산가리의 백만 배나 되는 독성을 지녔다.

> 중독 증상: 극심한 두통과 구토, 설사, 탈모, 간과 신장 손상이 나타난다. 노출된 지 하루나 이틀 안에 희생자의 외모가 말기암 환자처럼 변하고 며칠 혹은 몇 주 사이에 사망한다.

♦ 리친

> 1888년 독일 과학자 피터 헤르만 스틸마크(Peter Hermann Stillmark)가

콩처럼 생긴 피마자(아주까리씨)에서 발견한 단백질로 무척 강력한
독성물질이다.

> 중독 증상: 리친을 섭취하면 열과 기침, 심각한 호흡곤란이 나타나
며 폐에 물이 들어찬다. 또한 소화기관에서 출혈이 발생하고 장기가
손상된다. 보통 3일 안에 사망하는데 아주 적은 양도 인체에 치명적
인 영향을 끼칠 수 있다.

◆ 사린
> 나치가 1940년대 초에 화학무기로 발명한 신경가스다.
> 중독 증상: 독성물질이 신경계를 자극하면서 메스꺼움, 설사, 구토,
발작, 근육수축과 호흡곤란이 일어난다. 보통은 질식으로 사망한다.

◆ 스트리크닌
> 1818년 프랑스의 화학자들인 조제프 비에나이메 카방투(Joseph
Bienaimé Caventou)와 피에르 조제프 펠레티에(Pierre-Joseph Pelletier)가
'성 이크나티우스의 콩'이라고 불리는 마전자(낙엽 교목인 '마전'의
씨)에서 추출했다.
> 중독 증상: 가장 고통스럽고 끔찍한 증상을 보인다고 알려져 있다.
노출된 지 10분에서 20분이 지나면 머리와 목부터 시작해 온몸의
근육이 경직되면서 경련이 지속된다. 2~3시간 안에 경련으로 인한
질식 또는 탈진으로 사망한다.

◆ TCCD
> 사염화다이옥신으로 알려진 무색무취의 화학물질로 염소화탄화수
소의 일종이다. 19세기 후반 유기물질을 태운 부산물로 만들어졌다.

고엽제의 주성분이며 청산가리보다 독성이 17만 배나 강하다.

> 중독 증상: 급성 췌장염, 상복부의 극심한 통증, 메스꺼움, 구토, 발
열, 오한 등이 나타나며 심장박동이 빨라진다. 식욕부진, 쇼크, 호흡
기 장애, 염소여드름(얼굴이 울퉁불퉁해지고 움푹 패는 증상), 암을 유
발하며 중독자를 죽음으로 몰아간다.

◆ VX

> 인간이 만든 독으로 사린보다 강력하며 호흡기나 피부를 통해 몸속
으로 흡수된다.

> 중독 증상: 발한 증상과 노출된 부위의 근육에 경련이 나타나고 메
스꺼움과 구토, 호흡곤란을 겪는다. 신경계와 근육조직을 교란해서
횡격막을 마비시키기 때문에 중독되면 질식으로 사망에 이른다.

독의 전당

◆ 가장 고통스러운 독은? 스트리크닌

전신에 극심한 경련을 일으킨다. 이것에 노출되면 탈진하거나 기절하기 전까지 2~3시간 동안 엄청난 고통에 시달린다.

◆ 가장 편안한 독은? 독미나리

다리부터 감각이 없어지고 점점 위로 올라가다가 심장과 폐를 마비시킨다. 기원전 339년 고대 그리스의 철학자 소크라테스는 아테네 법정에서 사형선고를 받았다. 그는 얼마 뒤 측근들이 지켜보는 가운데 독미나리즙을 마셨는데 죽기 직전까지 기운차게 대화를 이어갔다.

◆ 가장 효과가 빠른 독은? 청산가리

농축된 것을 흡입하면 몇 분 안에 발작과 심장마비가 일어나 혼수상태에 빠진다. 나치가 강제 수용소에서 유대인들을 죽이는 데 사용한 치클론(Zyklon) B의 주요 성분이다.

◆ 가장 역겨운 증상이 나타나는 독은? 수은(만성 수은중독)

지독한 구취가 난다. 치아가 검게 변하고 검은 침이 끊임없이 흘러나온다. 치아와 턱뼈, 혀, 입천장과 잇몸 조직이 손상된다. 목구멍, 폐, 입, 볼 안쪽이 헐어서 진물이 흐른다. 평생 몸을 떨며 절뚝거림과 경련에 시달린다.

◆ 가장 심한 토사곽란을 일으키는 독은? 비소

심각한 탈수증세로 사람이 바싹 마른 옥수수 껍질처럼 될 때까지 몇 시간에 걸쳐 구토와 설사를 일으킨다.

◆ 가장 흉한 얼굴을 만드는 독은? TCCD(사염화다이옥신)

노출된 지 수 시간 안에 여드름, 수포, 농포, 종양, 부기가 나타나며 얼굴에는 염소여드름이라고 불리는 움푹 팬 증상이 생긴다.

◆ 친구를 적으로 만드는 독은? 납과 수은(만성 납중독과 만성 수은중독)

기분이 극단적으로 변하고 불면증, 분노 폭발, 우울증을 불러일으킨다. 수은과 납 성분이 들어간 물감은 괴팍한 성격으로 알려진 예술가들이 극단적인 기분 변화를 겪는 데 일조했다.

"제정신이 아닌" 혹은 "완전히 미친"을 뜻하는 "mad as a hatter"는 모자를 만드는 동안 수은을 흡입했던 모자 장수(hatter)에게서 유래한 표현이다. 이는 16세기 유럽에서 매독이 유행한 것과 관련이 깊다. 모자 제작자들은 동물 가죽에서 털을 벗겨낼 때 자신의 오줌을 사용했는데 매독에 걸려 수은 치료를 받고 있던 사람들이 더욱 우수한 품질의 펠트(양털이나 그 밖의 짐승의 털에 습기·열·압력을 가하여 만든 천)를 생산했다. 오줌 속에 들어 있는 수은 때문이라는 것을 알게 된 모자 제작자들은 이후 천을 가공할 때 수은을 직접 사용하기 시작했다.

참고 문헌

도서

Allen, A. M. *A History of Verona*. New York: Putman, 1910.

Al-'Ubaydi, Mohammed. *Khattab (1969–2002)*. West Point, NY: Combatting Terrorism Center at West Point. No date.

Ball, Philip. *The Devil's Doctor: Paracelsus and the World of Renaissance Magic and Science*. New York: Farrar, Straus and Giroux, 2006.

Bevan, Bryan. *Charles II's Minette*. London: Ascent Books, 1979.

Boorde, Andrew. *Dyetary of Helth*. London: Robert Wyer, 1542.

Borman, Tracy. *The Private Lives of the Tudors: Uncovering the Secrets of Britain's Greatest Dynasty*. London: Hodder and Stoughton, 2016.

Bowsky, William M. *Henry VII in Italy*. Lincoln: University of Nebraska Press, 1960.

Brantome, Seigneur de Pierre de Bourdeille. *Illustrious Dames of the Court of the Valois Kings.* New York: The Lamb Publishing Co., 1912.

Brown, Horatio F., ed. *Calendar of State Papers Relating to English Affairs.* Volume 12, *1610–1613.* London: Mackie & Co., 1905.

Cartwright, Julia. *Madame: A Life of Henrietta, Daughter of Charles I and Duchess of Orleans.* London: Seeley and Co., Ltd., 1894.

Casparsson, Ragnar, Gunnar Ekström, and Carl-Herman Hjortsjö. *Erik XIV, Gravoppningen 1958 I Väterås Domkyrka.* Stockholm: P.A. Norstedt & Söner, 1962.

Castiglione, Baldassare. *The Book of the Courtier.* New York: Charles Scribner's Sons, 1903. 『궁정론』(북스토리).

Cellini, Benvenuto. *The Autobiography of Benvenuto Cellini.* New York: Penguin, 1956. 『첼리니의 자서전1, 2』(한명).

Chamberlin, E. R. *The Fall of the House of Borgia.* New York: Dorset Press, 1974.

Chaplin, Arnold. *The Illness and Death of Napoleon Bonaparte (A Medical Criticism).* London: Alexander Stenhouse, 1913.

Cornwallis, Sir Charles. *The life and death of our late most incomparable and heroique prince, Henry Prince of Wales.* London: John Dawson, 1641.

Cortese, Isabella. *The Secrets of Signora Isabella Cortese.* Venice: Giovanni Bariletto, 1561.

Crawfurd, Raymond, MD. *The Last Days of Charles II.* Oxford: Clarendon Press, 1909.

Cronin, Vincent. *Napoleon Bonaparte: An Intimate Biography.* New York: William Morrow, 1972.

Denton, C. S. *Absolute Power: The Real Lives of Europe's Most Infamous Rulers.* London: Eagle Editions, 2006.

Desclozeaux, Adrien. *Gabrielle d'Estrees.* London: Arthur Humphreys, 1907.

D'Orliac, Jehanne. *The Lady of Beauty, Agnes Sorel.* Philadelphia: J. B. Lippincott, 1931.

Downing, Sarah Jane. *Beauty and Cosmetics 1550–1950.* Oxford: Shire Publications, 2015.

Elyot, Sir Thomas. *The Castle of Health.* London: The Widow Orwin, 1539.

Emsley, John. *The Elements of Murder, A History of Poison.* Oxford: Oxford University Press, 2005. 『세상을 바꾼 독약 한 방울 1, 2』(사이언스북스).

Farmer, James Eugene. *Versailles and the Court under Louis XIV.* New York: The Century Company, 1905.

Ferri, Maro, and Donatella Lippi. *I Medici, La Dinastia dei Misteri.* Florence, Italy: Giunti Editore, 2007.

Fraser, Antonia. *Royal Charles: Charles II and the Restoration.* NewYork: Alfred A. Knopf, 1979.

Freer, Martha Walker. *Henri IV and Marie de Medici.* London: Hurst and Blackett, 1861.

Freer, Martha Walker. *Jeanne d'Albret, Queen of Navarre.* London: Hurst and Blackett, no date.

Funck-Brentano, Frantz. *Princes and Poisoners: Studies of the Court of Louis XIV.* London: Duckworth & Co., 1901.

Gilder, Joshua, and Anne-Lee Gilder. *Heavenly Intrigue: Johannes Kepler,*

Tycho Brahe, and the Murder Behind One of History's Greatest Scientific Discoveries. New York: Anchor Books, 2005.

Graham-Dixon, Andrew. *Caravaggio: A Life Sacred and Profane.* New York: W. W. Norton, 2010.

Hibbert, Christopher. *George Ⅲ: A Personal History.* London: Viking, 1998.

Hilton, Lisa. *Athénais, The Real Queen of France: The Life of Louis XIV's Mistress.* New York: Little, Brown, 2002.

Holmes, Frederick. *The Sickly Stuarts: The Medical Downfall of a Dynasty.* Sparkford, UK: J. H. Haynes, 2003.

Hutton, Ulrich von. *De Morbo Gallico: A Treatise on the French Disease.* London: John Clark, 1730.

La Fayette, Marie-Madeleine Pioche de La Vergne. *The Secret History of Henrietta, Princess of England, First Wife of Philippe, Duc d'Orléans.* New York: E. P. Dutton, 1929.

Levy, Joel. *Poison: An Illustrated History.* Guilford, CT: Lyons Press, 2011.

Lewis, Paul. *Lady of France: A Biography of Gabrielle d'Estrées, Mistress of Henry the Great.* New York: Funk & Wagnalls, 1963.

Macauley, Thomas. *The History of England from the Time of James Ⅱ.* Philadelphia: Porter & Coates, 1848.

Mackowiak, Philip A., MD. *Diagnosing Giants: Solving the Medical Mysteries of Thirteen Patients Who Changed the World.* Oxford: Oxford University Press, 2013.

Mackowiak, Philip A., MD. *Post Mortem: Solving History's Great Medical Mysteries.* Philadelphia: American College of Physicians, 2007.

MacLeod, Catherine. *The Lost Prince: The Life & Death of Henry Stuart.* London: National Portrait Gallery, 2012.

Melograni, Piero. *Wolfgang Amadeus Mozart: A Biography.* Chicago: University of Chicago Press, 2007.

Moulton, Thomas. *This is the Myrour or Glasse of Helth Necessary and Nedefull for Every Person to Loke In, That Wyll Kepe Theyr Body from the Syckenes of the Pestylynce.* London: Hugh Jackson,1580.

Nada, John. *Carlos the Bewitched: The Last Spanish Hapsburg.* London: Jonathan Cape, 1962.

Packard, Francis R. *Life and Times of Ambroise Paré.* New York: Paul B. Hoeber, 1921.

Paliotti, Guido. *La Morte d'Arrigo VII di Lussemburgo.* Montepulciano, Italy: Tipografia Unione Cooperative, 1894.

Paré, Ambroise. *The Workes of that famous Chirurgion Ambrose Parey, Translated out of Latine and compared with the French.* London: Richard Cotes and R. Young, 1649.

Payne, Francis Loring, *The Story of Versailles.* New York: Moffat, Yard, 1919.

Pemell, Robert. *A Treatise on the Diseases of Children; with their Causes, Signs, Prognosticks, and Cures, for the benefit of such as do not understand the Latine Tongue, and very useful for all such as are House-keepers and have Children.* London: J. Legatt, 1653.

Prescott, Orville. *Lords of Italy.* New York: Harper and Row, 1932.

Roberts, Michael. *The Early Vasas: A History of Sweden 1523–1611.* Cambridge: Cambridge University Press, 1968.

Roelker, Nancy Lyman. *Queen of Navarre: Jeanne d'Albret 1528–1572.* Cambridge, MA: Harvard University Press, 1968.

Ruscelli, Girolamo. *The Secrets of the Reverend Maister Alexis of Piemont, Containing Excellent Remedies Against Diverse Diseases, Wounds, and Other Accidents, with the Maner to Make Distillations, Parfumes, Confitures, Dyings, Colours, Fusions, and Meltings.* London: Thomas Wright, 1595.

Scully, Terence. *The Art of Cookery in the Middle Ages.* Berlin: Boye6, 2005.

Skidmore, Chris. *Edward VI: The Lost King of England.* New York: St. Martin's Press, 2007.

Somerset, Anne. *Ladies-in-Waiting from the Tudors to the Present Day.* London: Weidenfeld & Nicolson, 1984.

Somerset, Anne. *Unnatural Murder: Poison at the Court of James I.* London: Orion Books, 1997.

Spangenberg, Hans. *Cangrande della Scala.* Berlin: R. Gaertners Verlagsbuchhandlung, 1892.

Stanley, Arthur Penrhyn. *Historic Memorials of Westminster Abbey.* London: John Murray, 1886.

Steegmann, Mary G. *Bianca Cappello.* Baltimore: Norman, Remington, 1913.

Sugg, Richard. *Mummies, Cannibals and Vampires: The History of Corpse Medicine from the Renaissance to the Victorians.* Routledge: New York, 2011.

Sully, Maximilian de Bethune, duke of. *Memoirs of Maximilian de Bethune, Duke of Sully, Prime Minister to Henry the Great.* Edinburgh: A.

Donaldson, 1770.

Tracey, Larissa, ed. *Medieval and Early Modern Murder.* Cambridge: D. S. Brewer, 2018.

Troyat, Henri. *Ivan the Terrible.* New York: Berkley Books, 1982.

Warner, the Reverend Richard. *Antiquitates Culinariae, or Curious Tracts Relating to the Culinary Affairs of the Old English.* London: Robert Blamire, 1791.

Weider, Ben, and David Hapgood. *The Murder of Napoleon.* New York: Congdon & Lattès, 1982.

Wheeler, Jo. *Renaissance Secrets: Recipes & Formulas.* London: V & A Publishing, 2009.

Whorton, James C. *The Arsenic Century: How Victorian Britain Was Poisoned at Home, Work & Play.* Oxford: Oxford University Press, 2010.

Williams, Robert C. *The Forensic Historian: Using Science to Reexamine the Past.* New York: M. E. Sharpe, 2013.

Woolly, Hannah. *The Accomplisht Ladys Delight in Preserving, Physick, Beautifying, and Cookery.* London: B. Harris, 1675.

Ziegler, Gilette. *At the Court of Versailles, Eyewitness Reports from the Reign of Louis XIV.* New York: Dutton, 1966.

기사(인쇄물)

Apostoli, Pietro, et al. "Multielemental Analysis of Tissues from

Cangrande

della Scala, Prince of Verona, in the 14th Century." *Journal of Analytical Toxicology* 33 (July/August 2009): 322–27.

Barker, Sheilah. "The Art of Poison: The Medici Archives." *The Florentine* 85 (2008).

Baron, Jeremy Hugh. "Paintress, Princess and Physician's Paramour: Poison or Perforation?" *Journal of the Royal Society of Medicine* 91 (April 1998): 213–16.

Bloch, Harry, MD. "Poisons and Poisoning: Implication of Physicians with Man and Nations." *Journal of the National Medical Association* 79, no. 7 (July 1987): 761–64.

Charlier, Philippe. "Autopsie des Restes de Diane de Poitiers." *La Revue du Practicien* 60 (2010): 290–93.

Charlier, Philippe. "L'évolution des Procédures d'embaumement aristocratique en France medievale et moderne (Agnès Sorel, Le Duc de Berry, Louis XI, Charlotte de Savoie, Louis XII, Louis XIV et Louis XVIII)." *Medicina Nei Secoli Arte e Scienza* 18, no. 3 (2006): 777–98.

Charlier, Philippe. "Qui a tué la Dame de Beauté? Étude Scientifique des restes d'Agnès Sorel (1422-1450)." *Histoire des Sciences Medicales* 40, no. 3 (2006): 255–66.

Charlier, Philippe. "Vie et mort de la Dame de Beauté, l'étude médicale des restes d'Agnès Sorel." La Revue du Practicien 55 (2005): 1734–37.

Charlier, Philippe, et al. "The Embalming of John of Lancaster, First Duke of Bedford (1435 A.D.): A Forensic Analysis." *Medicine,*

Science and the Law 56, no. 2 (2016): 107-15.

Charlier, Philippe, et al. "Fatal Alchemy. Did Gold Kill a 16th Century French Courtesan and Favourite of Henri Ⅱ?" *BMJ* (December 19-26, 2009): 1402-3.

Cillier, L., and F. P. Retief. "Poisons, Poisoning and the Drug Trade in Ancient Rome." *Akroterion* 45 (2000): 88-100.

Clark, Doug Bock. "The Untold Story of the Accidental Assassins of North Korea." *GQ*, October 2017.

Colman, Eric, MD. "The First English Medical Journal: Medicina Curiosa." *The Lancet* 354 (July 24, 1999): 324-26.

Cox, Timothy M., et al. "King George Ⅲ and Porphyria: An Elemental Hypothesis and Investigation." The Lancet 366 (July 23, 2005): 332-35.

Cumston, Charles Green, MD. "The Medicolegal Aspect and Criminal Procedure in the Poison Cases of the Sixteenth Century." *American Medicine* 11, no. 2 (January 13, 1906).

Cumston, Charles Green, MD. "The Victims of the Medicis and the Borgias in France from a Medical Standpoint." *Albany Medical Annals* 27 (August 1906): 567-90.

Derbyshire, David. "Mercury Poisoned Ivan the Terrible's Mother and Wife." *The Telegraph*, March 14, 2001.

Fornaciari, Gino. "The Aragonese Mummies of the Basilica of Saint Domenico Maggiore in Naples." *Medicina nei Secoli* 18, no. 30 (2006): 843-64.

Fornaciari, Gino. "Identificazione di agenti patogeni in serie scheletriche antiche: l'esempio della malaria dei granduchi de' Medici (Firenze, XVI secolo)." *Medicina nei Secoli Arte e Scienza* 22, no. 1–3 (2010): 261–72.

Fornaciari, Gino. "Malaria Was the 'Killer' of Francesco I de' Medici (1531–1587)." *American Journal of Medicine* 123, no. 6 (June 2010): 568–69.

Fornaciari, Gino. "A Medieval Case of Digitalis Poisoning: The Sudden Death of Cangrande Della Scala, Lord of Verona (1291–1329)." *Journal of Archeological Science* 54 (2015): 162–67.

Fornaciari, Gino. "Plasmodium falciparum Immunodetection in Bone Remains of Members of the Renaissance Medici Family (Florence, Italy, Sixteenth Century)." *Transactions of the Royal Society of Tropical Medicine and Hygiene* 104 (2010): 583–87.

Fornaciari, G. "Riscontri Obiettivi sulle tecniche di imbalsamazione in età moderna nelle mummie dell'Italia centro-Meridionale." *Medicina ne Secoli Arte e Scienza*, Supplemento no. 1 (2005): 257–324.

Frith, John. "Arsenic—the 'Poison of Kings' and the 'Saviour of Syphilis.' *Journal of Military and Veterans' Health* 21, no. 4 (2013).

Gedmin, Jeffrey. "A Short History of Russian Poisoning." *American Interest* (June 4, 2015).

Guiffra, Valentina, et al. "Embalming Methods and Plants in Renaissance Italy: Two Artificial Mummies from Siena (Central Italy)." *Journal of Archeological Science* 38 (2011): 1949–56.

Holmes, Grace, MD, and Frederick Holmes, MD. "The Death of Young King Edward VI." *New England Journal of Medicine* 345, no. 1 (July

독살로 읽는 세계사

5, 2001).

Kennedy, Maev. "Questions Raised Over Queen's Ancestry after DNA Test on Richard III's Cousins." *The Guardian*, December 2, 2014.

Kramer, Andrew E. "More of Kremlin's Opponents Are Ending Up Dead." *New York Times*, August 20, 2016.

Lewis, Jack. "Lead Poisoning, A Historical Perspective." *EPA Journal* (May 1985).

Mari, Francesco, et al. "The Mysterious Death of Francesco I de'Medici and Bianca Cappello: An Arsenic Murder?" *BMJ* 333 (December 23-30, 2006): 1299-1301.

Moore, Norman, MD. "An Historical Case of Typhoid Fever." *St. Bartholomew's Hospital Reports* 17 (1881): 135-50.

Politskovskaya, Anna. "Poisoned by Putin." *The Guardian*, September 9, 2004.

Röhl, John. "The Royal Family's Toxic Time-Bomb." *University of Sussex Newsletter*, June 25, 1999.

Roland, Christell, and Bernt Sjostrand. "A Simplified Method for the Determination of Arsenic by Means of Activation Analysis." *Acta Chemica Scandinavica* 16 (1952): 2123-30.

Saltini, G. E. "Della Morte di Francesco I de' Medici e di Bianca Cappello." *Archivio storico italiano, Nuova serie* 18 (1863): 21-81.

Samuel, Henry. "Vladimir Putin and His Poison Tasters: Culinary Secrets of the World's Leaders." *Telegraph*, July 24, 2012.

Spurrell, Rev. F. "Notes on the Death of King John." *Archeological Journal* 38, no. 1 (1881).

Travis, Alan. "Why the Princes in the Tower Are Staying Six Feet Under." *The Guardian*, February 5, 2013.

Vellev, Jens. "Tycho Brahes liv, død og efterliv." *25 Søforklaringer*, Arhus Universitatsverlage (January 2012): 349–65.

출처가 표기되지 않은 기사(인쇄물)

"Enrico VII non venne ucciso. Mor curandosi con l'arsenico." *La Nazione*, December 30, 2016.

"How Important Is Lead Poisoning to Becoming a Legendary Artist?" *The Atlantic*, November 25, 2013.

"Murder Among Medicis." *Newsweek*, January 9, 2007.

"The Mystery of Caravaggio's Death Solved at Last—Painting Killed Him." The Guardian, June 16, 2010.

"Russian Agent's Autopsy Was 'One of the Most Dangerous ⋯ in the Western World." *Daily News*, January 28, 2015.

기사(인터넷)

Lindsay, Suzanne Glover. "The Revolutionary Exhumations at St-Denis, 1793." Essay in *Conversations: An Online Journal of the Center for the Study of Material and Visual Cultures of Religion* (2014). DOI:10.22332/con.ess.2015.2

Retief, Francois P., and Louise Cilliers. "Poisons, Poisoning and Poisoners in Rome." *Medicina Antiqua*, Wellcome Trust Centre for the History of Medicine. https://www.ucl.ac.uk/~ucgajpd/medicina%20antiqua/index.html

Thompson, Helen. "Poison Hath Been This Italian Mummy's Untimely End." Smithsonian.com, April 10, 2016. http://www.smithsonianmag.com/science-nature/poison-hath-been-italian-mummys-untimely-end-digitalis-foxglove-180953822

Woollaston, Victoria. "Autopsy on 700-Year-Old Mummy Solves 14th Century Murder Mystery—Italian Lord Was Poisoned." DailyMail.com, April 10, 2016. http://www.dailymail.co.uk/sciencetech/article-2900693/Mystery-Cangrande-s-mummy-solved-Autopsy-tests-reveal-Lord-Verona-POISONED-foxglove-14th-century.html

출처가 표기되지 않은 기사(인터넷)

"King George Ⅲ: Mad or Misunderstood?" BBCNews.com, July 13, 2004. http://news.bbc.co.uk/2/hi/health/3889903.stm

"Tsaritsas' Hair Solves the Mystery of Their Death." Freerepublic.com, July 29, 2002. http://www.freerepublic.com/focus/news/724240/posts

"Who Ordered Khattab's Death?" *North Caucasus Analysis* 3, no. 15 (May 29, 2002). https://jamestown.org/program/who-ordered-khattabs-death-2/

그림 출처

표지   Shutterstock

1부 1장   요리사가 음식을 맛보는 모습 Il Romanino, https://commons. wikimedia.org/wiki/File:Malpaga26_(cropped).JPG

1부 2장   유니콘의 뿔 https://commons.wikimedia.org/wiki/ File:Unicorn_horns.jpg

크리스티안 8세 Joseph-Désiré Court, public domain

2부 1장   하인리히 7세 Unknown, public domain

2부 2장   칸그란데 델라 스칼라 Borde Carlo, public domain

2부 3장   아녜스 소렐 Jean Foucquet, public domain

샤를 7세 Jean Fouquet, public domain

2부 4장   에드워드 6세 William Scrots, https://commons.wikimedia. org/wiki/File:William_Scrots_-_Edward_VI_(Royal_Collection). jpg

2부 5장   잔 달브레 François Clouet, public domain

2부 6장   에리크 14세 Steven van der Meulen, public domain

2부 7장   이반 4세 Viktor Mikhailovich Vasnetsov, public domain

             엘레나 글린스카야 Sergey Nikitin, https://commons.
wikimedia.org/wiki/File:Glinskaya_reconstruction_02.JPG

             아나스타시야 로마노브나 Дар Ветер, https://commons.
wikimedia.org/wiki/File:1000_Anastsia_Romanovna.jpg

2부 8장   프란체스코 1세 데메디치 Unknown, public domain

             비앙카 카펠로 Alessandro Allori, public domain

2부 9장   가브리엘 데스트레 Unknown, public domain

2부 10장   튀코 브라헤 Eduard Ender, public domain

2부 11장   카라바조 Ottavio Leoni, public domain

2부 12장   헨리 스튜어트 Isaac Oliver, public domain

2부 13장   토머스 오버베리 Renold Elstracke, public domain

2부 14장   헨리에타 스튜어트 Pierre Mignard, public domain

2부 15장   마리 앙젤리크 드퐁탕주 Anonymous, public domain

2부 16장   볼프강 아마데우스 모차르트 Barbara Krafft, public domain

2부 17장   나폴레옹 보나파르트 Unknown, public domain

독살로 읽는 세계사

중세 유럽의 의문사부터 김정남 암살 사건까지,
은밀하고 잔혹한 역사의 뒷골목

1판 1쇄 발행 2021년 4월 27일
1판 5쇄 발행 2021년 12월 27일

발행인 박명곤　**CEO** 박지성　**CFO** 김영은
기획편집 채대광, 김준원, 박일귀, 이은빈, 김수연
디자인 구경표, 한승주
마케팅 임우열, 유진선, 이호, 김수연
펴낸곳 (주)현대지성
출판등록 제406-2014-000124호
전화 070-7791-2136　**팩스** 031-944-9820
주소 경기도 파주시 회동길 37-20
홈페이지 www.hdjisung.com　**이메일** main@hdjisung.com
제작처 영신사 월드페이퍼

"Inspiring Contents"
현대지성은 여러분의 의견 하나하나를 소중히 받고 있습니다.
원고 투고, 오탈자 제보, 제휴 제안은 main@hdjisung.com으로 보내 주세요.

현대지성 홈페이지